中国物流与供应链金融
发展报告
（2023—2024）

中国物流与采购联合会物流与供应链金融分会　编

中国财富出版社有限公司

图书在版编目（CIP）数据

中国物流与供应链金融发展报告.2023—2024／中国物流与采购联合会物流与供应链金融分会编.--北京：中国财富出版社有限公司，2024.10.--（国家物流与供应链系列报告）.-- ISBN 978-7-5047-8233-5

Ⅰ.F259.2

中国国家版本馆 CIP 数据核字第 2024ZX4208 号

策划编辑	郑欣怡	**责任编辑**	刘 斐 陈 嘉	**版权编辑**	李 洋
责任印制	尚立业	**责任校对**	杨小静	**责任发行**	敬 东

出版发行	中国财富出版社有限公司	
社　　址	北京市丰台区南四环西路 188 号 5 区 20 楼	**邮政编码**　　100070
电　　话	010－52227588 转 2098（发行部）	010－52227588 转 321（总编室）
	010－52227566（24 小时读者服务）	010－52227588 转 305（质检部）
网　　址	http://www.cfpress.com.cn	**排　　版**　宝蕾元
经　　销	新华书店	**印　　刷**　宝蕾元仁浩（天津）印刷有限公司
书　　号	ISBN 978-7-5047-8233-5/F·3734	
开　　本	787mm×1092mm　1/16	**版　　次**　2024 年 11 月第 1 版
印　　张	20.5	**印　　次**　2024 年 11 月第 1 次印刷
字　　数	425 千字	**定　　价**　298.00 元

《中国物流与供应链金融发展报告》（2023—2024）

编　委　会

编委会主任

何黎明　中国物流与采购联合会党委书记、会长

编委会副主任

任豪祥　中国物流与采购联合会副会长、中国物流学会会长

刘景福　中国物流与采购联合会副会长、中物华商集团股份有限公司
　　　　董事长

万　霖　菜鸟网络科技有限公司总裁

汪　鸣　国家发展和改革委员会综合运输研究所所长

陈道富　国务院发展研究中心金融研究所副所长

宋　华　中国人民大学商学院教授、博导

储雪俭　上海大学现代物流研究中心主任，教授、博导

吴献锋　京东集团副总裁、京东科技金融科技事业群企业金融业务部
　　　　总经理

王　磊　中原银行股份有限公司交易银行部总经理

单正勇　廊坊银行股份有限公司行长助理

张　炜　中国物流与采购联合会物流与供应链金融分会、投融资分会
　　　　秘书长

肖和森　中国物流与采购联合会物流与供应链金融分会、投融资分会
　　　　执行副会长

耿　勇　中央财经大学商学院供应链与运营管理系副教授、博导

恽　绵　中国物流学会专家委员会委员、天津德利得供应链管理股份有限公司原运营总监

编委会委员

崔丹丹　中国物流与采购联合会绿色物流分会绿色金融负责人

陈丽英　厦门屿链通数智供应链科技有限责任公司总经理

孙　强　中铁物贸集团有限公司供应链金融事业部总经理

张晓斌　中交（厦门）电子商务有限公司总经理助理

周　鹏　陕西建工材料设备物流集团有限公司党委书记、董事长

刘云飞　中储智运科技股份有限公司总裁助理、战略研究院院长

黄新亮　山东浪潮爱购云链信息科技有限公司董事长

张英杰　中钢冶金智能物流（唐山）有限公司总经理

张志超　北银红金（山东）商业保理有限公司董事长

田威宇　中信梧桐港供应链管理有限公司副总经理

郤燕军　北京联想科技服务有限公司总经理

李　利　广东广物互联网科技有限公司执行董事、总经理

甘文彬　湖南财信商业保理有限公司执行董事

黄星伟　国网英大碳资产管理（上海）有限公司碳金融业务上海区域负责人

陈芝芳　北京优品三悦科技发展有限公司总经理

李金根　深圳市华筑通科技有限公司董事长

吴远志　民农云仓（天津）供应链科技有限公司董事长

张立新　万和通物流集团有限公司总经理

折大伟　西安货达网络科技有限公司 CEO

尹清政　云筑金供（深圳）科技有限公司董事长

林　丽　苏州苏高新数融科技产业发展有限公司总经理

马骏宇　金航商业保理（海南）有限公司副总经理

徐赛花　金润商业保理（上海）有限公司董事长

《中国物流与供应链金融发展报告》（2023—2024）

编　辑　部

主　　编：张　炜

副 主 编：肖和森　冯德良　李　鹏

编辑人员：王冰洁　杨　平　王建江　于　淼　宋欣哲
　　　　　安宏瑞

联系方式：

中国物流与采购联合会物流与供应链金融分会

电话：010-83775952

传真：010-83775952

邮箱：cflpjrw@cflp.org.cn

地址：北京市丰台区丽泽路 16 号院 2 号楼铭丰大厦 1102（100073）

序

2023 年 10 月，中央金融工作会议首次提出了加快建设金融强国的目标，明确要做好科技金融、绿色金融、普惠金融、养老金融、数字金融"五篇大文章"。供应链金融是强化数字科技应用、精准对接中小企业融资需求、践行普惠金融理念的重要手段，因而成为建设金融强国的重要组成部分，受到中央和各级地方政府的高度重视。

在新质生产力理论的指导下，我国经济向高质量发展稳步转型。供应链金融为产业向高质量发展转型提供了动力，一是加速数字技术的应用和普及，供应链金融要求链上企业积极推动或参与物联网、区块链、人工智能等数字技术的全面应用；二是加速产业数字化的发展进程，供应链金融要求通过产业服务平台汇集、沉淀各环节物流、资金流、商流数据，这也为产业数字化提供了数据基础；三是持续稳固和优化产业链，通过融资缓解中小企业资金压力，达到稳链固链的效果，同时通过提高资金运行效率可整合优质资源，提升产业链运行质量。

近两年来，中央和地方政府出台了多项供应链金融相关支持政策，其中各省区市相关政策达到 180 余项。本报告对国家和地方政策进行了解读和归纳，一方面显示从东部到中西部、从沿海到内陆，各级政府对供应链金融的认识和重视程度不断加深，供应链金融已经成为各地推动产业高质量发展的重要抓手；另一方面，在金融全域监管的要求下，供应链金融的规范、健康发展仍然是行业关注重点。2023 年 10 月，国资委发布的 74 号文强调针对央企贸易行为的"十不准"，进一步强化了对国有企业贸易行为的界定和管控，压缩了不规范贸易行为的操作空间。建立规范业务的界定标准和评价标准，引导企业主动进行业务审查和规范，成为国有企业供应链金融业务规范发展的方向。对"十不准"政策进行逐条解析，是本报告政策解读的一个重点内容。

在政策的大力支持下，两年来供应链金融发展取得了一些突破。本报告重点关注了供应链金融发展的热点和成果，如数字技术应用下的脱核化发展趋势、数字债权凭证类平台的产品多元化、城市商业银行的产业服务方案、绿色供应链金融发展情况、供应链金融相关标准建设情况等。这些都在本报告相应章节进行了分析论述，相关成果在案例中进行了全面展示。

感谢业内专家、学者和广大会员企业对《中国物流与供应链金融发展报告

（2023—2024）》撰写和出版的大力支持。在大家的共同努力下，本报告兼顾了行业理论研究和企业经营指导的需要，关注了重要主体的创新成果和热点领域的发展动向，较为全面地展示了供应链金融的发展情况。同时，本报告甄选大量优秀案例，微观层面上剖析展示了供应链金融的产品、模式、成效等；内容翔实，论述充分，值得业内朋友参考借鉴。

中国物流与采购联合会党委书记、会长

2024 年 7 月 25 日

目　录

第三篇　产品视角下供应链金融发展

案例目录

第一篇

供应链金融发展现状

————————————— • —————————————

两年来，在国家和地方政策支持下，供应链金融发展呈现出一些新的热点和新的成果，本篇从宏观经济环境和政策解析入手，对供应链金融的细分领域规模以及国家统一登记平台的发展情况进行分析论述，全面回顾行业发展情况。

行业解读主要包括四部分：一是邀请专家对供应链金融与产业数字化的关系进行深入论述；二是首次对供应链金融相关标准进行了全面梳理与归纳，展示行业标准建设工作成果以推动标准的普及和完善；三是对于"十不准"政策的解析，为国有企业规范、安全地发展供应链金融提供指导，相关企业可以对比进行业务的审视和内部风险管理的完善；四是通过对存货融资的专题调研，展示存货融资发展的现状和问题以及企业诉求等。四部分内容从理论研究、政策规范、调研分析等方面反映了行业发展的关注点。

第一章　宏观经济环境和政策

第一节　宏观经济环境

一、经济发展企稳，延续恢复态势

近两年，国家陆续出台稳经济的一揽子政策措施，促进经济企稳回升。但国际形势依然复杂严峻，国内需求收缩、供给冲击、预期转弱三重压力仍然较大，经济恢复基础仍不牢固。2023 年，在构建新发展格局，全面深化改革开放，加大宏观调控力度，着力扩大内需、优化结构、提振信心、防范化解风险的步调下，我国经济回升向好，供给需求稳步改善，转型升级积极推进，供应链的抗风险韧性不断增强，"补链强链"等国家经济安全举措不断发挥积极作用。

2023 年，我国国内生产总值达 126.06 万亿元，按不变价格计算，比 2022 年增长 5.2%。分产业看，第一产业增加值 89755 亿元，比 2022 年增长 4.1%；第二产业增加值 482589 亿元，增长 4.7%；第三产业增加值 688238 亿元，增长 5.8%。分季度看，第一季度国内生产总值同比增长 4.5%，第二季度增长 6.3%，第三季度增长 4.9%，第四季度增长 5.2%。

全年社会消费品零售总额 471495 亿元，比 2022 年增长 7.2%。全国网上零售额 154264 亿元，比 2022 年增长 11.0%。其中，实物商品网上零售额 130174 亿元，增长 8.4%，占社会消费品零售总额的比重为 27.6%。

全年货物进出口总额 417568 亿元，比 2022 年增长 0.2%。其中，出口 237726 亿元，增长 0.6%；进口 179842 亿元，下降 0.3%。货物进出口顺差 57884 亿元。

二、金融监管趋严，融资成本下降

（一）金融市场保持稳定

我国坚持稳健的货币政策，落实灵活适度、精准有效的要求，继续为实体经济稳定增长营造良好的货币金融环境。2022 年，人民银行两次降准，为实体经济提供超 1 万亿元的长期流动性，运用再贷款再贴现、中期借贷便利、公开市场操作等多种方式投放流动性，为稳定宏观经济大盘提供了适宜的流动性环境。2023 年，适时强化逆周期调节，两次下调存款准备金率、两次下调政策利率，引导有序降低存量房贷利率，引导金融机构保持信贷总量适度、节奏平稳，取得了较好的成效。

（二）国家金融监督管理总局组建，金融监管体制改革深化

2023 年 2 月，党的二十届二中全会通过了《党和国家机构改革方案》。该方案提出组建国家金融监督管理总局，并明确相关的组建方式及工作职责，同时不再保留中国银行保险监督管理委员会。另外，该方案还提出完善国有金融资本管理体制及加强金融管理部门工作人员统一规范管理。

2023 年 10 月，中央金融工作会议首次提出了建设金融强国的目标，明确要做好科技金融、绿色金融、普惠金融、养老金融、数字金融"五篇大文章"，为未来金融工作的方向重点做出了指引。2023 年人民银行进一步提升货币政策对促进经济结构调整、转型升级、新旧动能转换的效能，引导金融机构加大对重点领域、薄弱环节的信贷支持力度，普惠小微、科技型中小企业、制造业中长期、绿色贷款增速均明显高于各项贷款平均增速。

（三）社会融资规模不断扩大，实体融资成本明显下降

2023 年年末社会融资规模存量为 378.09 万亿元，相较于 2022 年的 344.21 万亿元增长 9.5%。其中，对实体经济发放的人民币贷款余额为 235.48 万亿元，同比增长 10.4%。从结构看，2023 年年末对实体经济发放的人民币贷款余额占同期社会融资规模存量的 62.3%，同比高 0.5 个百分点；对实体经济发放的外币贷款折合人民币余额占比 0.4%，同比低 0.1 个百分点。

不良贷款率持续下降，商业银行信贷资产质量持续优化。从 2022 年第一季度末到 2023 年第四季度末，商业银行不良贷款率不断下降不良贷款率从 1.69% 下降至 1.59%。2023 年年末商业银行不良贷款余额为 3.2 万亿元（见图 1-1）。

贷款市场报价利率（LPR）不断下调，LPR 调整有较强的方向性和指导性，LPR 下行可带动企业融资实际利率下行和社会综合融资成本下降，促进金融支持实体经济。2023 年 10 月《国务院关于金融工作情况的报告》提到，2023 年前三季度 1 年期和 5 年期 LPR 分别累计下降 20 个基点、10 个基点，推动企业贷款利率进一步下行。2023 年 1 月至 9 月，新发放企业贷款加权平均利率为 3.91%，比 2022 年同期下降 0.32 个百分点，其中 9 月企业贷款加权平均利率为 3.82%，处于历史最低水平。2019 年 8 月—2023 年 12 月全国银行间同业拆借中心发布的 LPR 如图 1-2 所示。

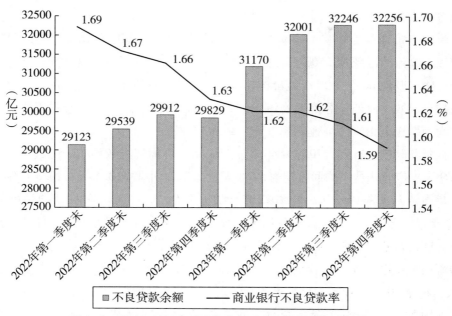

图1-1　2022—2023年商业银行不良贷款余额和不良贷款率

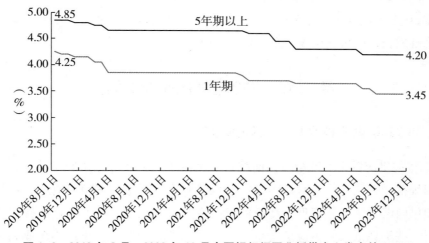

图1-2　2019年8月—2023年12月全国银行间同业拆借中心发布的LPR

三、物流行业运行质量稳步提升

物流需求保持恢复态势，物流市场规模稳步扩大。据中国物流与采购联合会统计，2023年全国社会物流总额为352.4万亿元，按可比价格计算，同比增长5.2%，增速比2022年提高了1.8个百分点。其中，工业品物流总额为312.6万亿元，同比增长4.6%；进口货物物流总额为18万亿元，同比增长13%；单位与居民物品物流总额为13万亿元，同比增长8.2%；农产品物流总额为5.3万亿元，同比增长4.1%；再生资源物流总额为 3.5 万亿元，同比增长 17.4%。

物流网络布局不断完善。据《第六次全国物流园区（基地）调查报告》显示，全国规模以上物流园区超过 2500 个，国家物流枢纽达到 125 个，示范物流园区 100 个，骨干冷链物流基地 66 个。25 个城市推动国家综合货运枢纽建设。中西部地区物流设施补短板初见成效。海外仓等跨境物流设施布局加快；国内高铁货运班列正式开行，为支撑扩大消费送上物流"加速度"。

从存货和动产运行看，2022 年年末，产成品存货周转天数为 17.6 天，比 2021 年增加 0.9 天，应收账款平均回收期为 52.8 天，比 2021 年增加 3.5 天；2023 年年末，产成品存货周转天数为 19.3 天，比 2022 年增加 1.7 天；应收账款平均回收期为 60.6 天，比 2022 年增加 7.8 天。产成品存货周转天数和应收账款回收期的增长，体现了经济恢复期供应链运行效率有所下降，实体企业资金压力增大。

物流业恢复速度加快，物流企业量质齐升。2022 年，我国 A 级物流企业已超过 9000 家，物流 50 强企业收入合计近 2 万亿元，一批具有国际竞争力的物流企业开始涌现。据中国物流与采购联合会统计，我国物流业景气指数 2023 年全年平均值为 51.8%，高于 2022 年 3.2 个百分点。截至 2023 年年底，我国 A 级物流企业达到 9600 家，物流 50 强企业收入合计超过 2.3 万亿元，千亿级规模企业已经达到 5 家。智慧物流企业稳健成长，网络货运平台企业超过 3000 家。

第二节　供应链金融国家政策

一、2022 年供应链金融十大国家政策

2022 年的供应链金融政策一方面鼓励产品模式创新和行业拓展，另一方面集中在操作层面规范金融业务，针对具体业务和风险集中领域进行规范化管控，比如：加强中央企业供应链金融服务管理，严控供应链金融业务范围；规范银行服务市场调节价管理，对一些不规范的"供应链金融"行为予以严格规制；防止核心企业利用资金空转套利，防止风险的累积和爆发；等等。

2022 年供应链金融十大国家政策如表 1-1 所示。

表 1-1　　　　　　　　2022 年供应链金融十大国家政策

序号	时间	部门	文件名	内容概要
1	1月	国家发展改革委	《"十四五"现代流通体系建设规划》	规范发展供应链金融。加强供应链金融基础设施建设。健全供应链金融运行机制。丰富供应链金融产品。打造供应链金融数字化风控体系，开发直达流通主体供应链金融产品

序号	时间	部门	文件名	内容概要
2	1月	国资委	《关于推动中央企业加快司库体系建设进一步加强资金管理的意见》	加强供应链金融服务管理。要严控供应链金融业务范围，严禁提供融资担保，严禁开展融资性贸易业务和虚假贸易业务
3	1月	中国人民银行、市场监管总局、银保监会、证监会	《金融标准化"十四五"发展规划》	标准化支撑金融产品和服务创新。加快完善绿色金融标准体系，有效推进普惠金融标准建设，加强产业链供应链金融标准保障
4	3月	中共中央办公厅、国务院办公厅	《关于推进社会信用体系建设高质量发展促进形成新发展格局的意见》	创新信用融资服务和产品。发展普惠金融，扩大信用贷款规模，解决中小微企业和个体工商户融资难题。鼓励银行创新服务制造业、战略性新兴产业、"三农"、生态环保、外贸等专项领域信贷产品，发展订单、仓单、保单、存货、应收账款融资和知识产权质押融资
5	4月	国务院办公厅	《国务院应对新型冠状病毒感染肺炎疫情联防联控机制关于切实做好货运物流保通保畅工作的通知》	引导金融机构创新符合交通运输业特点的动产质押类贷款产品，盘活车辆等资产，对信用等级较高、承担疫情防控和应急运输任务较多的运输企业、个体工商户加大融资支持力度
6	6月	中国银保监会办公厅	《中国银保监会办公厅关于进一步做好受疫情影响困难行业企业等金融服务的通知》	优化发展供应链金融。鼓励银行机构优化产业链供应链金融服务，依法合规发展订单、存货、应收账款等抵质押融资业务，加强与核心企业的合作，加大对上下游中小微企业的融资支持
7	9月	国务院办公厅	《国务院办公厅关于进一步优化营商环境降低市场主体制度性交易成本的意见》	提出着力规范金融服务收费。规范银行服务市场调节价管理，加强服务外包与服务合作管理，设定服务价格行为监管红线，加快修订《商业银行服务价格管理办法》

续　表

序号	时间	部门	文件名	内容概要
8	9月	中国银保监会、中国人民银行	《中国银保监会 中国人民银行关于推动动产和权利融资业务健康发展的指导意见》	支持银行机构开展标准仓单质押融资，在风险可控前提下探索普通电子仓单融资。银行机构应依托核心企业在订单形成、库存调度、流转分销、信息传导等环节的主导地位，发展基于供应链的应收账款融资、存货担保融资等业务，并积极开发体系化、全场景的数字供应链金融产品
9	11月	中国人民银行、中国银保监会	《商业汇票承兑、贴现与再贴现管理办法》	商业汇票包括纸质或电子形式的银行承兑汇票、财务公司承兑汇票、商业承兑汇票等。明确供应链票据属于电子商业汇票
10	12月	中共中央、国务院	《中共中央 国务院关于构建数据基础制度更好发挥数据要素作用的意见》	明确定义数据为生产要素，提出要构建四个制度，包括建立保障权益、合规使用的数据产权制度，建立合规高效、场内外结合的数据要素流通和交易制度，建立体现效率、促进公平的数据要素收益分配制度，建立安全可控、弹性包容的数据要素治理制度

二、2023 年供应链金融十大国家政策

2023 年的政策趋势体现在两个方面，一方面，国家政策大力支持供应链金融与产业融合，广泛服务于中小企业，明确鼓励金融机构通过应收账款、票据、订单融资等方式来加大对产业链上游中小微企业信贷支持；另一方面，金融严监管政策重点关注了国有企业规范发展供应链金融领域，国资委发布了一系列关于禁止融资性贸易、"空转""走单"虚假业务的通知，强调国有企业回归主业、打造核心竞争力，承担国有资产保值增值责任，防止发生系统性金融风险。

2023 年供应链金融十大国家政策如表 1-2 所示。

表 1-2　　　　　　　2023 年供应链金融十大国家政策

序号	时间	部门	文件名	内容概要
1	2月	中共中央、国务院	《质量强国建设纲要》	推动产业链与创新链、价值链精准对接、深度融合，统筹推进普惠金融、绿色金融、科创金融、供应链金融发展，提高服务实体经济质量升级的精准性和可及性

序号	时间	部门	文件名	内容概要
2	4月	国务院国资委	《关于做好 2023 年中央企业违规经营投资责任追究工作的通知》	重点提到加强震慑筑防线，严肃查处重大违规问题线索。紧盯屡禁不止"牛皮癣"问题。对国资委三令五申严禁的融资性贸易、"空转""走单"虚假业务问题"零容忍"，一经发现即由集团公司或上级企业提级查办，涉及二级子企业或年内全集团累计发现 3 件上述同类问题的，应当报告国资委，由国资委提级查办
3	4月	中国银保监会办公厅	《中国银保监会办公厅关于 2023 年加力提升小微企业金融服务质量的通知》	提出优化服务模式，综合运用供应链票据等服务方式，强化资金支持和风险保障，加强与直接融资有机衔接，培育小微企业成为创新发源地。加大制造业小微企业中长期资金供给，支持设备更新、技术改造、绿色转型发展，助力提升产业链韧性
4	6月	中国人民银行、金融监管总局、中国证监会、财政部、农业农村部	《中国人民银行 国家金融监督管理总局 证监会 财政部 农业农村部关于金融支持全面推进乡村振兴加快建设农业强国的指导意见》	持续加强种业振兴金融支持，强化对农业科技装备和绿色发展金融支持，加大乡村产业高质量发展金融资源投入。强化精准滴灌和正向激励，加大货币政策工具支持力度，加强财政金融政策协同，形成金融支农综合体系。探索完善农村产权确权颁证、抵押登记、流转交易、评估处置机制，推动融资配套要素市场改革
5	7月	中共中央、国务院	《中共中央 国务院关于促进民营经济发展壮大的意见》	完善融资支持政策制度。健全银行、保险、担保、券商等多方共同参与的融资风险市场化分担机制。健全中小微企业和个体工商户信用评级和评价体系，加强涉企信用信息归集，推广"信易贷"等服务模式。支持符合条件的民营中小微企业在债券市场融资，鼓励符合条件的民营企业发行科技创新公司债券，推动民营企业债券融资专项支持计划扩大覆盖面、提升增信力度。支持符合条件的民营企业上市融资和再融资

序号	时间	部门	文件名	内容概要
6	7月	工业和信息化部、中国人民银行、国家金融监督管理总局、中国证监会、财政部	《工业和信息化部 中国人民银行 国家金融监督管理总局 中国证监会 财政部关于开展"一链一策一批"中小微企业融资促进行动的通知》	调动各类金融机构积极性，鼓励有条件的金融机构为链上中小微企业多样化融资需求匹配多元化金融服务。规范发展供应链金融，鼓励银行业金融机构通过应收账款、票据、订单融资等方式加大对产业链上游中小微企业信贷支持，通过开立银行承兑汇票、国内信用证、预付款融资，为产业链下游中小微企业获取货物、支付货款提供信贷支持，规范开展动产和权利质押融资
7	9月	最高人民法院	《最高人民法院关于优化法治环境 促进民营经济发展壮大的指导意见》	助力拓宽民营企业融资渠道降低融资成本。依法推动供应链金融健康发展，有效拓宽中小微民营企业融资渠道。对中小微民营企业结合自身财产特点设定的融资担保措施持更加包容的司法态度，依法认定生产设备等动产担保以及所有权保留、融资租赁、保理等非典型担保合同效力和物权效力；对符合法律规定的仓单、提单、汇票、应收账款、知识产权、新类型生态资源权益等权利质押以及保兑仓交易，依法认定其有效
8	10月	国务院	《国务院关于推进普惠金融高质量发展的实施意见》	规范发展小微企业供应链票据、应收账款、存货、仓单和订单融资等业务。拓展小微企业知识产权质押融资服务。鼓励开展贸易融资、出口信用保险等业务，加大对小微外贸企业的支持力度。发展农业供应链金融，重点支持县域优势特色产业。在确保数据安全的前提下，鼓励金融机构探索与小微企业、核心企业、物流仓储等供应链各方规范开展信息协同，提高供应链金融服务普惠金融重点群体效率

序号	时间	部门	文件名	内容概要
9	11月	中国人民银行、金融监管总局、中国证监会、国家外汇局、国家发展改革委、工业和信息化部、财政部、全国工商联	《中国人民银行 金融监管总局 中国证监会 国家外汇局 国家发展改革委 工业和信息化部 财政部 全国工商联关于强化金融支持举措 助力民营经济发展壮大的通知》	持续加大信贷资源投入，助力民营经济发展壮大。积极开展产业链供应链金融服务。银行业金融机构要积极探索供应链脱核模式，支持供应链上民营中小微企业开展订单贷款、仓单质押贷款等业务。进一步完善中征应收账款融资服务平台功能，加强服务平台应用
10	12月	国资委	《关于规范中央企业贸易管理严禁各类虚假贸易的通知》	严禁央企开展各类虚假贸易业务，提出贸易业务"十不准"，并且将违规后处理形式提上了新高度，表示对于本通知印发以后仍开展虚假贸易业务的企业，一经发现对直接责任人就地免职，严肃追究责任

第三节　各省区市出台的供应链金融相关政策

2022—2023年各省区市推出了数量空前的供应链金融支持政策。据中物联金融委的不完全统计，各省区市发布的供应链金融相关政策多达180项，其中，2023年达到140项，足以展现地方对供应链金融发展的重视。

一、政策分布

从政策发布地区看，华东、华南、西南排在前三位，这些地区供应链金融的发展也相对较好，发展水平和支持政策之间相互推动、互为倚仗。

2022—2023年各省区市出台供应链金融相关政策的地区占比如图1-3所示。

二、政策类别

地方政府的供应链金融支持政策主要包括顶层规划和操作实施两个层面。

在顶层规划上，政策强调发展供应链金融的重要性，《汕头市金融改革发展"十四五"规划（2021—2025年）》提出大力发展供应链金融；鼓励制造业核心企业积极推进和整合上下游供应链，优化供应链管理流程，提高供应链产品和资金周转速度；引导龙头企业支持配合金融机构、中小企业，开展应收账款质押融资业务，及时为供应

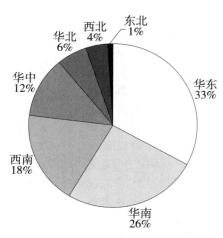

图 1-3　2022—2023 年各省区市出台供应链金融相关政策的地区占比

链中小配套企业提供债权确认，支持供应链配套中小企业供应链融资。《河南省"十四五"现代供应链发展规划》提出鼓励发展供应链金融，一是发挥供应链核心企业关键作用；二是做强做优供应链金融服务机构；三是提升供应链金融运行效率；四是优化供应链金融发展环境。

在操作实施上，政策支持推动供应链金融的产品创新。如《上海银保监局关于进一步完善金融服务 优化上海营商环境和支持经济高质量发展的通知》提出服务总部经济，建设供应链金融示范区；鼓励银行保险机构建设数字化供应链系统，探索供应链金融服务新模式，推出供应链金融服务新产品；围绕制造业高质量发展，重点支持集成电路、生物医药、人工智能、汽车制造等上海重点产业链核心企业。湖北省人民政府印发的《省人民政府印发关于进一步深化制造业重点产业链链长制实施方案的通知》，提出加大产业链协同和供应链金融产品创新力度，引导和支持金融机构加大应收账款融资、订单融资、预付款融资、存货及仓单质押等信贷服务力度。

三、政策特点

地方政策发展供应链金融以推动地方产业集群高质量发展为目的，更加注重与产业场景结合进行供应链金融模式创新。

一是政策关注产业链供应链融合，强调依托核心企业为上下游企业提供应收账款、保理、贸易融资等供应链金融服务。如《杭州市人民政府办公厅关于建设现代金融创新高地助力经济高质量发展的实施意见》鼓励金融机构与供应链核心企业开展合作，创新应收账款质押贷款、标准化票据、供应链票据等融资业务。《上海市助力中小微企业稳增长调结构强能力若干措施》支持供应链核心企业与金融机构合作开展应收账款质押贷款、标准化票据、供应链票据、保理等业务。

二是探索核心企业"白名单"制度。如《广东省推动新型储能产业高质量发展指导意见》探索推动金融机构建立储能设备厂商白名单及分级制度。《深圳市加快推进供应链创新与发展三年行动计划（2023—2025 年）》加大对供应链融资的支持力度。研究建立供应链企业融资白名单机制，定期收集企业有效融资诉求。《安徽省加快供应链创新应用行动计划（2023—2025 年）》建立全省供应链核心企业"白名单"制度并动态调整，指导金融机构对名单内企业实行供应链融资专项授信额度管理。

2023 年各省区市出台的供应链金融相关政策主要关注点占比如图 1-4 所示。

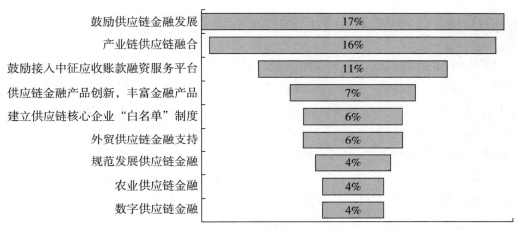

图 1-4　2023 年各省区市出台的供应链金融相关政策主要关注点占比

第二章 供应链金融发展概况

第一节 按产品形态的业务规模分析

国际上公认的供应链金融相应标准是由国际商会（ICC）主导，全球银行家协会（BAFT）、欧洲银行协会（EBA）、国际保理商联合会（FCI）及国际贸易和福费廷协会（ITFA）共同参与制定的《供应链金融技术的标准定义》，约定供应链金融共有八大类产品，包括应收账款贴现（发票贴现）、福费廷（商票贴现）、保理、应付款融资（反向保理）、应收账款贷款、经销商融资、存货融资、产品发货前融资（订单融资）。

以此为标准，从业务实际出发，选择商业保理、融资租赁、商票贴现、存货融资四个有统计数据的类别对供应链金融产品的发展情况进行分析。

一、商业保理

商业保理业务实现较快增长，服务实体经济能力有所增强。据中国服务贸易协会商业保理专业委员会统计，2023 年商业保理业务量达到 2.7 万亿元人民币，较 2022 年增长 20.5%，截至 2023 年 12 月 31 日，存续的商业保理企业达到 5467 家（其中法人企业 5316 家、分公司 151 家），较 2022 年同期的 6716 家减少了 18.60%。在中国人民银行征信中心动产融资统一登记公示系统（以下简称"中登网"）办理转让登记的商业保理公司数量为 993 家，较 2022 年的 989 家上升了 0.40%。应收账款登记笔数为 574817 笔，较 2022 年同期（425583 笔）增长 35.07%，占银行、商业保理公司、融资租赁公司三类机构全年登记总量（2234950 笔）的 25.72%。商业保理公司多利用国家登记平台进行供应链金融业务风险防控。

2019—2023 年保理业务总量如图 2-1 所示。

二、融资租赁

融资租赁连续两年业务规模收缩。2021 年 12 月 31 日中国人民银行发布《地方金融监督管理条例（草案征求意见稿）》，要求地方金融组织"原则上不得跨省级行政区域开展业务"，受此影响，融资租赁业务发展进入调整周期。据中国租赁联盟的统

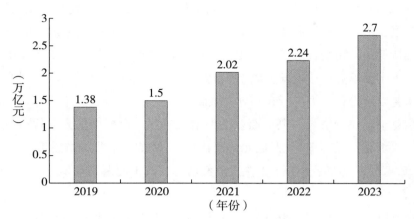

图 2-1　2019—2023 年保理业务总量

资料来源：中国服务贸易协会商业保理专业委员会。

计，截至 2023 年年底，全国融资租赁合同余额约为 56400 亿元人民币，比 2022 年年底的 58500 亿元减少约 2100 亿元，下降 3.59%（见图 2-2）；全国融资租赁企业总数约为 8846 家，较 2022 年年末的 9839 家减少了 993 家，降幅为 10.9%。

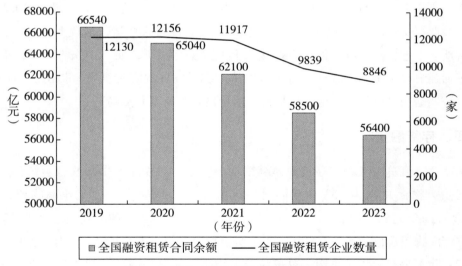

图 2-2　2019—2023 年全国融资租赁规模

资料来源：中国租赁联盟。

三、票据融资

票据市场业务发生量先跌后涨，承兑发生额和贴现发生额同比继续增长。根据中国人民银行发布的 2023 年支付体系运行总体情况，2023 年，全国共发生票据业务

9354.44 万笔，同比下降 7.15%。票据新规落地以来，贴现审核趋严，票据期限缩短，套利业务受限，上半年一级市场开票量和贴现量同比明显下滑，但随着市场适应调整，贴现利率维持低位，稳增长政策密集出台，经济宏观环境改善，2023 年年初半年内票据陆续到期，下半年承兑、贴现发生额增幅显著。在金融监管趋严下，票据业务逐渐集中，银票承兑以股份行、国有行和部分大城商行为主。

商票承兑市场保持增长，电子商业汇票增长迅猛。根据中国人民银行统计，2023 年，商业汇票承兑发生额 31.3 万亿元，同比增长 14.59%；贴现发生额 23.8 万亿元，同比增长 22.42%，增速显著高于承兑发生额增速，其中商票贴现发生额 1.75 万亿元，同比增长 35.7%。

用票企业以中小微为主。2023 年，签发票据的中小微企业 21.3 万家，占全部签票企业的 93.1%，中小微企业签票发生额 20.7 万亿元，占全部签票发生额的 65.9%。贴现的中小微企业 32.0 万家，占全部贴现企业的 96.5%，贴现发生额 17.5 万亿元，占全部贴现发生额的 73.6%。

供应链票据获得显著发展。《商业汇票承兑、贴现与再贴现管理办法》于 2023 年 1 月 1 日起施行，该办法第三条明确了"供应链票据属于电子商业汇票"，有利于推动供应链内中小企业与票据市场的对接。上海票据交易所发布数据显示，截至 2023 年年底，上海票据交易所累计受理通过 24 家供应链平台的接入申请，多数平台已完成首单业务落地。多地也出台政策鼓励企业接入上海票据交易所，如《山东省人民政府办公厅关于加强财政金融协同联动支持全省经济高质量发展的实施意见》提出"对山东省接入上海票据交易所的供应链票据平台，给予最高 500 万元奖励"。

四、存货融资

从社会物流总额来看，存货规模继续增加。据中国物流与采购联合会统计，2023 年全国社会物流总额为 352.4 万亿元，同比增长 5.2%。其中，工业品物流总额为 312.6 万亿元，进口货物物流总额为 18 万亿元，单位与居民物品物流总额为 13 万亿元，农产品物流总额为 5.3 万亿元，再生资源物流总额为 3.5 万亿元。对于存货总量而言，若剔除再生资源物流总额、单位与居民物品物流总额两项，则估算对应的存货总量约为 335 万亿元。

据国家统计局数据，2023 年规模以上企业产成品存货 6.14 万亿元，增长 2.1%。产成品存货周转天数为 19.3 天。则测算可得，2023 年仅规模以上企业产成品的存货总量就达到 116 万亿元。

存货规模继续增长，存货占用资金相应增加，存货融资市场空间巨大，但存货融资业务仍在低位盘整，占存货总量的比例不足 2%。

五、规模估算

（一）从银行普惠型小微企业贷款的角度看

普惠小微企业贷款支持力度不减。2024 年，普惠小微贷款的认定标准由现行单户授信不超过 1000 万元放宽到不超过 2000 万元。根据国家金融监督管理总局发布数据，2023 年第四季度末，银行业金融机构用于小微企业的贷款（包括小微型企业贷款、个体工商户贷款和小微企业主贷款）余额 70.9 万亿元，其中单户授信总额 1000 万元及以下的普惠型小微企业贷款余额 29.1 万亿元，同比增长 23.3%。

从成本来看，2023 年年末新发放的普惠型小微企业贷款平均利率为 4.78%，较 2022 年年末下降 0.47 个百分点，有力、有效支持了小微企业的发展（见图 2-3）。

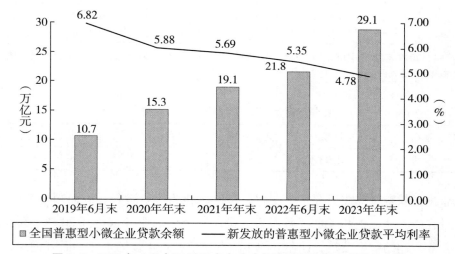

图 2-3　2019 年 6 月末至 2023 年年末全国普惠型小微企业贷款余额
及新发放的普惠型小微企业贷款平均利率

资料来源：中国人民银行。

金融机构的各类统计指标中，与供应链金融相关性较好的是普惠型小微企业贷款，普惠小微金融的数据侧面反映出供应链金融的发展空间在不断增长，持续为中小微企业缓解融资难问题提供助力。银行业金融机构普惠型小微企业贷款情况如图 2-4 所示。

（二）从供应链金融相关产品形态的规模看

从几个相关产品形态来初步估算供应链金融的规模，包括商业保理、融资租赁、存货融资、商票贴现以及数字凭证（见表 2-1）。

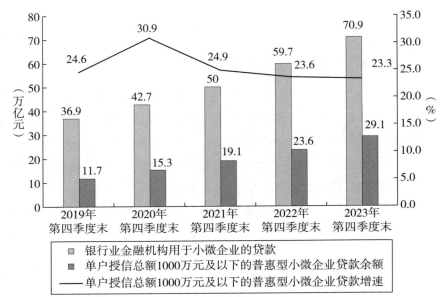

图 2-4　2019 年第四季度末至 2023 年第四季度末银行业金融机构普惠型小微企业贷款情况
资料来源：中国人民银行。

表 2-1　　　　　　　　　供应链金融相关产品形态的业务量

产品形态	商业保理	融资租赁	存货融资	商票贴现	数字凭证
业务量（万亿元）	2.7	5.64	6	1.75	4

由于预付款融资往往以存货为担保，最终转化为存货融资，因而预付款融资业务量已统计在内。从以上相关产品规模看，供应链金融的业务量达到 20.09 万亿元。另外，近几年兴起的数字债权凭证业务的年融资规模突破 4 万亿元（后面有论述）。订单融资产品大量推出，规模增长较快但目前没有相应统计和估测。从银行端的供应链金融业务规模看，头部达到上万亿元，腰部达到数千亿元，区域性中小银行从数十亿元到数百亿元不等。综合以上分析，专家估算目前我国供应链金融的整体业务规模约 40 万亿元。

第二节　统一登记系统和中征融资服务平台建设情况

中国人民银行征信中心打造的动产融资统一登记公示系统和应收账款融资服务平台（以下简称"统一登记系统、融资服务平台"，合称"一系统一平台"）已成为我国重要的金融基础设施，在助力构建敢贷、愿贷、能贷、会贷长效机制，完善社会信用体系建设中发挥着重要积极作用。

一、动产融资统一登记系统

2021 年 12 月中国人民银行发布的《动产和权利担保统一登记办法》于 2022 年 2 月正式施行，2022 年 9 月《中国银保监会 中国人民银行关于推动动产和权利融资业务健康发展的指导意见》出台，该文件是指导动产和权利融资的纲领性文件。

统一登记实施以来，动产登记数量增长较快。从 2021 年 12 月到 2022 年 12 月，登记数量一直处于快速上升阶段，2023 年增速有所放缓。从累计登记数来看，2019 年 12 月到 2023 年 12 月，登记数增长了 3114 万笔。截至 2023 年 12 月底，统一登记系统累计注册登记用户 112251 名，累计发生登记 3168 万笔（见图 2-5），其中融资租赁 1822 万笔，应收账款质押及保理 1036 万笔。

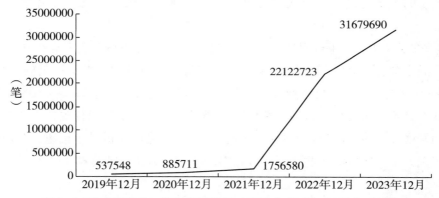

图 2-5 动产融资统一登记增长情况（2019 年 12 月—2023 年 12 月）

资料来源：中国人民银行动产融资统一登记公示系统。

统一登记助力动产资源有效转化为抵质押品，中小微企业动产融资可获得性增强，金融机构放贷意愿增强。对比 2022 年 12 月及 2023 年 12 月的累计登记数，七类登记中，生产设备、原材料、半成品、产品抵押登记增长 62%，融资租赁增长 45%，应收账款质押及保理增长 36%。

从交易类型看，融资租赁和应收账款转让仍是统一登记的主力，2023 年 12 月融资租赁登记数占总登记数的比重同比增长 10%，达到 72%，生产设备、原材料、半成品、产品抵押，应收账款质押，存款单、仓单、提单质押有小幅度下降。

新增金融机构用户平稳增长。2022 年 1—11 月，统一登记系统中新增金融机构用户约 1.8 万家，2023 年 1—12 月，统一登记系统中新增金融机构用户约 1.9 万家。

统一登记系统的应用得到金融机构和企业的支持，统一登记便利金融机构查询动产和权利的已担保信息，能有效降低和控制信贷风险和成本，更好保护担保权人的利益。

二、中征应收账款融资服务平台

中征应收账款融资服务平台是由中国人民银行征信中心牵头组织并由下属子公司中征（天津）动产融资登记服务有限责任公司（以下简称"中征登记公司"）建设运营的、旨在促进应收账款融资的信息服务平台（以下简称"平台"）。平台于2023年12月31日上线运行，通过为资金供需双方提供迅速、便捷、有效的应收账款融资信息，促成融资交易的达成。

平台所指应收账款为《中华人民共和国民法典》《动产和权利担保统一登记办法》所规定的应收账款。平台支持的应收账款融资业务类型如下：应收账款质押业务、应收账款转让业务、隐蔽保理业务。平台为用户提供应收账款融资的信息合作服务，包括账款信息的上传与确认、在线融资申请、在线通知债权转让/质押、融资成交信息反馈。

截至2023年年底，平台累计促成融资21.2万亿元。2023年，平台促成融资2.75万亿元，同比增长4.9%。在促成政府采购融资方面，继续保持扩面增量的良好势头。截至2023年年底，平台累计促成政府采购融资340.1亿元，其中2023年促成政府采购融资170.6亿元，同比增长80%。在增强金融供给方面，平台累计支持1.7万家金融分支机构开展线上融资业务，为商业银行创新应用金融产品提供了渠道，帮助商业银行实现了无人工干预自动审批授信、"T+1"个工作日审贷放款等高效服务。

第三章 供应链金融发展多维度解读

第一节 产业数字化下的供应链金融转型与创新

一、数字供应链金融现状三大转变

（一）从企业到供应链业务的核心对象转变

在授信准入方面，传统的供应链金融以企业为核心对象进行授信判断。企业作为相对独立的个体，其自身的固定资产、现金担保往往有限，尤其是中小企业，很多都是轻资产运作。金融机构虽可依托供应链上核心企业经营情况给予信贷、结算等服务，整个供应链以核心企业信用作为背书，但事实上核心企业往往不愿意提供信用背书。即使核心企业愿意提供信用背书并进行确权，但供应链尤其是运力供应链，因具有层层转包关系（从顶端货主先到大型第三方物流等服务集成商，再到小型第三方物流、专线等服务中介商，最后到车队、司机等服务提供商），供应链中信用传递存在逐级衰减（比如基于交易的本征衰减、基于损耗的物理衰减及基于信息不对称的认知衰减等）。

区别于传统供应链金融，数字供应链金融不再只根据核心企业情况，而是以供应链业务为核心对象，具有真实贸易背景，根据链上各个参与者的各种数据信息进行授信判断。同时，数字供应链金融通过区块链、物联网等数字技术的应用，保证供应链业务数据在各个参与节点的一致性及真实性，杜绝单一节点的数据造假行为；通过智能合约，可以对共享的供应链业务数据进行校验和数据背书，确保数据的合法性经过多方验证，保证了数据经由多可信主体签名校验过，为数据提供进一步的信用保证。经过多方共识及多方背书产生的数据不可篡改且真实可靠，想要篡改数据必须将所有参与节点的账本全部篡改，否则无法通过供应链共识；高昂的篡改数据成本，可有效降低供应链业务数据造假的风险，减少了由于信息不对称产生的认知等信用衰减问题。此外，数字供应链金融通过业务数据共享，也可将核心企业的强信用能力，依托供应链网络传导至末端中小企业，解决了传统供应链金融的确权难问题；帮助金融机构加深对中小融资企业的了解，帮助供应链上中小融资企业增加信用，提升融资能力，实现"数字增信"，提升了中小融资企业通过金融机构授信准入的概率。

（二）从主体信用到交易信用的授信场景转变

在授信额度方面，传统的供应链金融以融资企业财务报表为场景，通过评估财务报表所代表的主体信用进行授信额度的测算。然而，仅仅依靠财务报表所得到的信用信息并不一定完善。尤其中小企业往往存在基础会计工作缺失，会计准则把握不准确、会计政策随意变更、会计估计随意变更、收入确认不规范、成本核算缺失等财务管理不规范问题。并且财务报表颗粒度不一定满足金融机构的评估要求，因此很难获得金融机构的有效授信额度。

数字供应链金融下，金融机构评估融资企业信用不仅依靠财务报表数据，同时需要通过财务报表以外的合同、订单、仓单、入库单、出库单、运单、回单、发票、对账单等数据，描绘出融资企业的真实交易场景，对融资企业业务真实性及闭环性进行验证；通过构建主体信用以外的交易信用，打造场景金融，实现对中小微公路运力企业，财务报表所不能体现的信用部分的一种增信补充。交易闭环即合同、单证、发票等在融资企业所处供应链各环节能够比对、印证，形成完整的交易逻辑。交付闭环即交易执行能够从货主、物流商等中间环节到最终客户的交付实现。资金闭环即金融机构的授信，能够从融资企业到下游企业，客户收货后回款至货主，直至融资企业相应收入实现的整个资金流转闭环。由于交易闭环、交付闭环和资金闭环所体现的业务收入真实性增强，金融机构所认可的融资企业偿还能力，即通过长时间交易累积形成的一种能客观反映其还款能力及还款意愿的无形资产将增加，从而确定出的有效授信额度也将增加。

（三）从线下到线上线下结合的物流监管转变

对于授信后的物流监管，传统的供应链金融主要依托线下的人工监管，因而容易出现种种问题。传统纸质货物仓单的可信性仅来自人工加盖的"红章"，巨大的货值利益诱惑容易导致内外勾结问题；信息的不对称、不透明，容易导致重复质押问题；缺乏价格盯市、智能预警等容易出现价格波动、难以处置问题。

以线上线下交互开展物流监管的数字供应链金融，通过数字仓库、数字单证和平台监管等方式，能有效解决传统供应链金融的风险问题，实现从"人控"到"数控""智控"的转变。依托物联网、AI、区块链等技术而构建的数字仓库，能在货物入库时，就将入库时间、品类、规格、批次、产地等信息实时录入系统，并生成不可更改的数字码，同步给金融机构、货主、仓库、法院、海关等主体。后续货物的出库、过户、交易也同步，实现货物操作可见、货权背景可见和货物实景可见，有效避免内外勾结风险。将合同、仓单、运单、回单等单证信息登记在区块链上，可以形成与货物交付相关的全过程数字化单证。加密上链的数据可以按权限解密，非数据所有方或未被授权的数据调用方均无法解密数据，可以确保数据的真实性、不可篡改、唯一性、可追溯，解决信息不对称问题，能有效避免重复质押，有助于仓单交割、仓单质押融资等业务的开展。通过构建监管平台，建立价格引擎、预警监测、价格盯市、数据触达机制，对账存数据和实存数据进行交叉验证，对存货出现的异常进行预警。实时掌握价格动态与市场需求，智能匹配处置通道，有效解决价格波动、难以处置等问题。

二、数字供应链金融的创新与应用

供应链金融包括两种类型，商品供应链金融和运力供应链金融（从物流金融的角度出发，编者注），下面从这两方面分别介绍数字供应链金融的创新与应用。

（一）基于"控货"的商品供应链金融

商品供应链金融围绕着"货"而开展融资服务，比如结算类的代收货款、垫付货款，融资类的订单融资、应收账款质押、保理/反保理、票据池融资、信用证融资、保兑仓、未来提货权融资、融资租赁、动产质押、仓单质押，证券化类的资产证券化（ABS）、投资信托基金（REITs），跨境类的外汇掉期、内外息差套利、垫付税款、集货仓、海外仓、海陆仓等。因此，"控货"是商品供应链金融的核心。数字供应链金融下，通过物联网、人工智能、区块链、云计算、大数据、移动互联、隐私计算等深度挖掘与"货"有关的数据，包括位置、温湿度、重量、体积、合同、单证、发票、视频、音频、图片等，实时描绘"货"的画像。打破信息不对称，实现商品供应链各节点企业之间，跨地区、跨行业连接，打造闭环场景，实现有效"控货"。

以大宗商品为例，大宗商品链条长、交易结构复杂。煤炭和钢材产业链主要是以存货质押、应收账款的保理为主；而粮食产业链中，中间商以农民或经销商为主，其小而散的特点决定了其资金需求主要集中在粮食收储阶段，并以仓单质押融资的形式出现；加之批量大、货值高、金融属性强，价格往往存在波动等特点，容易引发被动违约事件，对风控要求高。大宗商品风控的核心在于对大宗"货"的管控，包括对货的品类、质量、数量、权属、仓储、物流、凭证、意外、灭失、盗抢以及处置等。如何实现入库、在库、出库等全程可视化对大宗商品来说是"控货"的关键。

数链科技依托物联网、大数据、区块链等技术打破原有的信息壁垒，将大宗商品交易全链条实时数字化，并通过区块链等手段进行数据的交叉验证，形成交易的数据信用；将产业能力强的供应链核心企业作为市商，通过控货产生物的信用，解决了"控货"问题。具体到服务粮食产业链的某核心企业的例子，数链科技为其量身打造粮仓的智慧云监管平台，帮助其顺利获得金融机构的授信。首先，以粮食仓储的智能化改造作为切入点，安装 AI 摄像头、电子围栏及温湿度传感器、压力传感器等物联网设备，对粮仓进行智能化改造。实时监测粮食的温湿度、储位变化，大数据测算粮食重量、质量，实现对货物精准识别、实时定位、实时盯市管控价值。其次，利用大数据和 AI 智能监控技术等围绕智慧粮仓研发一整套线上线下的信息数据平台，从粮食入库开始到质检、称重、结算数据等信息实时同步。最后，通过区块链加密算法技术保证整个交易的真实性，异常数据将立即上传至区块链，并同步至各个节点。如果粮食处于质押状态中，金融机构就可以在自身的区块链节点中查询到该条异常数据，并对事件进行处理，确保质押粮食的安全。数链科技通过建设智慧粮仓和打造智慧云监管平台，把粮食这种动产变成了一种可视化、可把控、可信任的资产，有效实现了"控货"，化解了大宗商品的融资难题，促进了大宗商品供应链金融业务的开展。

（二）基于"增信"的运力供应链金融

运力供应链金融围绕着运力服务而开展融资业务，比如结算类的代收货款、垫付货款，融资类的运费保理、加油卡、加油后付费、油品白条、通行卡、通行后付费、ETC 白条、融资租赁、核心企业信用、三维信用融资以及保险类的货运保险、车辆交强保险、车损险、第三者责任险等。区别于商品供应链金融的"货"融资，运力供应链金融的融资主体往往为中小微物流企业，车辆挂靠运营无抵质押物、财务数据缺乏，银行征信难以保障，无法获得传统的供应链金融融资。数字供应链金融发展下，以单证真实、货运管理专业、交易资金闭环构建交易信用，形成财务报表所代表主体信用的"增信"，能有效提高中小微物流企业融资可得性，创新运力供应链金融服务模式，解决中小微物流企业融资难、融资贵问题。

以公路运力平台为例，平台商往往具备强大的信息技术能力，参与整个服务过程，包含诚信考核、车辆调度跟踪、支付结算等。同时，通过区块链等技术将合同、单证、票据等数字化，实现可视化、透明化监管，并对车源、货源具有数据分析能力。以运力平台所集聚的中小微物流企业交易数据为基础，通过回归交易真实性本源，对基础交易环节进行实质性确认并构建交易信用，是基于"增信"的运力供应链金融最佳的应用场景。

合肥维天运通信息科技股份有限公司致力于物流信息化平台的建设和运营，打造覆盖公路运输全产业链的路歌品牌，推出运力供应链金融业务模式。路歌平台基于区块链技术，和蚂蚁区块链平台、网商银行合作，打造一套物流业务数据上链，实现真实业务流程可信化的流程；通过路歌的平台和区块链技术，连接起银行、金融、保险和物流公司、卡车司机，线下业务数据化、业务场景线上化、网络货运线上化，实现一种信用的共识；从而让这种金融解决方案是可信的、高效的、可持续的、金融机构客户信任的。路歌网络货运平台帮助物流企业积累自己的业务数据，在保证与实际业务流程一致的情况下，路歌平台连接物流公司和网商银行，把数据上链，通过数据上链建立一种物流信用，把积累变成交易信用积累，再把交易信用积累转化成金融积累，实现运力供应链金融融资"增信"。同时，从路歌网络货运平台沉淀的企业数据中，抓取提炼有效的信用数据，结合社会信用数据库及企业黏性行为来进行综合评分；由路歌信用分可兑换路歌信用赋能服务；依据信用评分，给予相应的授信信用额度。为运力供应链上下游企业、服务商、货运司机等提供交易信用"增信"和数字供应链金融服务，让交易信用产生经济价值，实现运力供应链上下游各环节的高效流通与闭环管理，提升运力供应链运作效率与效益。

三、数字供应链金融的风控

风险具有传递性和集聚性，传统的供应链金融根据不同业务模式涉及信用风险、操作风险、交易风险、技术风险、供应链风险、环境风险、人的风险、物的风险八大风险。数字供应链金融虽然通过技术手段在一定程度上弥补了传统供应链金融风控模式的局限，但仍然存在数字资产、数据权属等领域法规不健全，监管制度和技术标准不统一等风险。总体而言，这些风险都是基于参与主体之间的博弈和委托代理而产生的。

（一）基于博弈的风险与防控

金融机构与融资企业之间存在授信额度与利率博弈，融资企业为了获得相对较高的授信额度和相对较低的利率，可能会隐藏某些信息而不上链，从而导致信用风险。运力供应链金融中，金融机构通过平台商沉淀的企业数据进行信用评估，金融机构、平台商与融资企业存在三方博弈。融资企业可能与平台商串通，对于平台上的数据通过一定技术手段进行处理，导致信用风险。平台商在金融机构给予的数据真实性激励与融资企业给予的收益之间进行权衡，导致技术风险。商品供应链金融中，物流监管企业承担着"控货"的责任，虽有科技的加持，但金融机构与物流监管企业之间利益的博弈，也容易产生操作风险与人的风险。同时，数字供应链金融基于数字信任和交易增信开展授信，其业务数据化的过程需要一定的投入，因此在融资企业数据化成本和所获得的授信额度与利率之间亦存在博弈，当融资企业需要付出的业务数据化成本大于授信额度与利率所带来的收益时，融资企业将不会进行投入来实现数据化，则交易真实性等难以保证，继而出现交易风险、物的风险等。

融资企业面对因博弈产生的风险，在实际操作中可以借助收益函数寻求博弈参与方的均衡，如可以分别构建金融机构与融资企业收益函数，寻找双方利润最大化的均衡，从而减少风险；对于"控货"等监管产生的风险，可以设立激励机制寻求参与方的均衡。当物流监管企业获得的激励收益大于其因人为操作而从融资企业获得的收益时，操作风险和人的风险将得到有效控制；同时，也可反过来通过博弈来证明和量化整个供应链中信息共享的价值，当参与方隐瞒信息时，其隐藏行为通过区块链进行全网广播，金融机构及供应链上其他所有企业都将获悉此隐藏行为；由此带来的期望损失与隐藏带来的即时收益将形成显著的对比，督促参与方的守约行为，从而降低风险。

（二）基于委托代理的风险与防控

供应链金融由于涉及多方参与，存在多种委托代理关系。如金融机构委托物流企业进行"控货"、委托平台商实时提供融资企业运营数据，货主委托物流商进行货物运输，贸易商委托平台商进行代采等。通过委托代理，金融机构拓展了现有融资业务，物流监管企业得到了监管报酬，物流商得到了运输收入，平台商得到了信息费用、代采费用，融资方获取了宝贵的流动资金，实现了多方共赢。然而由于委托代理各方利益的不一致容易产生风险，如作为委托人的金融机构，在希望存货价值完好的同时，倾向于在外部监督的过程中尽可能减少成本，以实现利益最大化，从而降低了对物流监管企业的监管力度。而作为监管方的物流监管企业往往会在内部监管过程中尽可能降低成本，以获取更多的利益，从而降低了对质押物的监管力度。在对质押物价值乐观预期、经济利益的不一致、监管工作过程中的认真程度、监管工作的努力程度等信息很难被观测和监督的情况下，金融机构和物流监管企业在外部监督和内部监管的过程中，逐渐呈现出宽松和懈怠的倾向，漠视了风险。数字供应链金融虽然在一定程度上利用信息技术解决了"人控"问题，但一些金融机构对于新型信用评估方式、风控模式的接受度较低，对新技术的推广应用持观望态度。同时，数字信任、数据资产在数据产权归属和隐私保护方面，现有法规不足以保护企业主体权益，可能会出现数据滥用和误用的现象。加之技术的规范应用与数据安全缺乏统一的标准，数据开放的市场规则仍未确立，导致部分企业对信息安全存在顾虑，对数字化持有相对保守的态度，致使由委托代理而产生的风险仍然存在。

数字供应链金融发展中，面对因委托代理而产生的风险，首先，应在数据的收集、授权使用、隐私保护和产权归属等问题上出台统一的监管制度和法规，保障参与主体权益。其次，应推动观念认知更新，营造开放包容、支持创新的数字供应链金融应用环境，鼓励金融机构先行先试，增进行业交流，使各参与主体切实了解数字供应链金融在"控货"和交易增信方面的优势与途径。最后，应加强数据治理，开发统一高效、协同联动的数据安全管理体系。推动多方共同探讨和研究数字供应链金融下委托代理的潜在风险，完善数据管理政策，形成共享协同的数据安全机制。

（上海大学现代物流研究中心主任　储雪俭）

第二节　供应链金融标准建设综述

　　规范是供应链金融发展的主基调，在法律法规尚不完善的情况下，通过标准规范企业业务行为，形成风险管理的行业共识，是供应链金融规范发展的重要保障。同时，供应链金融是一种业务综合化、主体多元化、产品多样化的现代生产性服务业，牵涉金融、物流、生产、商贸、科技等多个领域，在其创新发展的初级阶段，通过标准聚合各方资源，推动供应链金融的模式迭代和技术应用，是供应链金融走向成熟的重要推动力。

一、标准汇总

　　本节整理了 2011 年以来供应链金融相关的重要标准，共 43 项（见表 3-1），包括了国家标准、行业标准、团体标准、地方标准各个层面，涵盖供应链金融存货融资、仓单融资、应收账款融资等不同产品，归口单位包括国家标准委员会、地方政府部门、行业协会、地方协会，集中展现了不同参与主体在供应链金融标准建设方面的成果。

表 3-1　　　　　　　　　　供应链金融相关的重要标准

序号	标准名称	标准号	标准类别	发布时间	牵头起草单位
1	线上反向保理业务指引	T/CATIS 015—2023	团体标准	2023 年 11 月 30 日	中国服务贸易协会商业保理专业委员会
2	商业保理公司信用风险内部评级规范	T/CATIS 014—2023	团体标准	2023 年 11 月 30 日	中国服务贸易协会商业保理专业委员会
3	商业保理公司全面风险管理规范	T/CATIS 013—2023	团体标准	2023 年 11 月 30 日	中国服务贸易协会商业保理专业委员会
4	数字贸易 基于区块链的大宗散货仓单系统建设指南	T/ZADT 0008—2023	团体标准	2023 年 6 月 20 日	杭州市物流与采购行业协会等
5	数字贸易 基于区块链的供应链金融平台安全通用技术要求	T/ZADT 0009—2023	团体标准	2023 年 6 月 20 日	杭州市物流与采购行业协会等

序号	标准名称	标准号	标准类别	发布时间	牵头起草单位
6	轨道交通装备制造企业绿色供应链金融服务规范	T/HNSFB 1—2023	团体标准	2023年5月9日	湖南省金融学会
7	建筑供应链金融业务应用指南	T/CASC 0001—2023	团体标准	2023年3月10日	中国建设会计学会投融资专业委员会
8	建设工程保理业务规则	T/CATIS 003—2022	团体标准	2022年12月31日	中国服务贸易协会商业保理专业委员会
9	国际保理业务操作指引	T/CATIS 002—2022	团体标准	2022年12月31日	中国服务贸易协会商业保理专业委员会
10	供应链金融服务企业分类与评估指标	T/CFLP 0051—2022	团体标准	2022年12月29日	中国物流与采购联合会物流与供应链金融分会
11	大宗商品供应链金融服务风险管理规范	DB4403/T 276—2022	地方标准	2022年12月7日	深圳市供应链金融协会、深圳市先行供应链金融研究院、广盈控股集团（深圳）有限公司
12	供应链金融行业示范基地评价指引	DB4403/T 268—2022	地方标准	2022年11月2日	深圳市供应链金融协会
13	数字化仓库评估规范	WB/T 1119—2022	行业标准	2022年6月16日	中国物流与采购联合会
14	数字化仓库基本要求	WB/T 1118—2022	行业标准	2022年6月16日	中国物流与采购联合会
15	供应链金融体系标准	T/EJCCCSE 002—2022	团体标准	2022年4月25日	中国商业股份制企业经济联合会供应链金融专业委员会
16	全国性可流转仓单体系运营管理规范 第2部分：玉米仓单	T/WD 109.2—2021 T/CASMES 5.2—2021 T/CMSTA 001.2—2021	团体标准	2022年1月26日	中国仓储与配送协会
17	网络货运平台业务数据验证	T/CFLP 0033—2021	团体标准	2021年12月10日	中国物流与采购联合会
18	网络货运平台实际承运人信用评价体系	T/CFLP 0032—2021	团体标准	2021年12月10日	中国物流与采购联合会

序号	标准名称	标准号	标准类别	发布时间	牵头起草单位
19	商业保理业务会计核算准则	T/CATIS 003—2021	团体标准	2021年9月1日	中国服务贸易协会商业保理专业委员会
20	供应链金融 监管仓业务规范	T/NIFA 10—2021	团体标准	2021年7月13日	中国互联网金融协会
21	件杂货物电子仓单应用规范	T/CMSTA 002—2021	团体标准	2021年6月9日	中国物资储运协会
22	大宗货物电子运单	WB/T 1107—2021	行业标准	2021年5月31日	中国物流与采购联合会物联网技术与应用专业委员会
23	大宗货物电子仓单	WB/T 1106—2021	行业标准	2021年5月31日	中国物流与采购联合会物联网技术与应用专业委员会
24	全国性可流转仓单体系运营管理规范	T/WD 109—2021 T/CASMES 5—2021 T/CMSTA 001—2021	团体标准	2021年1月11日	中国仓储与配送协会
25	供应链金融 质押融资货物监管服务规范	T/JX 038—2020	团体标准	2020年12月23日	浙江富融仓储有限公司、浙江金钥匙仓储有限公司等
26	棉花电子仓单 通用要求	GH/T 1303—2020	行业标准	2020年12月7日	中国棉花协会
27	商业保理合同准则	T/CATIS 003—2020	团体标准	2020年10月15日	中国服务贸易协会商业保理专业委员会
28	商业保理业务规则	T/CATIS 002—2020	团体标准	2020年10月15日	中国服务贸易协会商业保理专业委员会
29	商业保理术语	T/CATIS 001—2020	团体标准	2020年10月15日	中国服务贸易协会商业保理专业委员会
30	应收账款债权转让合同文本编制指引	T/SSCF 0003—2019	团体标准	2019年12月31日	深圳市供应链金融协会
31	应收账款类资产评级规范	T/SSCF 0002—2019	团体标准	2019年12月31日	深圳市供应链金融协会

序号	标准名称	标准号	标准类别	发布时间	牵头起草单位
32	应收账款类资产真实性审核规范	T/SSCF 0001—2019	团体标准	2019年12月31日	深圳市供应链金融协会
33	物联网监管仓技术与管理规范	T/CAMT 3—2019	团体标准	2019年11月6日	中国金属材料流通协会
34	网络货运平台服务能力评估标准	T/CFLP 0024—2019	团体标准	2019年11月5日	中国物流与采购联合会
35	公路货运企业融资能力评价指标体系	T/CFLP 0017—2019	团体标准	2019年3月18日	中国物流与采购联合会物流与供应链金融分会
36	供应链企业金融风险控制与评价	DB4403/T 11—2019	地方标准	2019年3月13日	深圳市物流与供应链管理协会
37	担保存货第三方管理规范	GB/T 31300—2014	国家标准	2014年12月5日	中国仓储与配送协会（原中国仓储协会）
38	钢材质押融资仓储企业管理规范	DB31/T 843—2014	地方标准	2014年10月15日	上海市仓储行业协会
39	信用证进口货物质押监管作业规范	GB/T 30837—2014	国家标准	2014年6月24日	上海新景程国际物流有限公司
40	仓单要素与格式规范	GB/T 30332—2013	国家标准	2013年12月31日	浙江涌金仓储股份有限公司
41	动产质押监管服务规范	SB/T 10978—2013	行业标准	2013年4月16日	中国物资储运协会
42	质押监管企业评估指标	SB/T 10979—2013	行业标准	2013年4月16日	中国物资储运协会
43	电子商务 仓单交易模式规范	GB/T 26839—2011	国家标准	2011年7月29日	清华大学

二、标准分析

近几年供应链金融相关标准的推出速度有所加快，行业标准化程度持续提升。从总量看，国家标准4项、地方标准4项、行业标准7项、团体标准28项。从发布时间看，标准的发布频率明显提升，2021 年、2022 年、2023 年分别发布 8 项、9 项、7 项，三年时间内发布数量已超过前十年的总和。

行业协会发挥了重要作用，推动行业标准化建设。从归口单位来看，2019 年以来共计起草和发布团体标准 28 项，其中中国服务贸易协会起草 9 项、中国物流与采购联合会起草 5 项、深圳市供应链金融协会 3 项、中国仓储与配送协会 2 项、中国物资储运协会 1 项。从行业协会发布的标准内容来看，不同协会的侧重点不同：中国物流与采购联合会侧重的供应链金融标准以金融监管、货运和仓储仓单领域为主；中国服务贸易协会制定的标准以商业保理为主；深圳市供应链金融协会以应收账款和大宗商品领域为主；中国仓储与配送协会以存货和仓单为主。

标准的建设逐渐向细分领域发展，仓单成为热点。从涉及货类来看，关注某个货类或行业的细分领域标准仅 16 项，而不分货类或行业的宏观性标准 27 项，显示细分领域的供应链金融标准建设工作有很大的空间，也是标准建设工作的重点。从产品形态来看，存货融资或仓单融资相关的标准达到 17 项，说明了存货融资尤其是仓单融资是供应链金融创新发展的热点领域，行业各参与主体非常关注存货质押监管与仓单形成的标准化。

从标准内容看，运营规范（如业务流程、管理要求、风险控制）相关的标准 19 项，占比达到 44%。分级评价（企业能力、设施能力、信用额度等分级评价）相关的标准 9 项，大部分集中在质押监管领域。而基础规范（如格式要求、制度要求、文本要求）相关的标准 12 项，技术规范（技术要求、技术路线、系统安全等）相关标准仅 3 项，行业发展所需的基础性标准亟待完善。

在目前发展阶段，供应链金融难以建立综合性的国家标准或行业标准，相关协会无监管权力，所推动的标准具有一定局限性。供应链金融的标准建设需要监管部门与行业协会、从业企业联动起来，共同推动。

三、部分标准概要

（一）《担保存货第三方管理规范》和《质押监管企业评估指标》

《担保存货第三方管理规范》：将担保存货第三方管理划分为动产监管与监控两种管理方式，监控不涉及货物的占有和控制，只负责核实和报告；对于各参与方的资格条件、主要责任、操作规范等进行界定明确；基于企业的基础条件与资本、仓库、配套设施、组织管理、信用、监管业绩，对于第三方管理企业的评价设立了 7 个分类指标和 22 个分项指标，包括主营业务、负债率、信用记录、风险控制、从事担保存货管理时间、管理担保存货的年均货值等。

《质押监管企业评估指标》：描述了质押监管企业应具备的条件；监管的质量要求

和不应有的行为；设置了质押监管企业评估的指标，主要包括净资产、库房所有权、人员团队、制度、操作规范、信誉合格等。

上述两个标准共同进行"担保存货管理资质企业"的评价实施，从三级甲等到一级丙等，企业共分为9个等级，从2016年开始，累计评选企业上百家。

（二）《供应链金融服务企业分类与评估指标》

标准主要内容：按提供服务的内容，将供应链金融服务企业分为三类：资金服务型、平台服务型、融资监管型。三个类别设置相同的一级评价指标：业务规模、运营能力、企业管理、人员配置、技术应用，全面反映企业供应链金融业务的能力和状况；二级指标的设置综合考虑了定量指标和定性指标的平衡，资金服务型设置11个定量指标和6个定性指标，平台服务型设置8个定量指标和7个定性指标，融资监管型设置10个定量指标和9个定性指标。

该标准涵盖供应链金融的各类参与主体，填补了宏观层面上评价标准的空白，目前该标准正在积极开展实施筹备工作，预计2024年完成第一批企业评级。

（三）《数字化仓库基本要求》和《数字化仓库评估规范》

《数字化仓库基本要求》：技术要求包括网络与基础设施要求和数字化仓库管理系统要求；数字化仓库管理系统的功能要求主要包括物联网设备的普遍应用、作业流程的可视化和可追溯等，还包括开具电子仓单和接口交互的要求；从编码、设备、人员、仓储物、储位、运输车辆、数据、风险、安全等方面对融合物联网设备应用的管理提出要求。

《数字化仓库评估规范》：数字化仓库评估按照水平与能力评估和供应链协同与可持续发展评估两个部分构成；水平与能力评估的一级指标包含基本要求、数字化基础、数字化应用、综合集成与创新；供应链协同与可持续发展评估的一级指标即供应链协同与可持续发展；一级指标下设二级指标和三级指标，对指标的具体要求进行了规定，确定了评估指标表和评估方法。

上述两个标准为物联网技术大量应用的数字化仓库提出了规范和要求，目前正通过标准实施构建数字化仓库网络。

（四）《仓单要素与格式规范》

标准内容：明确了仓单分为普通仓单和可流转仓单两种类型；明确了仓单的必备要素，其中普通仓单14项，可流转仓单28项，对要素的可选择用语和填写要求进行了明确；约定了仓单的可选要素12项，对要素的可选择用语和填写说明进行了明确；规定了仓单的印制要求和填写要求；进行了示例说明。

由于该标准发布时间较长，法律法规、技术应用、平台登记等外部环境变化较大，目前该标准正在进行修订。

（五）《大宗货物电子仓单》

该标准为大宗货物电子仓单的格式、内容、报文格式和内容提供了统一的标准和规范：明确了大宗货物电子仓单的要素内容，共52项；明确了大宗货物电子仓单要素可流转必备要素内容，共8项；规定了大宗货物电子仓单的报文结构和属性，以及需要交换的电子仓单内容。

在技术普遍应用的背景下，电子仓单是一种更具实施可行性的仓单形式。该标准处于现行有效状态，在《仓单要素和格式规范》完成修订后，预计该标准需要进行相应修订。

第三节 严禁中央企业涉各类虚假贸易的政策解析

国务院国资委发布《国务院国有资产监督管理委员会关于规范中央企业贸易管理严禁各类虚假贸易的通知》提出"十不准"，并规定，对于本通知印发以后仍开展虚假贸易业务的企业，一经发现对直接责任人就地免职。以下对于"十不准"的具体内容进行逐条解析。

一、不准开展背离主业的贸易业务

解析：明确国有资本应服务于实体经济，聚焦主责主业，不能"赚快钱"，要防止国有资本"脱实向虚"。①主业范围内不含贸易业务的，开展与主业相关的贸易业务，须经集团董事会审批；②主业范围内不含贸易业务的，但关系到国家能源、资源、粮食、国防、产业链供应链安全以及推动战略性新兴产业发展的特定贸易业务，须经集团董事会批准；③主业范围涵盖贸易业务的，其开展贸易需严格按照核定的贸易品种或围绕与主业相关的产品开展贸易业务，其他贸易业务坚决退出。

二、不准参与特定利益关系企业间开展的无商业目的的贸易业务

解析：不是简单禁止与具有特定利益关系特征的企业开展贸易业务，而是明确在与具有特定利益关系特征的企业或企业间开展贸易时，需要作为特别风险应对，增加商业实质审核控制点，以确保该贸易业务具有商业实质。在实际工作中，可以运用"五关联"法（投资关联、人事关联、购销关联、担保关联、融资关联），核查企业隐

性的特定利益关系。

三、不准在贸易业务中人为增加不必要的交易环节

解析：该条明确贸易业务整体的真实性，通过禁止以非商业目的增加交易环节、虚构贸易业务交易背景和为外部企业提供赚取通道费或资金占用费的便利等行为，还原真实的贸易活动和经济形势、维护贸易市场的活动秩序，保障市场竞争的公平性，促使投资者和金融机构做出正确的投资选择。人为增加贸易环节往往出于企业完成考核指标、维持自身信用评级、获取外部融资或实现套利等非经营性目的，成为虚假贸易的重点表现。

四、不准开展对交易标的没有控制权的空转走单等贸易业务

解析："空转""走单"等贸易业务在交易过程中只涉及合同和单据的流转，而没有货物控制权或资金的流转。关键点在于票据流、物流、资金流"三流"相符合：①关注贸易背景的真实性，或是否存在人为增加环节，如主业的相关性、毛利率的合理性；②关注上游供应商和下游客户是否存在特定利益关系；③关注贸易标的控制权，包括货物流转时间、距离的合理性，货物控制权在整个交易过程中的变更情况；④关注不合理直接提供资金或通过结算票据、办理保理、增信支持等方式变相提供资金的情况。

五、不准开展任何形式的融资性贸易

解析：国务院国资委答复"融资性贸易的具体界定标准是什么？融资性贸易业务是以贸易业务为名，实为出借资金、无商业实质的违规业务。主要特征有：一是虚构贸易背景，或人为增加交易环节；二是上游供应商和下游客户均为同一实际控制人控制，或上下游之间存在特定利益关系；三是贸易标的由对方实质控制；四是直接提供资金或通过结算票据、办理保理、增信支持等方式变相提供资金"。

融资性贸易本质是无商业实质、以贸易业务为名对外提供资金，或通过结算票据办理保理、增信支持等变相提供资金，为上下游企业提供融资便利。融资性贸易资金方缺乏对货权的实际掌控，缺少对货物市场波动的关注，存在巨大资金风险。融资性贸易企业的上下游企业往往是核心企业的关联方，通过贸易形成资金闭环，而没有真实的货物流。

常见融资性贸易类型：①托盘贸易、②委托贸易、③循环贸易。

融资性贸易示意如图 3-1 所示。

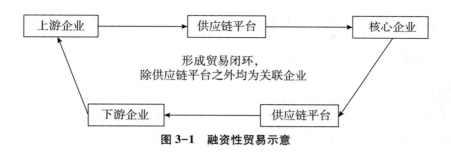

图 3-1　融资性贸易示意

六、不准开展无商业实质的循环贸易

解析：根据《最高人民法院第二巡回法庭 2020 年第 26 次法官会议纪要》，循环贸易往往存在以下核心特征：整个交易链条是由三方或以上主体形成的闭环；整个交易过程中并无真实货物的流转，或贸易标的由主导方实质控制；某一方交易主体（通常是借款方）存在"高买低卖"的明显有违商业逻辑的行为，出借方和通道方不承担货物风险。

循环贸易示意如图 3-2 所示。

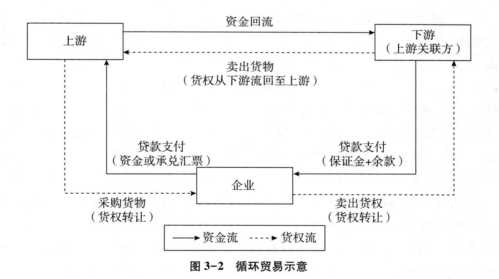

图 3-2　循环贸易示意

为避免参与循环贸易，企业需要在合同订立阶段和履约阶段强化内部控制关键点。包括：①合同订立阶段，强化单证管理，包括但不限于运输单据、仓单、收货确认单、提货通知单以及增值税发票等，以及相关证据材料，如货物交割地点的记录、实物交接凭证、质量检验手续等全套合同履行详情文档。②履约阶段，密切关注交易对手的实时经营动态和资信变化，系统整理与深度分析应收账款回收进度，以保证资金链安

全稳定，防范贸易循环引发的资金风险。

七、不准开展有悖于交易常识的异常贸易业务

解析：即不得开展货物流、票据流和资金流"三流"不齐备的贸易业务。关键点在于控制货权：①仓库保管的三方协议是否真实、仓单法律要素是否齐全，以及货物进出量与仓库容量是否相符；②检查对货权的合同约定，从货物运输、仓储库存、交货条件等方面判断是否掌握货权；③检查仓单、质检单、提货单及相关的凭证资料，确认有无实物流转记录。

八、不准开展风险较高的非标仓单交易

解析："非标仓单交易"指非由交割库开具、并未经期货交易场所登记的提货凭证。"非标仓单交易"由于企业不能真正掌握货权，存在较高风险，因此原则上不得开展。如确有特殊理由，需要报集团审批。仓单作为提货的凭证，其风险的判断依据应该是仓单持有人是否能够准确、没有法律异议地拿到仓单对应的货物。如果拿着仓单可以按照其记载的信息提货，那么这张仓单就是低风险，否则就是高风险。

对于"确有特殊理由的非标仓单交易"，关键是控制货权，建议从三方面落实风险防范措施。①上下游信用风险：针对上下游的背景和资信情况，制定准入机制，建立负面清单；从股东背景、经营情况、财务状况、资金实力、涉诉情况和合规制度等方面制定上下游信用评审流程；与上下游直接签署采购（销售）合同，双方应当明确采购（销售）合同标的货物是真实意思表示；与上下游在合同中明确约定标的货物的定价与结算方式（须跟踪货物市场公允价值）和向上下游收取保证金的比例、保证金追加流程等内容。②仓库信用风险：制定仓库准入标准，建立仓库白名单，严格核查合同标的货物存放仓库与上下游之间是否具有关联关系或其他利益关系，防范仓库与上下游串通欺诈行为；定期或不定期巡库，确定仓库按照约定对存货特定化（没有混同）并进行妥善保管。③货权与货物风险：在合同中与上下游约定标的货物品种、数量、质量标准、交货方式与时间等内容，明确业务存续期间合同标的货物的所有权的转移；定期或不定期盘点货物，确定货物状态、规格型号等是否持续满足合同相关要求，货物权属是否清晰。

九、不准违反会计准则规定确认代理贸易收入

解析：根据《企业会计准则第 14 号——收入》（财会〔2017〕22 号）第三十四条规定："企业应当根据其在向客户转让商品前是否拥有对该商品的控制权，来判断其从事交易时的身份是主要责任人还是代理人。企业在向客户转让商品前能够控制该商品的，该企业为主要责任人，应当按照已收或应收对价总额确认收入；否则，该企业为

代理人，应当按照预期有权收取的佣金或手续费的金额确认收入。"①应当综合考虑与代理贸易业务相关的风险转移、价格确定等事实和情况，按照谨慎性原则，确认收入核算方法；②两种确认收入方法的区别主要在于主要责任人，而主要责任人的判断以商品的控制权为主。

十、不准在内控机制缺乏的情况下开展贸易业务

解析：开展贸易业务的企业必须建立健全内部控制体系，对贸易业务开展关键环节、重点内容进行规范，未建立贸易业务内控体系的，不得开展贸易业务。

贸易业务内控管理重点内容如图 3-3 所示。

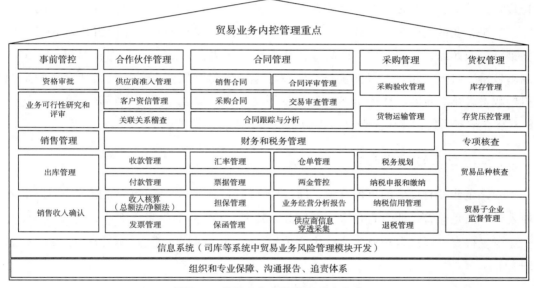

图 3-3 贸易业务内控管理重点内容

第四节 存货（仓单）融资调研分析

为了解存货（仓单）融资的发展情况，课题组组织了一次线上问卷调研，调研对象包括金融机构和融资监管类企业。调研共回收有效问卷 85 份，其中融资监管类企业 69 份，金融机构 16 份。金融机构以银行为主，也包括保理企业等非银金融机构；融资监管类企业以中上规模监管企业为主，包括传统监管企业、科技型企业、平台型企业等多种类型。

调研分析结果较为全面地展示了存货（仓单）融资的行业发展情况，这里摘取其中部分重要内容。

一、融资监管企业

（一）企业经营规模

监管企业发展存在明显的瓶颈期。受访企业的平均融资发生额为 6.1 亿元，展业时间超过 5 年的企业的年均融资发生额为 8.1 亿元，展业时间不足两年的企业年均融资发生额为 5.9 亿元，显示出企业在初期有快速增长但后劲不足。

（二）监管企业经营的主要问题

一是企业的盈利能力不强。调查问卷显示业务收入与融资发生额的比例仅为 1.17%，年业务收入的平均数为 715 万元，表明企业获得收入与承担风险之间的不匹配。二是企业的业务单一。调研结果显示，监管品类涉及大宗商品的占比达 87%，包括钢材、农产品、煤炭、化工产品等，其中钢材的占比达 61%，品类相对单一，扩展品类较难。另外，超过 52% 的受访企业仅在单一省份开展业务。三是增加合作的金融机构数量较难。企业合作的金融机构数量平均数为 7 家，与展业 5 年以上企业平均数 8.3 家差距不明显，显示企业在合作金融机构开发上的难度较大。

（三）企业的运营能力

一是企业拥有良好的风控意识，拥有独立的风控部门。65% 的企业配置 3 名以上风控人员。二是监管企业自有仓库比例偏低。其中，38% 的企业完全不持有仓库，29% 的企业少量持有，以民营企业为主，主要依靠管理能力和技术能力提供监管服务（见图3-4）。

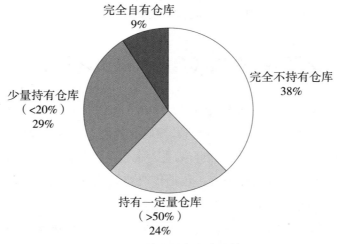

图 3-4　监管企业自有仓库情况

（四）监管系统功能配置

库存盘点是必备功能，品质管控、价格管理、预警管理、大数据风控均是重要功能。监管业务信息系统主要功能配置情况如图 3-5 所示。

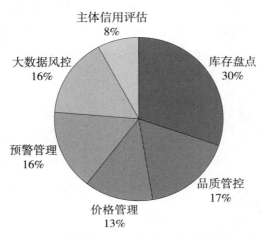

图 3-5　监管业务信息系统主要功能配置情况

（五）监管外其他服务内容

具备存货处置功能的统计比例达 74%，显示金融机构在存货处置上对监管企业的依赖。另外，开具仓单、盯市服务、货物检测也是重要的增值服务。

（六）物联网设备应用

位置监控和实时监控是必备功能，智能摄像头提供的陌生闯入功能配置较多。物联网的应用情况如图 3-6 所示。

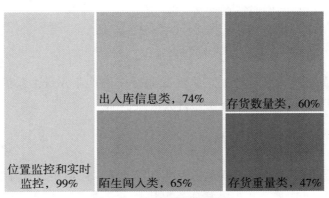

图 3-6　物联网的应用情况

（七）监管企业拒绝金融机构项目合作的原因

据调研结果，"某些协议条款不能接受且不可修改"是其中最大的原因，同时，"项目存在一定风险""信贷机构提出苛刻的准入门槛""收费不能覆盖成本"占比也较大，表明监管企业虽然业务开发困难、谈判地位弱势，但仍能保持对业务风险的清醒认识，对业务风险和利润收益有较好的评估。拒绝金融机构项目合作的原因如图 3-7 所示。

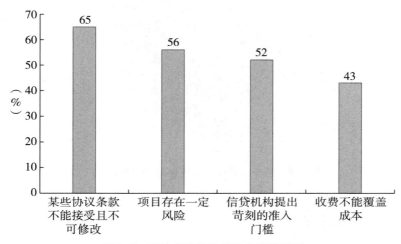

图 3-7　拒绝金融机构项目合作的原因

二、金融机构

（一）开展存货融资业务情况

87%的金融机构展业时间都在 5 年以上。其中系统性重要银行的业务融资发生额都在 100 亿元以上，60%的城商行在 1 亿~3 亿元。

（二）金融机构业务涉及的货类

其中大宗商品依然一枝独秀，大宗商品业务往往是业务量上规模的基础，受访的 16 家金融机构中，94%存货融资业务都涉及大宗商品。

（三）监管企业的准入条件

金融机构设置的准入条件主要包括资本金资产等主体信用、管理制度和相关认证、管理信息系统、过往业绩、已获得其他金融机构准入等，这些条件中最低的占比都达到了 75%，表明这些条件几乎是监管企业的必备条件。监管企业准入条件如图 3-8 所示。

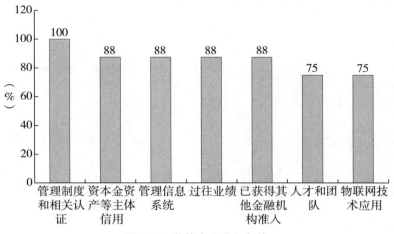

图3-8 监管企业准入条件

（四）金融机构和监管企业的数据对接方式

双方业务系统进行直接对接是资金方和监管方普遍接受的数据传输方式，其次是监管方需要使用资金方的系统进行操作，仍然有 29% 的金融机构采用低效的电子邮件传输（见图 3-9）。

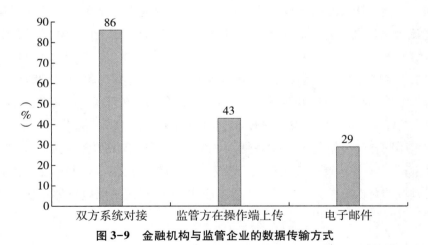

图3-9 金融机构与监管企业的数据传输方式

（五）金融机构认为监管企业存在的主要问题

问题主要包括主体信用不足、不能及时提供风险预警等。调研结果反映了金融机构对于风险管控的需求，集中体现在监管企业的担保能力、管理能力和处置能力上，表明了行业尚未突破传统风险管理机制，建立"物的信用""数据信用"仍然任重道远。金融机构认为监管企业存在的主要问题如图 3-10 所示。

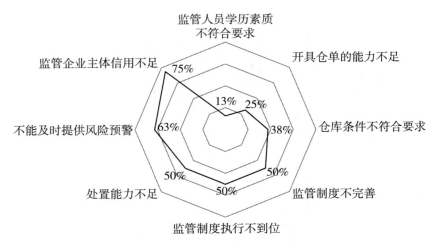

图 3-10　金融机构认为监管企业存在的主要问题

第五节　铁路货运的物流金融服务模式创新

近年来，国家有关部委和地方政府针对铁路物流领域金融服务创新出台了一系列政策措施，包括支持鼓励铁路运输单证物权化、推进基于铁路单证及多式联运"一单制"的物流金融、供应链金融创新等。如国务院发布的《国务院印发关于推进自由贸易试验区贸易投资便利化改革创新若干措施的通知》（国发〔2021〕12 号）、《国务院办公厅关于印发推进多式联运发展优化调整运输结构工作方案（2021—2025 年）的通知》（国办发〔2021〕54 号）、《中国银保监会办公厅 商务部办公厅关于开展铁路运输单证金融服务试点更好支持跨境贸易发展的通知》（银保监办发〔2022〕82 号）。

国铁集团联合建设银行，在铁路货运领域创新拓展金融服务，推出了"运费贷""信用证结算""质押融资"三个产品，带来较好的市场反馈。这些产品是国铁集团在物流金融领域的首次有益尝试，是国铁集团推进铁路现代物流服务体系建设的创新举措，体现了其自内而外、积极主动的创新精神。

一、试点产品方案

（一）铁路运费贷

运费贷是银行成熟的专项信贷产品。试点的"铁路运费贷"由铁路客户在货运

95306 平台向银行发起贷款申请，银行根据客户在铁路的历史发货情况，向客户提供额外增信额度和相比其他方式贷款更低利率，用于向铁路企业收款账户定向支付运杂费。铁路运量越大、运费越多，增信额度越大、贷款利率越低。目前确定小微企业利率3.85%（视市场利率情况调整），大中型企业利率低于3%，额度可达200万~1000万元。通过95306与银行系统直连，小微企业运费贷审批、支取、使用、退款、还款全过程均可线上便捷办理。

（二）信用证结算

因为铁路运单可变更、可取消，因此在传统铁路运输中无法采用信用证结算。本次试点，创新推出"以铁路运单为付款凭据"的信用证，分国内、国际两种模式。采购方向银行申办此种信用证，销售方发货后通过铁路货运95306向银行推送电子运单（发货证明），银行"见单付款"，同时，铁路对选择此种结算模式的发货人不再受理取消托运或变更到站、变更收货人的申请，以保障采购方（付款人）到货。该产品可为铁路客户（贸易双方）解决"采购方付款后存在到货风险、销售方发货后存在收款风险"的贸易信任问题。此外，采购方根据自身信用可以用低于货款的保证金开立信用证，减少资金占用；销售方可通过申请应收账款融资等其他金融服务，加速资金回笼。

（三）质押融资

基于铁路运输企业的控货能力，与合作银行创新推出"铁路电子提单（仓单、运单）质押融资"信贷产品。为降低风险，不影响既有铁路运输规则和流程，本次试点，仅开展由专业运输公司及铁路局物流企业作为提单签发人办理全程物流的业务（与传统铁路运输分离），由铁路运输企业作为提单签发人签发，客户将具有唯一提货权的电子提单通过95306平台向合作银行申请出质。银行或银行指定的第三方按需对货物品质进行检验，同意出质后将出质通知通过95306平台推送给提单签发人，提单的持有人变更为银行，银行向客户放款。待客户向银行还款解除质押后，银行将解质信息经铁路货运95306平台推送至提单签发人，客户向提单签发人办理提货。

二、风险防控

国铁集团针对各类产品详细设计了操作流程，制定了管理办法，拟定了与银行的合作协议。三类产品的具体风险防范措施如下。

（一）运费贷

运费贷各项权利义务由客户和银行双方约定，铁路不介入。铁路需承担的责任主要包括：保证客户历史物流信息真实性、保证数据传输安全。为防范铁路风险，一是铁路向银行推送的客户数据为实际发生不可撤销的历史业务数据，且全部经过客户电子签名授权，不直接提供原始数据，采取建模计算方式推送，保护客户商业秘密；二是建立铁路、银行、客户三方服务保障机制，确保贷款申请、支用、还款等交互流程畅通；三是与银行通过签订双边协议明确了数据保密条款；四是在内部管理办法中明确数据访问权限，保障数据传输安全可靠。

（二）信用证结算

信用证结算中，货物真实性、货物价值判断由贸易双方约定，开证、审单、付款由银行承担，上述风险铁路不介入。货物的交付按原有流程和权责向运单收货人交付不变，不会引起因采用信用证结算而造成货物交付阻碍和滞留。铁路需承担的责任主要是及时完成或解除对运输变更的过程卡控。为防范铁路风险，一是在产品办理中向客户详细说明操作流程和运输规则的调整，申明铁路免责内容，客户电子签名签认、系统留痕；二是电子运单线上推送，系统卡控运输过程、限制取消和变更，避免人工误操作。

（三）质押融资

质押融资中，货物检验及价值确定由银行或其委托的第三方承担，铁路不介入。铁路企业需承担的主要是物流监管责任，并防止单证伪造、一单多押等风险。试点期间，只开展由铁路专业运输公司等作为全程物流提单签发人的多式联运电子提单质押，各铁路局集团公司仍按照既有铁路货物运输相关规定承运，不改变目前的交付规则。为防范铁路风险，一是在试点办法中明确提单签发主体（专业运输公司）需通过内部管理办法和相关协议承担全程控货责任（货物揽收、运输、仓储、交付等）；二是通过95306平台统一流转、统一管理，并通过区块链技术开展提单签发人、银行、客户间的信息共享，保证电子提单及相关过程数据的唯一性、真实性，防止单证篡改、伪造、一单多押等风险。

（整理自国铁集团《在铁路货运物流领域开展金融服务试点可行性研究报告》）

第二篇

主体视角下供应链金融发展

---------------------●---------------------

　　主导供应链金融服务的主体企业种类较多，如银行、制造企业、供应链企业、科技企业等，各参与主体努力推进供应链金融的模式创新和产品迭代，提升了供应链金融的服务深度、风险控制程度、数字化应用宽度。各类主体从自身的优势出发，提供了各具特点的供应链金融服务及产品，也能直接反映出供应链金融的最新发展成果。从业务发展热点出发，本期选择主体中的商业银行、保理公司和国有核心企业三个视角，从他们的业务发展情况和案例出发，展示供应链金融的发展动态。

第四章　商业银行视角

银行作为供应链金融业务的资金供给方，为中小企业提供流动性，在业务链条上处于强势地位。大型商业银行全国布局，从行业经济整体出发提供供应链金融解决方案，而区域型商业银行凭借对区域内产业和企业的了解，创新供应链金融服务模式和产品，推动了地方重点产业的发展。

第一节　业务价值分析

供应链金融业务的基础逻辑是围绕产业供应链场景内交易行为提供综合金融服务方案（产品组合+全流程管理服务），业务特性强调真实、闭环、自偿；业务结构上要实现物流、信息流和资金流三流合一；产品建设重视客户体验，强调线上化、数字化，产品迭代以全流程线上化为起点。

供应链金融是商业银行业务的转型方向，是产业金融战略落地主要路径，本质是对公经营周转类授信业务的转型升级，在风险管控效率、客户服务能力、业务发展空间等方面均有实质性改变提升，是区域型商业银行打造差异化竞争能力的有效路径。

一、供应链金融能有效提升风险管控力度

供应链金融是围绕产业场景真实交易开展授信业务，在授信用途、信息透明、过程管理、业务闭环等方面有效解决了过去流动资金贷款类授信看不清、管不住等诸多风险管理痛点盲点，大幅度提升了风险管控能力，资产质量大幅度优于传统授信，在业务逻辑上明显体现，在业务实践中也已经得到有效验证（真实不良率低于1%），可以成为商业银行控制授信风险的有效手段。

二、供应链金融是服务实体经济和普惠金融的有效途径

供应链金融是产业链与金融的有机融合，承载着提高供应链效率、降低运营成本、具有服务完整产业链的功能。供应链通过融入产业交易环节，围绕产业场景提供差异化综合方案，能精准支持实体经济真实需求，同时也提升了满足产业链条上中小微企

业金融需求的能力，有力推进普惠金融发展，社会效益明显，是打造产业银行的有效途径。

三、供应链金融能有效提升银行业务发展空间

当前形势下，大客户已经成为银行业务红海，而大量中小企业市场蓝海却因为缺少风险管控手段和能力不敢进入，供应链金融业务能力是进军这一市场的有效抓手，围绕产业链条交易做中小企业业务能较好地实现风险和发展的平衡，通过供应链金融不断提升中小企业市场发展能力对区域经济发展水平不高的区域银行尤为重要。

同时，做好供应链金融业务在资本占用、资产流转、降低成本、绿色增收等多个商业银行转型方向上均能提供有效的解决途径，具有明显的"三轻"特征。大力发展供应链金融业务对服务实体经济和银行自身发展都具有重要的现实意义。

第二节 发展现状及问题

一、业务开展情况

国内各商业银行积极开展供应链金融业务，不断完善服务产品，拓宽客户范围，缓解了中小企业资金压力，同时也取得了不错的经营收益。

一些典型的区域型商业银行 2023 年供应链金融业务的开展情况如表 4-1 所示。

表 4-1　　　　　　　　部分商业银行 2023 年供应链金融业务情况

序号	银行	供应链金融模式及产品	供应链金融业务规模
1	浙商银行	浙商银行持续打造供应链金融数智化、体系化、专业化和差异化服务能力，在能源、汽车、钢铁、建工、通信等近 30 大行业形成特色化、差异化供应链金融服务解决方案。能源电力行业，2023 年 9 月，浙商银行与南方电网联合发布电力能源行业供应链金融品牌"电链通"。针对汽车行业，浙商银行打造"车链通"行业型供应链金融平台	2023 年供应链融资累计投放金额已突破 5000 亿元，服务超 2600 个数字供应链项目，提供融资余额超 1600 亿元，服务上下游客户超 40000 家，其中普惠小微企业占比达 75%
2	上海农商银行	"5+3"综合金融服务体系，持续深入研究行业特性，逐步提升供应链项目的投放规模；发挥专业优势，探索落地一批涉农、助农领域的核心企业；深入一线了解客户需求，全面优化智慧供应链系统客户体验、风险管理水平，增强上游供应商的产品黏性	在线供应链金融投放金额合计超 50 亿元，投放笔数超 25000 笔，累计服务近 50 家本地核心企业，笔均 20 余万元

续 表

序号	银行	供应链金融模式及产品	供应链金融业务规模
3	中原银行	借助金融科技，形成了"购e融""销e融""货e融""e收付""e财付"等五大品牌与20余项产品种类。供应链金融方面，坚持以客户为中心，不断提升数智化服务水平，实现原e链等产品资产贸易背景自动化审核、与河南省大型食品企业开放API数据直连；加强供应链金融产品创新，上线跨行再保理、应收账款池质押等产品；持续完善汽车全产业链金融服务体系，依托汽车主机厂，沿链批量拓展上下游客户	2023年累计为企业提供便捷高效的供应链融资1721.21亿元，较2022年年底增幅23.38%。线上化供应链平台延链入驻企业1502家，实现放款人民币112.89亿元。汽车金融贷款累计发放人民币245.63亿元，累计服务客户27.23万户，汽车供应链金融累计交易发生额人民币563.42亿元
4	九江银行	围绕产业金融、供应链金融两大模块，聚焦存货类、预付类、应收类、组合类四类场景，定制商贸通、保兑仓、智慧系列等N个具体产品，塑造"2+4+N"的全新产品体系，为产业客户提供端对端链式服务	截至2023年年底，九江银行产业金融（含首位产业）授信余额508.66亿元，较年初增长185.65亿元

注：由编者根据各企业年报整理。

可见，区域性商业银行之间开展供应链金融业务的差别较大。授信规模从数十亿元到数千亿元不等。产品覆盖面较广，以应收类为主，广泛包括预付类、存货类、订单融资类等产品模式。与地方产业结合紧密，通过创新供应链金融平台形成对产业资金、物流、单据等信息和数据的聚集。

二、存在的问题

1. 展业区域受限

中小银行多为地方性银行，除少数外，不能跨区域设立机构。供应链核心企业及其上下游大多遍布全国，而银行可以开展的业务只允许核心企业在区域内。但通常情况下，银行所在的省份只是聚集了中小型上游供应商，服务的下游核心企业设置在省外。这种情况下，银行难以对省外核心企业做有效营销和评价，较难把控异地业务风险，也很难为全链条企业提供优质服务。

2. 同质类产品价格无优势

核心企业是发展供应链金融的关键，也是稀缺资源。当前各家银行依托核心企业推出的供应链金融平台及产品具有相似性，其中部分大型银行资金成本低、授信利率低，中小银行不具备利率竞争优势，对业务开展不利。

3. 行业解决方案较少

当前大多数供应链金融平台，提供面向所有行业的产品，缺少针对行业的个性化细分产品，难以满足不同行业、不同企业的差异化需求。

4. 科技投入不足

相比于五大行和全国性商业银行，区域性商业银行科技实力普遍薄弱，人才缺失，资源投入受限。而供应链金融业务又较强地依赖于线上化平台，在科技投入不足的情况下，不利于打造区别于其他银行的核心科技竞争力。

第三节　业务发展思路及路径

一、业务开展思路

供应链金融是商业银行业务转型的重要方向，需要在顶层设计层面进行战略重新定位，在全行供应链金融涉及的风险条线、公司条线、合规条线等形成合力，全行上下统一认知。

整体思路：以客户为中心，融入产业场景，运用科技赋能、数据驱动，持续打造线上化、智能化、开放化的本外币一体化数字服务平台，不断提升场景差异化服务能力，搭建具有明显比较优势的供应链金融综合服务体系，成为域内领先、业内知名的供应链金融综合服务商。

二、业务开展三个阶段

第一阶段：强基础、找差距，优化产品体验。对标优秀同业找差距，围绕产品体系，提升线上化、智能化、自动化水平，提供全流程线上化服务体验。

第二阶段：深化场景化服务，深挖地方产业，形成差异化服务优势。立足区域重点产业集群提供定制化供应链金融服务方案。相较大行，形成差异化服务优势。

第三阶段：产融深度结合，形成平台化综合服务。关注金融场景和非金融场景，以综合化在线服务方案满足客户需求，通过产融结合，相互赋能，形成产业金融生态圈，共荣共生。

三、实施路径及措施

1. 实施路径：全力打造线上化数字化供应链金融业务新模式

以"随借随还"为代表的产品功能不仅为客户提供了更为顺畅的业务体验和融资效率，更重要的是使信贷业务不断贴近客户经营活动、真正融入产业供应链成为可能；同时，运用丰富的金融科技手段对信贷业务贷中、贷后管理节点及预设处置策略加以明确，能够大幅度提升银行信贷业务内控有效性。

2. 实施措施之"四大转变"

（1）服务主体转变。服务主体由单一客户向"产业场景"整体服务转变。

（2）业务模式转变。打造产业场景业务模式："1+N"与"N+1"两个场景并行。

"1+N"场景：服务本土大中型核心企业等产业场景（产业供应链、产业集聚区、产业互联网平台等）。针对产业场景的差异化方案要进行线下授信审批，方案要明确整个场景的差异化风险控制方案、场景批量授信额度、场景内单个主体的准入条件，额度产生逻辑以及放款条件和贷后管理要求等全面要求，按照场景方案的要求运用数据和技术工具形成场景模型和智能风控，实现场景内客户业务实现模型审批，自动放款和智能贷后形成全流程线上化、智能化。

"N+1"场景：搭建资产池业务平台，服务核心企业在外、上游企业在域内的中小供应商客群。通过搭建债务人白名单主动授信机制，准入全国核心企业。对核心企业上游优质供应商持有的合格应收款、收益权、动产等全类资产入池统一管理、质押授信，通过智能回款管理，闭环自偿，实现线上智能提款、回款自动还款。

（3）风控模式转变。

风控逻辑由主体信用向"主体信用+场景信用+交易信用+数据信用"综合信用转变。改变传统授信模式下对融资人主体信用单一依赖，转为在深入了解客户所处行业的基础上，通过认真分析交易链条各主体信用，努力构建交易全流程闭环管理链条；逐步实现"脱核模式"，确真不确权。对于客群主要是围绕在大企业产业链上下游的、有自身技术资源禀赋优势的中小企业，为更好地服务此类中小客群，"脱核模式"是必须锤炼的核心竞争能力；风控作业由线下审批向数字驱动、模型审批、智能贷后转变。

（4）运营方式转变。

线下运营向线上运营转变；产品思维向方案思维转变；建立敏捷运营机制：建立"客户经理+产品经理+风险经理+科技经理"四位一体动态化运行。

3. 实施措施之"两大提升"

（1）提升专业能力。

按照五个核心能力持续提升打造专业队伍：一是厘清业务底层逻辑、发展方向及实施能力；二是产业供应链研究能力；三是场景综合方案服务能力；四是数字思维及用数能力；五是跨境金融服务能力。

（2）提升科技能力。

不断完善基础设施，升级平台功能，形成综合服务平台。搭建开放能力，融入产业场景，实现系统数据交互，打造生态圈。在基础设施完善的基础上，融入产业场景，实现与场景方互联互通，相互赋能，打造开放产融生态圈，形成竞争优势。

（中原银行交易银行部总经理　王磊）

第四节　案例分享

案例（01）华夏银行：产业数字金融服务冷链大宗供应链

摘要： 华夏银行响应国家发展数字经济和做好"数字金融大文章"的号召，持续发力产业数字金融，运用数字技术创设数字金融产品，为产业生态提供全栈式数字金融服务，解决中小企业融资难、融资贵问题，助力产业链供应链稳定繁荣发展。2023年起，华夏银行与某冷链行业龙头企业合作，直连其供应链金融管理系统，运用跨境贸易、海关、物流等多维数据进行数字授信及智能风控，为下游经销商提供基于订单的线上融资服务，有效提升产业链稳定性。

一、企业介绍

华夏银行于1992年10月在北京成立，是首钢总公司（现已更名为首钢集团有限公司）独资组建成立的全国性商业银行，是全国唯一一家由制造业企业发起的股份制商业银行。1995年3月，实行股份制改造；2003年9月，首次公开发行股票并上市交易，成为全国第五家上市银行。

2017年以来，华夏银行全面贯彻落实党中央、国务院和北京市委、市政府决策部署及监管要求，强化全国性股份制商业银行和"北京的银行"发展定位，积极应对复杂严峻的经营环境和多重困难挑战，经营业绩呈现"稳中有进、稳中向好"的态势，资产规模和经营质效平稳增长，资产质量稳步改善；资产负债结构与盈利结构优化，客户基础持续夯实；改革活力不断释放，转型创新力度加大，资本实力不断提升主要指标达到历史最高水平。截至 2023 年年底，总资产规模达到 4.25 万亿元，实现归属于上市公司股东的净利润 263.63 亿元，在全国 120 个地级以上城市设立了 44 家一级分行、78 家二级分行，营业网点总数达 982 家，员工 40293 人，形成了"立足经济中心城市，辐射全国"的机构体系，设有香港分行，控股 1 家金融租赁公司、1 家理财公司和 2 家村镇银行，跻身全国系统重要性银行。在 2023 年 7 月公布的英国《银行家》全球 1000 家银行排名中，华夏银行按一级资本排名全球第 46 位。

华夏银行响应国家发展数字经济、做好"数字金融"大文章的号召，发力产业数字金融，运用数字技术创设数字金融产品，为产业生态提供全栈式数字金融服务，解决中小企业融资难、融资贵问题，服务实体经济更好发展。华夏银行以产业数据资产为基础，以数字化授信和智能风控为核心技术，创设数字信用。围绕动产融资、数字赋能传统供应链和数字物流三大业务主线，创新推出产业数字金融"数翼通"品牌及其项下服务产业全链条的五大融资产品——订单数贷通、应收数贷通、经销数贷通、货押数贷通、平台数贷通，目前已在高端制造、能源、仓储、农牧等 20 多个行业成功落地。

二、案例内容

（一）背景介绍

近年来，随着数字经济上升国家战略，产业数字化步伐持续加快，产业侧对金融服务的需求和期望随之升级。但传统金融服务受制于审批流程长、服务效率低、运营成本高、风控手段有限等因素，已难以满足数字经济时代快速变化且日益个性化的市场需求。

为有效应对新阶段的新挑战，落实好中央金融工作会议提出的"做好数字金融等五篇大文章"要求，银行亟须重构机制体制、重塑核心能力，结合产业链供应链的新特点，通过新兴数字技术与金融服务深度融合，建立适应产业数字化发展的数字金融服务新模式，以系统性解决中小微企业长期存在的融资难、贵、慢等痛点、堵点问题，提升金融的可获得性，更好地服务于实体经济，赋能产业升级，支持"稳链保链强链"。

（二）产品介绍

华夏银行以产业数据资产为基础，以数字化授信和智能风控为核心技术，创设数字信用。围绕动产融资、数字赋能传统供应链和数字物流三大业务主线，创新推出产业数字金融"数翼通"品牌及其项下服务产业全链条的五大融资产品——订单数贷通、应收数贷通、经销数贷通、货押数贷通、平台数贷通，目前已在高端制造、能源、仓储、农牧等 20 多个行业成功落地。

订单数贷通（政采贷）：华夏银行通过与各地政府采购平台系统对接，运用数字授信及智能风控手段，为政府采购的中标供应商提供基于政府采购合同的数字化订单融资服务。

应收数贷通：华夏银行基于买卖双方的历史交易、应收应付情况等数据信息，利用数字授信和数字智能风控技术，通过（未来）应收账款转让/质押作为风险缓释手段，以（未来）应收账款形成融资时点，为卖方提供数字化融资服务。

货押数贷通：华夏银行系统通过直连仓储监管机构系统，以融资申请人历史和实时交易数据为基础，运用数字授信和数字智能风控技术，辅以控制货物或货权凭证等缓释风险手段，为货物或货权凭证持有人提供的数字融资服务。

经销数贷通：华夏银行系统直连供货商（交易中的卖方，包括生产企业和贸易企业）或第三方平台获取产业生态数据，基于下游经销商（交易中的买方）的采购订单，以数字风控为手段，为下游经销商提供的预付类融资服务。

平台数贷通（网络货运类）：指华夏银行通过直联网络货运平台（含公路运、铁路运），基于网络货运生态中的运单、货运轨迹等生态数据和多维数据，运用数字授信与智能风控手段，为依托平台下单的托运企业提供运费融资，并将资金受托支付到下游承运方的金融融资服务。

（三）业务流程

华夏银行与某冷链行业龙头企业合作项目运用其产业数字金融"数翼通"经销数贷通产品具体业务流程如图 4-1 所示。

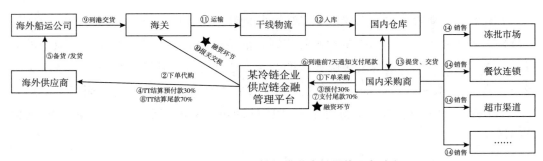

图 4-1 "数翼通"经销数贷通产品具体业务流程

国内经销商通过该冷链企业平台向国外屠宰场采购，预付 30% 订单金额预付款后开始备货、装船、发货；供应商在货品到港前 7~15 天通知缴纳尾款，经销商可通过自有资金或融资资金支付尾款；货物到达国内港，进行检验检疫检查或海关抽检时间预计 30 天左右，海关检查无误后，经销商可通过自有资金或融资资金缴纳关税和增值税，完成报关清关后将生成报关单、增值税/关税发票；货物将运送至该冷链企业合作的仓储冷库中完成货物入库存储；如为华夏银行融资订单，经销商偿还贷款资金后，华夏银行向该冷链企业发送放货指令，该冷链企业将放货指令传输至冷库，经销商前往提货完成货物出库。

其中在尾款支付阶段，华夏银行为国内经销商提供尾款融资，尾款金额为订单 70%。在报关缴税阶段，华夏银行为国内经销商提供 100%税款融资，包括关税、增值税等全部税款，税款金额在订单金额 9%~22%，整体融资比例不超过完税金额的 85%。

（四）风险管理

客群准入方面：优选合作稳定经销商合同；通过与稳定可靠的经销商建立合作关系，可以降低信贷风险；合同的稳定性和合作历史可作为准入标准，确保贷款资金投放的可靠性和安全性。

贸易背景验证：通过提单、卫生许可证等贸易流程数据交叉验证，确保贸易背景的真实性；通过对这些数据进行交叉验证，可以更加全面地了解贸易活动的真实情况。

数字风控：利用海关数据、物流数据、跨境贸易数据等信息进行数字化风险控制；通过对这些数据的分析和比对，及时发现和预防潜在的风险，确保贷款资金的安全性。

智能风控体系：建立智能化的风控模型和审批流程，通过运用先进的技术手段，如人工智能和大数据分析，构建风险评估模型，提高风控审批的效率和准确性。

贷款资金用途锁定：将贷款资金受托支付至核心企业，并对资金用途进行严格锁定；确保贷款资金用于指定的贸易活动，防止资金挪用或流失。

贷后管理：建立贷后定期盯市机制，防止价格波动带来的风险；同时加强对货物管理的监督和跟踪，确保货物的安全和完整。

（五）应用效果

1. 经济效益

一方面，有效助力银行快速批量拓客和信贷业务投放。截至 2024 年 5 月末，华夏银行产业数字金融 3.0 模式已累计服务客户 1300 多户，授信 200 亿元；另一方面，有效助力银行服务成本降低和服务效率提升。基于该项目形成的产权业务模式和风控技术，不仅可一点对全国，降低获客边际成本，还可减少业务操作、审核等环节的人力和风控成本，提升客户服务效率。此外，还具有业务带动效应，实现业务协同发展和综合价值提升。

2. 社会效益

一方面，通过数字技术与金融服务的深度融合，能够提高产业链供应链的运行效率，降低企业运营成本，优化企业财务结构，提高产业链上的中小微企业金融可获得性，促进产业生态繁荣稳定发展；另一方面，以服务供应链产业链完整稳定为出发点，顺应产业组织形态变化，有助于加快助力"强链稳链保链"，赋能产业数字化升级，推动产业链修复重构和优化升级。

三、经验分享

（一）模式创新

形成一套较为完整和领先的产业数字金融发展模式，即依托产业生态，以产业生态协作体系中的商贸流、物流、服务流、信息流、资金流等数字信息为基础，运用现代数字科学技术，为产业生态提供数字化金融服务。

（二）技术创新

该项目基于生态和场景强化风险防控，即创新依托产业生态数据和多维数据构建客户画像，建立数字评级体系，对客户风险进行识别；基于物联网、大数据等技术及数据交叉验证，实现对客户资金用途追踪和贸易背景真实性核验；运用"数据+模型+专家规则"，建立覆盖全流程环节的数字智能风控体系，实现实时风险监测。

（三）组织创新

推动组织机构改革，先后成立数字化转型办公室、创新委员会，设立业内首家一级部产业数字金融部，专职推进产业数字金融创新。围绕分行承揽、总行承做模式，组建三大市场化团队，成立产权项目管理委员会及风险评审小组，组建数字模型和技术研发团队，形成总行前中后台敏捷组织，体系化支撑该项目实施及产业数字金融模式创新。

（四）机制创新

该项目以充分激发创新活力为导向，构建创新容错、创富激励、跨分行/条线协同、项目推进等四方面九大机制，鼓励在风险可控的前提下开展产业数字金融创新试错，营造创新的良好氛围。

（华夏银行股份有限公司）

案例（02）浙商银行：供应链金融数智平台助力乡村振兴发展

摘要： 浙商银行充分发挥供应链金融服务优势，围绕双胞胎畜牧集团有限公司产业链交易场景和客户真实需求，以物联网、区块链、大数据、人工智能等前沿技术为依托，建立极简、便利、高效的供应链金融数智平台，利用本行供应链金融系统对接快、全线上、纯信用等优势，打造销货通创新服务模式，通过客户共选、业务共管、风险共担等措施，有力推动双胞胎集团构建良好的畜牧产业链生态圈，为国家乡村振兴重大战略落地实施注入金融活水。

一、企业介绍

浙商银行是十二家全国性股份制商业银行之一，于 2004 年 8 月 18 日正式开业，总部设在浙江杭州，系全国第 13 家"A+H"上市银行。开业以来，浙商银行立足浙江，面向全国，稳健发展，已成为一家基础扎实、效益优良、风控完善的优质商业银行。

浙商银行以"一流的商业银行"愿景为统领，以数字化改革为主线，全面提升综合金融服务能力，持续提升供应链金融数智化能力，打造供应链金融服务品牌。浙商银行供应链金融围绕链上中小微企业"小额、高频、跨区域、纯信用"等融资需求特点，着力解决传统供应链金融"操作流程长、授信审批难、技术对接慢"等不足，应用专业化能力和数字化手段，创新应用区块链、物联网、大数据等技术，根据不同行业的交易特点和需求特性，满足客户在采购、仓储、销售、分期还款等不同应用场景的个性化需求，打造"行业化+嵌入式"的供应链金融服务模式，通过全链条、全场景、全产品的供应链金融服务，形成覆盖主流场景的数字供应链金融整体解决方案，打通端到端服务链条，聚焦中小微企业融资需求，有效促进产业转型升级与高质量发展，助力稳链固链强链，打造供应链金融服务特色品牌。

二、案例内容

（一）背景介绍

双胞胎集团是一家国家级农业产业化龙头企业、国家高新技术企业，主营饲料产品，销量居全球饲料总销量第八位，连续十年居中国猪饲料销量第一位。目前集团的经营主体主要有双胞胎（集团）股份有限公司（以下简称"双胞胎股份"）和双胞胎畜牧集团有限公司（以下简称"双胞胎畜牧"）。

双胞胎股份主营集团的饲料板块，双胞胎股份给予其下游经销商采购饲料的账期一般为 3~6 个月，且主要以现金结算为主。饲料经销商在采购和回收销售资金过程中存在一定时间差，经销商有融资需求，但传统的银行授信业务普遍要求中小微企业提供抵质押担保，经销商面临融资难、融资贵问题。

双胞胎畜牧主营集团的养殖板块，其生猪养殖主要模式以"繁殖场""自繁自养""育肥场""公司+农户"四种模式，其中本案例主要围绕"公司+农户"模式开展：即公司与农户合作养殖、分工协作的新型业务模式，由公司统一提供仔猪、饲料、兽药、技术服务以及回收销售，该业务模式的养殖周期为 5~7 个月。规模化家庭农场将是未来生猪规模养殖的主要群体。

针对双胞胎畜牧养殖板块中的"公司+农户"模式，主要有以下需求。

第一，帮助下游农户进行融资，扩大销售规模，为下游农户提供涵盖金融服务的招商政策。针对"公司+农户"模式，对于已有栏舍进行养殖的农户，公司需为农户提供猪苗以及养猪所需的饲料、兽药，而随着该模式规模的不断扩大，公司缺少资金进行垫付，农户也无法足额向公司支付该部分款项，该模式的全面推广面临公司和下游农户资金不足的问题。

第二，希望借助银行成熟系统替代传统线下融资方式解决下游农户多而散的问题。公司养殖规模大，分布全国各地，由于相对非常分散，公司目前在他行办理的"农户贷"面临异地开户、审批、核保核签等问题，流程相对复杂，大部分操作均通过传统的线下方式办理，账户的结算手续相对复杂。针对以上情况，公司希望获得一套完整的融资、结算、资金管理的综合解决方案以解决目前公司面临的困难。

（二）产品介绍

针对以上需求，浙商银行为企业提供了供应链销货通产品，用以解决双胞胎下游农户代养缺少资金的问题。该产品主要有以下几个特点及优势：一是业务流程全线上化，从授信审批到提款均可足不出户，在手机端操作；二是风控模型审批，授信速度快，直通车放款，秒级到账；三是纯信用融资，经销商和农户无须抵押担保即可获得低成本资金。

对于核心企业，销货通产品可以帮助其扩大销售，加快资金回笼；"一点做全国"的业务模式可实现对其下游客户金融服务全覆盖。对于下游经销商和农户，销货通产品可以有效缓解其小额采购营运资金压力；增加其融资渠道，缓解其融资难、融资贵问题。

（三）业务流程（见图 1-2）

第一，浙商银行以双胞胎畜牧为核心企业为其核定供应链销货通管控额度，明确下游农户的准入标准、单户融资金额、期限以及额度核定规则等。

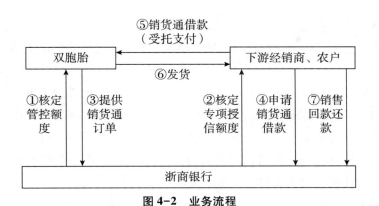

图 4-2 业务流程

第二，核心企业与浙商银行进行系统直联，通过系统向浙商银行推送下游农户的基本信息，下游农户通过微信小程序在线办理授信审批以及提款操作。

第三，贷款资金发放后自动受托支付至核心企业，业务到期前，浙商银行自动从农户账户中扣划资金，业务结清。

（四）风险管理

一是依托真实交易背景，资金闭环管理。在饲料板块方案设计上，下游经销商或养殖户依据其采购订单合同向我行申请借款，借款资金直接受托至双胞胎股份账户中，业务到期时下游经销商或养殖户归还浙商银行融资。在畜牧板块方案设计上，对下游养殖户进行名单制管理，养殖户购买猪苗、饲料时向浙商银行申请销货通借款，借款资金直接受托至双胞胎畜牧，生猪出栏后，由双胞胎畜牧进行回购，企业将贷款资金汇入浙商银行内部账户进行还款，实现资金闭环。

二是授信创新，发挥数据、交易的信用价值。基于供应链交易数据、税务数据、人行征信数据、商品价格数据等数据集合，并结合行内黑灰名单等负面信息，形成反欺诈模型和信用风险模型，对客户风险和融资额度进行整体量化评价，激活交易信用，释放数据信用，创新供应链授信审批方式。

三是技术赋能，打破信息不完整、不对称的风控难题。深化区块链、大数据等金融科技研究与应用，迭代完善风控规则和模型，持续提升覆盖事前、事中、事后的全流程风险智控水平，满足风险管控要求。

三、经验分享

在农村劳动力向城市转移的大背景下，加之疾病防控要求的不断提高，特别是非洲猪瘟疫情下，大量散户养殖退出，养殖行业的集中度不断提高，进入该行业的壁垒逐步提高。行业内规模较大的企业都在大力扩大其养殖规模，但由于养殖行业特点，固定资产投入较大，给企业带来了一定的资金压力。在此背景下，许多企业打破传统养殖模式，大力推行"公司+农户"的新型模式，浙商银行供应链销货通产品与该业务模式契合度高。

对核心企业来说：一是可以快速扩大其"公司+农户"的养殖规模，提高市场占有率。我国猪肉消费市场容量巨大，但规模化养殖比例却很低，未来10年是养猪产业规模化、品牌化的重要阶段。"公司+农户"养殖模式的推行，一方面可以减少公司养殖规模扩张对固定资产的大量投资，降低自身的资本投入；另一方面带动了周边农民向农业工人的就地转化，提高农户的养殖规模和养殖水平。未来"公司+农户"将成为公司养殖业务的主要模式。二是通过浙商银行供应链金融数智平台与双胞胎内部ERP系统进行直联，资金投放实现全流程线上化操作，相较于核心企业在他行办理的传统线下的"农户贷"，整体业务效率提高，为核心企业对外招商提供了优质的配套金融服务。

对下游农户来说：获得低成本融资支持，节约采购成本，扩大养殖规模，浙商银行为下游农户发放销货通的贷款利率远低于一般纯信用贷款。另外，对于他行传统的农户贷款，如无其他资产抵押，融资金额偏小，无法满足下游农户的养殖需求，浙商银行配套的销货通贷款可为下游农户提高采购能力，助其扩大规模。

在业务发展中，浙商银行紧紧围绕客户的需求，打通业务堵点，保障业务顺畅进行。双胞胎畜牧的下游养殖户分布于全国各地，以省外为主，且养殖户都在山区，农户整体文化水平较低，如果按照传统业务模式，很难针对养殖户提供融资服务。针对以上需求，浙商银行充分利用本行的数字化供应链金融数智平台，以及浙商银行供应链金融业务一点做全国、下游客户无需开立实体账户的特点，为客户打通业务堵点。针对下游农户因普通话不标准造成拒绝率较高的问题，总分行联动对相关流程进行优化，保障项目平稳运行。

浙商银行的销货通产品充分发挥下游客户融资业务数字化、场景化服务特色，延伸金融服务触角，科技赋能涉农领域，大力支持乡村振兴、共同富裕，积极践行社会责任。截至目前，浙商银行已为双胞胎下游客户提供近20亿元融资，累计服务客户超1500户，在业务开展过程中，本行不断优化业务流程，提升客户体验感，深化合作，浙商银行的优质服务也得到客户充分肯定，并收到了客户向本行发来的感谢信。

（浙商银行股份有限公司）

案例（03）盛京银行：电子投标保函

摘要： 国家政策鼓励各类公共资源平台在招标中用银行保函代替保证金，减轻投标企业资金压力，同时线下面对面业务开始大规模向线上迁移，金融服务在数字化、互联网、人工智能的浪潮中出现了更多高效、便捷、低成本的产品和服务，电子投标保函就是其一。盛京银行通过担保公司与公共服务平台对接的电子保函系统在线对外开具加盖银行电子签名的投标保函，全流程线上、几分钟开函，操作简便、7×24小时使用，无需银行授信、由担保公司担保，成本低廉。

一、企业介绍

盛京银行是东北地区规模最大、实力最强的总部银行。2014年12月29日，盛京银行在香港联交所主板成功上市，目前资产规模稳定在万亿元以上。2023年中国银行业协会评选的100强榜单中，盛京银行名列第28位，城商行名列第8位。沈阳市属国企盛京金控为盛京银行第一大股东，各级国有法人持股比例达37.52%，2023年通过辽宁省财政厅发行150亿元专项债补充资本金，资本实力显著增强。

盛京银行坚持党的全面领导，坚持城商行市场定位，坚持可持续发展，围绕"做一家好银行"的战略愿景，全面推进转型发展，秉承"务实、扎实、夯实、落实"的工作作风，不断强化地方经济、中小企业和城乡居民的服务能力，经营发展稳中向好，风控能力持续改善。截至2023年年底总资产10800亿元，各项存款7611亿元，各项贷款4779亿元，实现营业收入100.4亿元，不良贷款率2.68%，资本充足率14.12%。盛京银行全力推进经营转型、资产负债转型、数字化转型和网点转型，经营基础日益夯实。资产方面提质增效，开展养老、生活、消费、医疗、服务五大场景营销，个人贷款总额突破1000亿元。

盛京银行持续推进"大零售战略"，聚焦客户体验，推进数字化转型和网点转型升级，持续建设客户、产品、渠道、风控、权益、生态、组织、品牌八个体系，实现零售业务高质量发展。公司业务方面，盛京银行聚焦十大优选行业，加大信贷投放力度，高效服务实体经济，2023年累计向辽宁省内重点项目和企业投放318.11亿元，占全行新增投放的65%。同时，向先进制造、绿色金融、涉农产业、科技创新四大重点领域累计投放贷款164.45亿元。

盛京银行供应链金融业务持续取得高速发展，坚持产品模式焕新，大力支持外资外贸企业发展，全面融入辖区产业"延链、补链、强链、建链"工作，推进业务向高质量发展。2023年，盛京银行推出"链e融""票e融""订e融"、保理、保函、信用证六大重点产品，同时针对特定场景推出了电子投标保函、辽贸贷、套保项下标准仓单质押授信业务等创新业务。盛京银行交易银行依托"TOWER+"品牌，围绕产业链、供应链贯彻链式发展模式，充分挖掘交易场景，使交易银行产品成为连接核心客户、平台客户、政府客户及其产业链、生态圈的纽带和桥梁。截至 2023 年年底，盛京银行新增供应链金融投放近 100 亿元。

二、案例内容

（一）背景介绍

为推动公共资源交易从依托有形场所向以电子化平台为主转变，降低企业交易成本，提高交易效率，辽宁省政府相关部门搭建了辽宁省建设工程领域电子保函保险基础公共服务平台（以下简称"公共服务平台"），该公共服务平台是基于全辽宁省住建领域建立的开放式金融服务平台，前端对接辽宁建设工程交易平台，后端可对接金融机构系统，完成客户需求与金融产品信息的自动匹配，平台上线后推出的首款产品为电子投标保函。

以 2020 年辽宁建设工程交易平台全年系统数据统计为例，2020 年全年招标项目数 4800 个，全年开标总数 6800 个，总投标次数 170000 次，缴纳投标保证金总金额 265 亿元，投标保函市场需求前景广阔，电子化开立方式将可为客户提供更为高效、便捷的服务。

（二）产品介绍

盛京银行电子投标保函产品是我行接受担保公司申请，以特定政府招投标管理平台上的投标人为被保证人，占用担保公司授信，在线向平台招标人出具的，如投标人中标后出现擅自修改报价、撤销投标书或者在规定时间内不签订招投标合同等情况，银行将按照保函约定金额承担赔偿责任的电子保证承诺。

产品为盛京银行通过担保公司与公共服务平台对接的电子保函系统在线对外开具的加盖该行电子签名的投标保函。该产品的开立流程均通过线上渠道完成，公共服务平台与担保公司系统对接，同时担保公司系统与盛京银行业务系统通过专线对接，从而实现三方系统联动，形成线上渠道的开立方式。该电子投标保函产品主要有以下特点。

（1）时效性：全流程线上化，开立保函仅需几分钟。

（2）高效性：操作简便，投标人仅需线上提交申请信息等相关资料。

（3）平台获客：通过公共服务平台投标的客户较多，且由公共服务平台和担保公司负责对客户的准入资质进行审核。

（4）分离式模式：保函申请人为与盛京银行合作的担保公司，被保证人为投标人，受益人为通过公共服务平台招标的招标人。

（三）业务流程（见图4-3）

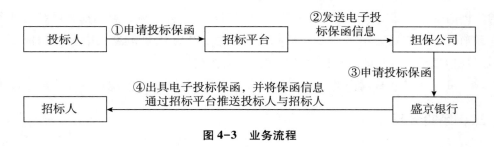

图 4-3　业务流程

1. 业务加密申请

由与盛京银行合作的担保公司批准投标人准入后，通过线上向我行提交电子申请，相关招标信息进行加密处理后推送至我行。

2. 出具加密保函

盛京银行系统收到加密电子申请信息后，通过相关审批流程，系统自动生成线上电子投标保函格式文本并填上加密信息推送至担保公司系统，再由担保公司系统推送至公共服务平台。

3. 保函信息解密及开立

投标截止后项目开标前，公共服务平台将解密信息推送至担保公司系统，生成全量信息后再推送至我行，盛京银行将最终全量信息保函文本加盖电子签章后推送至担保公司完成最终出具，同时盛京银行之前出具的该全量保函对应的加密信息电子保函文本失效。

4. 保函建档及理赔

按规定建立电子保函业务档案，如遇理赔，及时受理，并由我行负责审核，出具理赔意见给担保公司。

（四）风险管理

（1）按照盛京银行信贷管理制度要求，对担保公司申请办理电子投标保函的相关信息资料进行监督管理，并对担保公司承担的整体信用风险状况进行动态监控。

（2）一旦担保公司出现履约风险，盛京银行负责对授信风险进行跟进。如担保公司出现风险因素或对保函业务造成不利影响的突发事件，按照行内预警机制，制定相应的处置方案和处理措施。

（3）电子投标保函产品为线上自动化审批业务，无人工干预，有效防范业务操作风险。同时，盛京银行委派专人及时跟进电子招投标业务进程，定期抽查已结清业务，通过政府招投标信息公示平台核实投标企业信息、投标项目信息及中标公示信息等。一旦发现信息不符，立即启动预警及相关风险防控措施。

（4）每笔电子投标保函的相关信息按照监管部门要求进行反洗钱审查及数据报送。

三、经验分享

电子投标保函使得保函业务完全线上化、场景化，是盛京银行探索保函电子化、数字化的成功开端。该类业务时效性高，全流程线上，几分钟开函；操作简便、7×24小时使用；担保方式灵活，业务由担保公司提供保证担保。适用于盛京银行合作的政府招投标平台投标的小微企业，企业注册地可为全国各地。同时，它具有平台引流、持续获客、风险可控、高效降本等特色优势，广大中小企业接受度高。2023年，盛京银行全年开具电子投标保函448笔，投标金额7965万元。

盛京银行依托公共服务平台与担保公司展开深度合作，未来将开发电子履约保函、电子预付款保函等电子保函产品。随着电子投标保函业务的突破，该业务成为盛京银行抢占市场份额的有力抓手和重要途径，为广大中小微客户提供便捷、高效的金融服务。电子保函的应用及推广高效地满足了政府平台、中小微企业的日常业务需求，进一步推动了盛京银行数字化转型和金融服务提质增效。

（盛京银行股份有限公司）

案例（04）中原银行：供应链服务平台建设

摘要： 中原银行供应链金融服务平台顺应数字化转型趋势，深度结合市场需求，是集数字化、智能化、场景化、生态化于一体的综合性服务平台。该平台运用先进的金融科技手段，实现对供应链信息的全面数字化管理，提升在线供应链服务的智能化水平。同时，平台结合具体业务场景，为企业量身定制金融服务方案，满足多样化的金融需求。此外，中原银行还积极构建开放共赢的金融服务生态，与产业链各方深度合作，共同推动供应链金融的健康发展。

一、企业介绍

中原银行成立于2014年12月，是分支机构网点覆盖河南全省的省属法人银行，

2017 年 7 月在香港联交所主板挂牌上市。目前，中原银行下辖 18 家分行，700 余家营业网点，1 家消费金融公司，2 家金融租赁公司和 14 家村镇银行，全行总资产突破 1.3 万亿元。中原银行的主营业务全面覆盖金融领域，包括贷款、储蓄、理财、贸易金融、货币市场与债券交易等多元化服务，同时积极拓展互联网金融业务，提供便捷的线上金融服务，全方位满足客户的金融需求。

中原银行核心竞争力在于其品牌影响力和市场地位显著，作为河南省属法人银行，地区地位举足轻重；服务网络完善，专业团队提供全面金融服务；创新驱动，不断探索新金融产品和服务，满足多样化需求。这些优势共同支撑中原银行在金融市场中的稳健发展。中原银行在运营方式上注重稳健、高效。通过建立健全的风险管理体系和内部控制机制，确保业务稳健运行，同时，不断优化业务流程，提高服务效率，为客户提供更加便捷、高效的金融服务。此外，中原银行还积极拥抱数字化、智能化等新技术，推动银行业务的数字化转型，提升服务质效。随着中原银行业务的不断发展，其市场规模也在逐步扩大。目前，中原银行已成为河南省内具有较高市场占有率的金融机构之一，其资产规模、存款余额、贷款余额等关键指标均呈现出稳健增长的态势，中原银行将继续秉承稳健经营、创新发展的理念，不断提升服务质效和核心竞争力，为中原经济区建设和地方经济发展作出新的更大贡献。

中原银行倾力打造"中原 e 链通"数字供应链金融服务体系，该体系以客户为中心，精心设计五大子品牌，全面覆盖供应链的各个环节和客户需求。其中，"购 e 融""销 e 融"和"货 e 融"三大子品牌，分别针对预付、应收和存货三种供应链业务模式，提供定制化的融资解决方案，有效缓解企业资金压力，优化现金方面的需求，中原银行还推出了"e 收付"和"e 财富"两大财资管理子品牌，帮助企业实现资金的高效管理和增值。这些子品牌共同构成了中原银行供应链金融的完整物流管理。

"中原 e 链通"数字供应链金融服务体系如图 4-4 所示。

中原e链通

购e融	销e融	货e融	e收付	e财富
反向保理 商票承兑保贴 预付款融资 信用证 进口代付/押汇 进口T/T融资	卖方保理 商票持票保贴 应收账款质押融资 订单融资 福费廷 出口代付/押汇 出口发票融资	动产质押融资 仓单质押融资	现金池 对公一户通 原信 跨境汇款 结售汇 托收	对公智能存款 成长添利 圈圈互利 集团利息优化 流动丰利

图 4-4 "中原 e 链通"数字供应链金融服务体系

二、案例内容

（一）背景介绍

中原银行供应链服务平台的建立主要基于以下几点：一是实体经济特别是中小企业对高效金融服务的迫切需求；二是产融结合趋势下，金融服务与产业链深度融合的必要性；三是金融科技的进步为提升服务智能化和风险控制提供了技术支持；四是供应链金融模式的创新需求，以解决上下游企业的资金问题；五是区域经济发展的协同需求，以及国家政策对供应链金融发展的支持。这些因素共同推动了中原银行通过建设新一代供应链服务平台，以更好地服务交易链条上的延链客户，满足企业的金融及非金融需求，并实现供应链业务模式创新。2023年线上化供应链平台延链入驻企业1502家，实现放款112.89亿元。

（二）平台整体架构

供应链服务平台围绕数智化转型要求，致力于为客户提供便捷的服务。平台不仅具备自主知识产权，还专注于为产业链上的核心企业、供应商、经销商、物流企业以及仓储监管方等主体，提供采购、销售、物流、仓储等场景下的针对性解决方案。通过在线融资、财资管理等金融服务以及订单发布、到货签收、库存管理等非金融服务，供应链服务平台实现了全流程的线上化、智能化操作。同时，平台还通过自身积累的数据或API接口对接获取外部数据，并运用数据风控模型，确保服务的安全与高效。最终打造一个"线上化、数据化、智能化、应用化、自主化"的供应链服务平台，以推动行业数智化转型的深入发展。平台整体架构如图4-5所示。

中原银行供应链服务平台涵盖渠道层、平台服务层及基础服务层。通过整合行内、行外渠道及标准化接口等，服务于包括制造业、现代农业、建筑业、大宗商品和医疗行业等多个行业领域，同时针对核心企业、供应商、经销商、物流企业和仓储企业等不同类型的企业提供定制化金融服务。

平台的供应链管理层融合业务聚合层和平台业务管理，提供供应链金融产品、小微金融产品、公司金融产品和电子债权凭证产品等多样化的金融产品，以及融资产品管理、资产整理管理和资金方管理等公共客户管理服务。另外平台通过供应链关系管理、定价管理和监测管理等手段，确保业务流程的高效和安全。基础服务层则依托微服务、统一开发平台、区块链、物联网等先进技术，为整个平台的稳定运行和创新发展提供强有力的技术支持。整体而言，该金融服务平台致力于通过技术整合和资源优化，为客户提供全面、高效、安全的金融服务解决方案，满足不同客户群体的多元化金融需求。

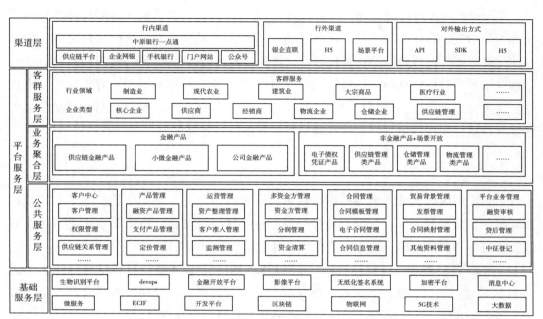

图4-5　平台整体架构

（三）平台优势特点

1. 线上化能力

平台致力于打造全线上化的金融服务流程。电子合同及相关协议的在线签署功能为用户提供了便捷的签约方式，无须面对面即可完成合同签订；中登自动登记功能使债权登记过程更加快捷和准确，大大减少人为操作流程；电子债权凭证线上到期付款和清算功能进一步简化债权到期付款流程，提高资金流转效率。平台线上确权等功能通过数字化手段提高交易效率和透明度，利用区块链和电子标签技术确保安全和法律效力，这一流程不仅节省时间和成本，还增强了交易的信任度。这些线上化服务的实现，不仅减少纸质文件的使用和传递，降低运营成本，也为用户提供更加高效和环保的服务方式。

2. 智能化能力

平台在智能化方面进行了深入的探索和应用。平台能够通过 OCR、NLP 等技术自动解析合同内容，提取合同主体、金额、日期、签章等关键要素，建立贸易背景审核数据模型，实现合同、发票、单据等信息的交叉比对，辅助审核贸易背景的真实性，提高审核效率和准确性。通过中登智能查重系统，供应链金融平台能够有效地识别和防止重复融资和欺诈行为，确保交易的唯一性和真实性。该系统通过对比历史交易记录和当前申请，自动检测出任何潜在的重复或冲突的融资请求，从而保护金融机构和企业免受不必要的风险。该查重技术不仅提高了审核效率，降低了人工审核的错误率，还加强了整个供应链金融生态系统的安全性和稳定性。另外通过建立智能化放款审核模型，进行额度信息、合同信息、融资信息、中登信息、账户信息、利率费率信息等智能化校验，实现线上融资审核自动化，提升业务办理效率。

3. 风控能力

平台采用区块链技术来加强风险控制。通过将平台签发的电子债权凭证、转让记录、电子贸易合同签订、融资记录等信息上传至区块链平台，防范平台信息被恶意篡改，实现电子贸易合同、企业间债权债务等数据信息安全可信。

此外，平台通过工商信息比对、发票核验、中登智能查重、回款监控、黑名单预警等方式与手段，实现对交易各方信息的实时监控和预警，及时发现潜在风险点，并采取相应的预防或应对措施，确保融资贸易背景审查的合规性。

4. 标准化与个性化能力

平台通过建设标准化能力并提供标准化 API 接口，实现了与企业现有系统和第三方服务的无缝集成，极大地推动了供应链金融服务的数字化转型。这种集成使企业能够轻松地将供应链金融功能融入其 ERP 等核心业务流程中，实现数据的实时同步和自动化处理，从而提高工作效率和准确性，降低技术集成和维护的成本与难度。标准化 API 接口的设计兼顾灵活性和扩展性，能够迅速适应市场变化和新兴技术，确保企业能够及时采纳创新服务，保持业务竞争力。此外，平台对安全性和稳定性的重视确保了数据传输的安全可靠，使企业无须担忧敏感信息的泄露风险。另外，为满足企业个性化业务需求，平台在建设之初就采取了前瞻性的架构设计策略，确保了其灵活性和扩展性。通过参数化和模块化的设计，平台能够提供高度可配置的个性化产品，这些产品可以根据企业的具体需求进行调整和优化。参数化设计使企业可以根据自身业务的特点和市场变化，调整设定产品参数，如融资利率、费率、还款期限等，从而获得最适合自身情况的金融服务方案。模块化架构则允许企业根据产业链的不同环节和运转模式，选择和组合不同的功能模块，形成完整的金融解决方案。

此外，为提高运营效率和服务质量，平台采取集中运营的管理模式。通过将运营资源集中，平台能够更好地进行资源配置和流程优化，确保各项服务的高效运作，统一服务标准和提升服务质量，实现融资节点和放款速度的双提升，满足企业紧急融资需求，使用户享受一致的服务体验。

（四）平台成果

2023 年，线上化供应链平台延链入驻企业 1502 家，实现放款 112.89 亿元。

三、经验分享

某食品股份有限公司（以下简称"公司"）是一家致力于高品质肉类产品生产与销售的头部企业，其在行业内具有显著的市场份额和影响力，上下游企业众多，涵盖从原料供应、养殖基地到分销商、零售终端以及相关的物流和加工企业，形成一个庞大且复杂的产业网络。为帮助企业进一步优化其供应链管理、增强资金流动性并提升整体运营效率，中原银行为其提供定制化的供应链金融服务方案。

（一）银行供应链金融服务能力内嵌企业自建系统

公司通过标准化的 API 接口，将中原银行供应链服务能力嵌入企业供应链管理系统中，实现服务能力数字化对接和贸易背景资料、合同、发票等关键信息的线上传递，极大地提高数据交换的速度和准确性。在信息传递后，供应链服务平台将调用智能识别引擎，该引擎利用 OCR 和 NLP 技术自动提取文档中的核心元素信息，如交易双方、金额、日期等。这些信息随后被用于触发贸易背景自动审核模型，该模型通过数据交叉验证贸易背景的相关信息，自动审核贸易背景的合规性；其次，平台自动审核过程与企业供应链系统保持紧密联动，审核结果实时通知。贸易背景审核通过后，企业供应链系统根据付款计划自动签发电子债权凭证，并通过 CA 的电子签名签署付款承诺函，供应商可以线上签收该凭证并发起融资申请。

（二）自动化能力支持延链企业融资秒级放款

延链供应商在融资申请阶段，平台将调用中登登记信息智能查重引擎，对登记信息进行查重，确保没有重复记录。确认无误后，客户经理可以发起中登自动登记操作，同时触发放款自动审核模型。该模型将自动校验利率费率、工商信息等关键数据，确保放款流程的合规性和准确性，实现线上融资自动放款。

（三）线上化的资金清算能力方便企业支付、对账

当电子债权凭证到期时，根据电子债权凭证当前持有人自动生成待付款清单方便企业核对，核心企业可进行线上付款操作，系统自动进行资金的清分，这一步骤简化企业债务原线下付款流程，提高资金流转的效率。

整个流程的设计旨在为核心企业及其供应商提供一种高效、透明、安全的供应链

金融服务体验，从而支持核心企业供应链的稳定运作和持续发展。通过这种高度自动化和智能化的服务流程，中原银行不仅提升了自身的服务能力，也为供应链金融的创新和发展树立了新的标杆。

（中原银行股份有限公司）

案例（05）郑州银行：依托未来应收账款"权利增信+提前变现"的场景金融服务新模式

摘要： 郑州银行以"区域特色精品银行"战略定位为指引，持续深化商贸物流金融特色服务体系建设。立足客户以动产和权利为主的资产结构与以不动产为主的银行担保融资现状之间的矛盾，主动推动风控模式创新，强化权利的增信作用，弱化不动产担保要求，在对经营性收费收益权进行质押、现金流回款管控的基础上，通过银行低成本资金介入实现企业未来应收账款资金的提前回流，满足企业当下资金需求，通过融资结构的优化设计，推动融资期限、融资划款等与客户未来收入特征的匹配，实现产、融的场景化个性融合。

一、企业介绍

郑州银行成立于 1996 年，2015 年、2018 年先后在香港、深圳上市，是河南省首家 A 股上市银行、国内首家 A+H 上市城商行。截至 2023 年 12 月末，郑州银行资产总额 6307.09 亿元，贷款总额 3606.08 亿元，存款总额 3609.61 亿元，2023 年实现营业收入 136.67 亿元。

近年来，郑州银行始终与地方经济相融共生，在服务中国式现代化建设河南实践的大潮中，支持"黄河流域生态保护和高质量发展战略""郑州国家中心城市建设"等各项国家和省市战略部署，大力支持全省"三个一批"等重点建设项目，助力省市七大产业集群和"28+20"产业链现代化建设发展，不遗余力保稳定、惠民生；充分发挥河南省政策性科创金融运营主体作用，助推科技型中小企业加速成长；供应链金融持续优化迭代产品，聚焦场景金融，为客户提供涵盖保理、信用证、商票、预付款等供应链产品的综合服务方案。截至 2023 年年底，为产业链核心企业及其上下游客户提供贷款余额人民币 226.68 亿元。

当前，郑州银行正按照国家和省市战略部署，秉承"区域特色精品银行"的战略愿景，凝心聚力深入推进高质量发展，不断完善科技金融、绿色金融、普惠金融、养老金融、数字金融发展，做好"五篇大文章"，奋发有为、实干担当，走好新时代高质量发展长征路，为中国式现代化建设河南实践、郑州国家中心城市现代化建设作出新的更大贡献。

二、案例内容

（一）背景介绍

近年来供应链金融发展方兴未艾，《中国银保监会 中国人民银行关于推动动产和权利融资业务健康发展的指导意见》明确指出聚焦以动产和权利为主的企业资产结构实际与以不动产为主的银行担保融资现状之间的错配矛盾，盘活企业动产和权利，缓解融资难问题。立足企业资产现状及融资发展要求，郑州银行积极响应政策要求，充分发掘企业主要资产类型——动产和权利的增信潜力，弥补其主体信用的不足，创新对中小企业资信的科学评价，促进中小企业融资发展。郑州银行选取企业的未来应收账款——经营性收费收益权作为增信来源，创新经营性收费收益权融资业务，加强对中小企业的金融赋能，助其实现高质量发展。

（二）产品介绍

经营性收费收益权融资业务，是郑州银行基于权利人的经营性收费收益权未来产生的稳定现金流，在其收费权被郑州银行质押并控制该收费收入作为主要还款来源的基础上，对其进行融资的人民币贷款业务。与流动资金贷款、普惠金融等金融产品相比，经营性收费收益权融资具有四大显著优势。

一是贷款期限长，原则上不超过十年，期限长于流动资金贷款及其他经营性普惠金融贷款。

二是还款计划灵活，贴合客户收费收益权回款情况，解决短期贷款与经营性现金流不一致的问题。

三是用款方式灵活，包括但不限于补充流动资金、偿还股东借款、偿还金融机构借款等。

四是担保方式灵活，依托收费收益权质押和监管账户带来的回款，实现未来收入提前变现，解决当前资金需求。

（三）业务流程（见图4-6）

（1）尽职调查，全面了解客户经营性收费收益权属状况、现金流回款情况等，撰写《授信项目可行性报告》。

（2）测算客户现金流情况，并根据未来回款情况设计还款计划，出具产品方案。

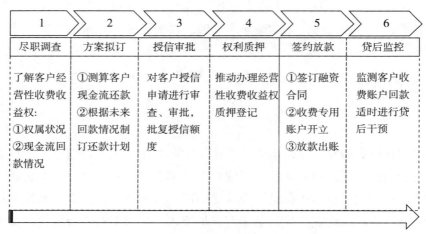

图 4-6　业务流程

（3）对客户授信申请进行审查、审批，批复授信额度。

（4）推动办理经营性收费收益权质押登记。

（5）签订融资合同，开立经营性收费收益权专用账户，对客户进行放款。

（6）监测客户收费账户回款，适时进行贷后干预。

（四）风险管理

银行通过授信主体准入控制、收费收益权属要求、融资期限设定等方式，分场景推动对融资风险的全面、精细管理。

（1）授信主体必须市场定位明确，所拥有的收费收益权具有持续性并具有一定规模的现金流量。

（2）权利可转让无限制条款。

（3）权利无纠纷无瑕疵，无第三方抵押、质押或存在其他形式的担保。

（4）融资期限不超过权利有效期。

（5）经营性收费收益权需质押登记。通过在人民银行主导建设的动产和权利融资权威公共基础设施，统一登记平台，查询权利的质押情况，并对无瑕疵的权利进行登记公示，对抗第三人。

（6）出质人需在郑州银行开立收费专用账户，用于归集所有收费收入，本行有权监管出质人对账户资金的使用。

三、经验分享

借助经营性收费收益权融资产品，郑州银行以 A 职业中专学校的学费收费权作质押向其授信 4000 万元，办理经营性收费收益权融资业务，授信有效期 1 年，贷款方式适用，贷款期限不超过 3 年，用于该校日常经营支出及偿还金融机构借款，实现学校未来应收学费的提前变现，有力缓解学校建成后流动资金紧张、资金周转压力较大的问题，助力 A 学校稳定经营、专注提高教学质量。基于资产业务的良好合作，进一步增加了易缴费系统在学校收取学费上的合作，深化合作关系，带动活期存款沉淀，取得银企共赢及良好的综合收益。

目前，郑州银行已实现经营性收费收益权产品在学校领域的成功应用，取得良好的应用效果。未来，郑州银行将继续围绕经营性收费收益权，深化产品创新，推动产品在其他适合领域的横向拓展。例如，拓展享有较长期限特许经营权、现阶段需要资金扩大再生产的水电气暖路桥等基础设施运营企业；为有稳定的收费现金流，需要资金扩大生产或维护运营的企业提供污水净化、电信电视、停车场所等服务；其他享有收费权且需要融资的企业。

（郑州银行股份有限公司）

案例（06）九江银行：进口冻品"智慧物流贷"金融解决方案

摘要： 九江银行深耕冻品产业，以客户需求为导向，以提高产业链运转质效为目标，以数字赋能与过程管控为抓手，整合物流、信息流、资金流、商流等各类信息，通过资源整合和信息共享等方式验证交易背景真实性，盘活链条企业间的各项资产，将单户企业信用转换为产业链整体信用，实现产业组织形态全过程高效协同，通过"智慧系列产品"为中小型冻品企业提供包括融资、结算、贸易、清关、仓储物流和信息系统服务在内的"一站式"综合服务。

一、企业介绍

九江银行股份有限公司，原名九江市商业银行，成立于 2000 年 11 月 18 日，2018 年 7 月 10 日在香港联交所主板上市，为全国第二家、中部第一家在联交所主板挂牌上市的地级城市商业银行，先后荣获"全国先进基层党组织""全国五四红旗团委""江西省脱贫攻坚先进集体"等称号。

截至 2022 年年底，九江银行资产总额达 4797.04 亿元，在全球权威杂志英国《银行家》"2022 年全球银行 1000 强榜单"中，居全球银行第 265 位，连续 6 年跻身全球银行 500 强。全行在岗员工数 4967 人（含村镇银行），平均年龄 29.79 岁，下辖总行营业部、13 家分行、267 家支行，于 2020 年 9 月完成江西省内县域机构布局，实现了全省 100 个县（市、区）机构的全覆盖，主发起设立北京大兴九银村镇银行、南京六合九银村镇银行等 20 家村镇银行。

23 年来，九江银行始终坚持"为客户创造最大价值"，在省内率先把目标市场转向小微企业。2010 年起，连续六年荣获国家金融监督管理总局颁发的"全国银行业金融机构小企业金融服务先进单位"。

二、案例内容

（一）背景介绍

1. 产品开发背景

九江银行自 2017 年开始布局产业金融领域，并持续进行探索和尝试，截至今日，已在冻品、大基建、钢铁、有色金属和农业等多个场景形成围绕核心管控逻辑进行过程管理的标准化业务服务模式。智慧系列产品是九江银行在牛羊肉产业链的探索和尝试，2017 年，九江银行首次在内蒙古尝试开展牛羊肉冻品存储业务，并推出智慧系列首个产品——"智慧仓储贷"；2019 年，经过两年的探索和积累，九江银行基于肉牛活体养殖的全流程管控，再次推出智慧系列第二款产品——"智慧牧场贷"。通过两款智慧系列产品的广泛应用，九江银行在牛羊肉产业链中积累了一定规模的产业客户，培育出一批具备产业服务能力的业务团队。出于牛羊肉全产业链运营的综合考虑，九江银行针对冻品进口商的跨境采购需求，有针对性地推出智慧系列第三款产品——"智慧物流贷"，旨在充分发挥在产业能力建设方面的优势，形成标准化、数字化、资产化的金融产品，解决产业链上中小企业特色化的融资需求。

2. 市场需求分析

我国作为世界上人口较多的国家，对牛肉有着可观的需求。但由于我国牛肉产量受到土地资源、水资源和气候条件等多种因素的限制，我国牛肉产量较低，难以满足国内的市场需求，因此，我国不得不依赖进口来满足国内牛肉市场的需求。据悉，中国进口牛肉来源于 26 个出口国家合计超过 820 个工厂，而介于进口牛羊肉、猪禽肉关乎国家食品安全，国家管控严格，首先，国外所有出口（中国）厂商均需获得中华人民共和国海关总署的准入许可；其次，中国海关各港口会采取 6%～10% 的抽检率对所有进口食品进行开柜抽检，为所有通关货物均发放检验检疫合格证明；最后，海运过程中 CIF/CFR 模式下均配备海运险，在途货物投保海运险，清关后货物进入港口周边冷库，以国有冷库居多，须全部获得平台准入，且入库货物配备货值等额财产险。

（二）产品介绍

智慧物流贷，是企业基于真实订单采购或原料备货需要向九江银行融通资金用于支付上游企业货款的融资业务。九江银行在监管方的协助下控制企业拟购货物或对应的提货权、产成品，在企业归还九江银行相应授信或存入相应货物、保证金，保持九江银行融资比例不下降的情况下，监管方按照九江银行要求释放货物。

目前，市场上其他金融机构针对货物物流仓储阶段能够提供的融资产品多为以核心企业差额回购为主的保兑仓业务模式，但需要核心企业参与及配合，业务开展难度较高且缺乏有效监管。智慧物流贷为九江银行自主创新产品，通过准入的科技平台公司实行以核心管控逻辑为主导的过程管控模式，可适度弱化授信主体本身的资信情况，为九江银行服务中小企业、服务实体经济提供有力抓手。

（三）技术和平台（见图4-7）

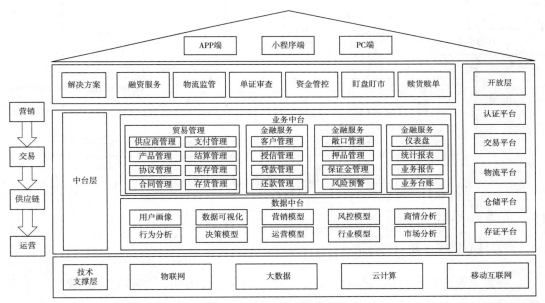

图4-7 技术和平台结构

（1）业务管理功能：包括资金管理、存货管理、贷款管理、准入管理、结算管理、库存管理、押品管理、授信管理、支付管理、保证金管理、还款管理、客户管理、产品管理、供应商管理等。

（2）风险管理功能：包括协议管理、合同管理、风险预警、敞口管理等。

（3）查询统计功能：包括仪表盘、统计报表、业务报告、业务台账等。

（4）金融服务功能：包括业务协作管理、资金监管、支付结算、融资征信等。

（5）贸易信息功能：包括库存信息、合同信息、价格信息、付款信息等。

（6）基础支撑功能：包括系统管理、流程管理、规则管理、日志管理等。

业务平台特点主要体现为服务的综合性，提供的服务不仅是单一的服务，而是根据供应链产业链中上下游的实际需求提供的综合服务。这些服务包括参与合同签订执行、提供融资、进行客户分户账管理、监控物流、管控存货、审查单证、管控资金、盯盘盯市、赎货赎单、引入第三方第四方合作等。

（四）业务流程（见图4-8）

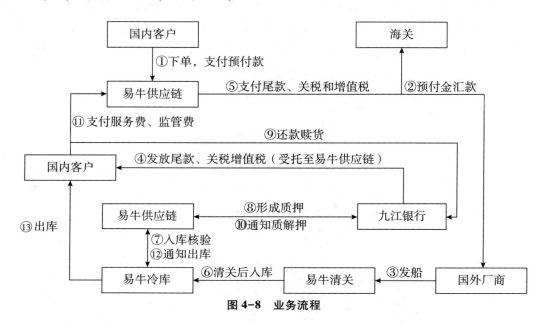

图4-8 业务流程

（五）风险管理

1. 核心风控逻辑

智慧物流贷核心的风控逻辑是围绕"交易场景的真实性""采购货物/货权的可控性"和"上游企业的履约能力"三个方面展开。国外所有出口（中国）厂商均需获得中华人民共和国海关总署的准入许可，整体行业交易对手具备白名单属性。同时，九江银行通过科技平台公司确保资金真实用于货物采购，并由平台公司对货物提单等核心单证和清关报关、物流运输、货物仓储等环节进行全流程管理，确保交易背景真实，且动态跟踪企业第一手经营情况，防范信用风险。

2. 三道防控措施

在核心逻辑基础上，九江银行针对此项业务建立了三道防控措施。一是平台公司

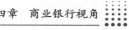

的管控方案，业务准入时平台公司提交过程管控方案至九江银行备案，明确每一步的操作规章；二是九江银行客户经理的贷后检查，客户经理每月随机抽查平台公司是否按照操作规章执行，同时检查相关单证；三是九江银行风控部门的贷后监督，风控部门每个季度对客户经理的贷后工作和平台公司的履职情况进行随机抽查，通过此三道防控措施保障业务的顺利开展。

3. 产品主要风险及控制措施

（1）信用风险。由于借款人多为小微企业甚至是个体工商户，资信一般，因此在产品设计中，一是要求借款人必须有两年以上贸易从业经历，肉类批发及销售必须为其主营业务，而不是存在临时炒货赌货的行为；二是要求信贷资金必须锁定资金用途，防范资金挪用；三是过程管控，九江银行在科技平台公司的辅助下，通过代理清关、提单管理、货物质押、信息跟踪等多维度进行过程管控，牢牢把握货物，借款人必须归还九江银行贷款后才能释放货物。

（2）押品管理风险。一是品质不符风险，智慧物流贷选择的产品原则上必须易于保存，贷款到期日不得超过保质期前 6 个月，有充足的处置时间，同时企业必须购买保险，通过财产保险明确第一受益人为九江银行，从而缓释授信风险。二是价格波动风险，首先，为了防止货物价格下跌导致借款人放弃赎货，产品制度要求借款人支付 20%~30% 的自有资金，作为价格波动的缓冲垫；其次，建立跌价补偿机制，当价格下跌 10% 后平台公司要求借款人补足保证金、对应货物或归还部分贷款，使抵押率回到规定范围内，否则将处置货物用于归还九江银行授信。

（3）上游企业履约风险。为避免出现付款后上游企业不发货或是以次充好的风险，智慧物流的风险管控方式体现在两方面：一是需要企业提供商检证明和可查询的官方兽医卫生证书证明牛羊肉冻品符合质检标准；二是跟踪查询物流信息，通过提单、信息系统等方式查询客户采购记录和交易对手发货信息，确保交易真实。

（六）业绩和市场反馈

智慧物流贷自推出以来，市场反响良好，企业认可度较高，促使九江银行在冷链冻品产业声名鹊起。目前该产品在港口地区取得良好的市场反应，截至 2023 年 6 月 30 日，累计信贷投放规模达 60 亿元，无不良贷款。另外，该产品项下累计进口冻品肉类货柜 5000 柜，涉及外汇交易 10 亿美元。

三、经验分享

产融结合验证交易背景真实性，以产业为本，金融为用，产融结合，互动发展，共创产融生态环境。交易是产业生态链的基础，通过交易链接各场景的参与方，金融对产业链金融上的流动性资产进行优化配置。产业生态链整体评估，生态链资产优化配置，提供综合场景金融服务。

数字化手段提升服务效率。以科技人工智能提供智慧服务云服务实现智能物流、智能仓储、智能风控、智能分析；以云服务器、GPU、轻应用服务器、容器服务，计算集群实现规模经济，可靠应用以及统一管理；基于分布式账本，数字签名，数字加密，共识机制，智能合约等方式确保交易的安全性；以实时数仓，数字可视化，检索分析，实时计算等提升计算效率，计算资源便捷。

全流程过程管控。九江银行面对不同的产业场景，根据客户需求定制业务服务模式和流程，以达到业务闭合化、交易信息化、收入自偿化和风险控制结构化；在完成上述步骤后，再根据相应场景制定相应的风控策略和制度，拟订相应的客户准入、仓库准入、物流公司准入、保险制度、应急事件处理、流程稽核制度等相关配套制度，并具体落实到业务流程的每一个节点，提升业务管理质效。

（九江银行股份有限公司）

案例（07）廊坊银行：供应链金融服务平台

摘要：为推动供应链金融与产业融合，廊坊银行通过搭建供应链金融服务平台，集中解决企业无抵押、无担保、成本高等融资问题，助力推动中小企业发展。廊坊银行供应链金融服务平台是一个综合性融资服务平台，将供应链金融产品嵌入企业生产经营各个环节中，利用场景化产品为企业提供综合金融服务。

一、企业介绍

廊坊银行前身是廊坊市商业银行，是廊坊市政府于 2000 年 12 月发起设立的一级法人银行，并于 2008 年 12 月由"廊坊市商业银行"更名为"廊坊银行股份有限公司"。在 23 年发展历程中，廊坊银行战略定位科学有效，整体稳健经营、持续发展，规模、效益和风险平衡有致，于 2016 年顺利跨入 2000 亿元中等城商行序列，创新发展能力得到同业广泛认可。尤其自 2021 年国资增持以来，廊坊银行"党管金融体制"正式确立，经营理念、战略定位等都发生重大变化，在"党建领航、创新兴行、依法治行"基本方针指引下，构建起"行党委核心领导、董事会战略决策、监事会依法监督、高管层授权经营"的现代公司治理体系，开启了稳健经营、高质量发展新征程。

近年来，廊坊银行一直践行"服务国家战略、服务区域经济、服务人民群众"的历史使命，坚持以廊坊为主体，石家庄和天津为两翼，北京副中心和雄安新区为新引擎的"一体两翼双引擎"发展格局，致力于将建设"价值银行、上市银行、百年银行"的目标和京津冀协同发展战略紧密结合，为区域社会进步、经济发展和民生福祉作出新的更大贡献。

二、案例内容

（一）背景介绍

2023 年，通过多轮同业走访与调研，廊坊银行将发展产业互联网业务作为全行未来发展的重点方向之一。在与各分行、河北省重点商贸物流企业沟通座谈后，廊坊银行发现，企业在科技线上化领域已走在了银行的前面，从采购、生产到销售，在产业端已形成较为完善的线上互联网络，企业对银行的线上化、业务办理效率也提出较高要求。

廊坊银行供应链金融服务平台，建设目标是为供应链生态圈业务体系提供承载。该平台将对接供应链链条中各类服务主体，包括行业龙头、电商、物流企业、金融信息化服务商、信息服务企业等，促进物流、资金流、信息流、商流的信息集成。依托供应链参与各方的数据共享形成的风控及信用体系，打开供应链企业与银行双方缺乏开放的协作意愿和协作机制、信息难以双向互通、业务协作也仅限局部的局面；打破传统公司业务经营模式，实现供应链金融业务从融资申请到审批放款全流程的线上化、场景化、生态化，主要包含应收、预付、存货三大类业务产品，其中应收类业务包括买方保理、卖方保理、应收账款质押、应收账款池等产品；预付类产品包括三方保兑仓和四方保兑仓；存货类产品包括现货质押、标准仓单质押和非标准仓单质押。

（二）产品介绍

1. 开放、交互、协作的供应链金融服务平台

通过建设供应链金融服务平台，将银行、核心企业、上下游企业、物流仓储方、第三方担保方等供应链业务相关主体均纳入系统，通过线上化操作或是系统对接，对供应链中的商流、物流、信息流、资金流等进行整合，逐步实现数字化供应链业务能力。同时，线上化渠道有助于客户的触达，以及建立廊坊银行的供应链金融品牌。

2. 供应链金融业务的数字化、线上化，落实业务合规性

以供应链金融门户和供应链金融后管系统为载体，为系统使用方（各类型客户、行内各部门、机构的用户）提供完善的业务交易和管理功能。

对于客户，提高其业务参与度和便捷度，及时获知业务进度和业务提醒。对于银行，将业务管理办法由"人控"落实到"机控"，提高业务合规性，降低操作风险和管理成本，提升供应链金融业务效率，积累业务数据，促进业务的进一步数字化提升。

3. 全产品和全流程的智能化供应链金融服务平台（见图 4-9）

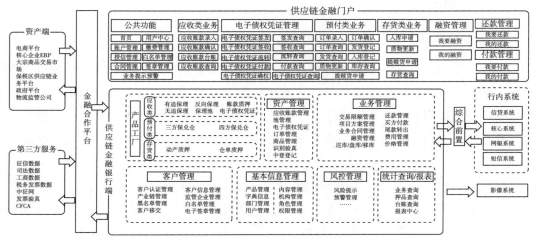

图 4-9　平台结构

供应链金融服务平台的构建，基于对全产品全流程的实现，并结合先进技术架构及工具，提供身份验证、OCR 识别、中登智能查重和登记、电子签章、发票查验与预警、第三方大数据运用、多渠道提醒通知等智能化工具，支撑供应链金融服务平台更有效运行，通过科技手段将业务人员的工作进行简化；业务管理上，与行内信贷、核心、客户管理等系统进行交互及协同，保证有效的业务管控。

（三）业务流程

1. 买方保理产品业务流程

买方保理业务是围绕产业链核心企业，向其上游供应商提供基于应收账款转让的保理融资。授信对象为买方，侧重于核心企业的资信、应收账款规模、回款能力、信用风险等。

第一步：客户经理线下营销核心企业，完成授信，签署框架合作协议；核心企业推荐上游供应商企业。

第二步：买卖双方签订贸易合同，形成贸易关系。

第三步：供应商开票，形成应收账款。

第四步：供应商转让应收账款给银行，申请融资。

第五步：买方对应收账款进行确权。

第六步：银行融资放款审批，放款至上游供应商。

第七步：买方付款，银行融资到期自动批扣还款。

第八步：银行尾款转退还供应商。

2. 卖方保理产品业务流程

卖方保理业务是供应商基于将其应收账款转让给银行，向银行申请保理融资的业务；授信对象为供应商，主要关注供应商资信情况和履约能力，其次关注买方的资信与回款能力。

第一步：客户经理线下营销供应商，完成授信，签署框架合作协议。

第二步：买卖双方签订贸易合同，形成贸易关系。

第三步：供应商开票，形成应收账款。

第四步：供应商转让应收账款给银行，申请融资。

第五步：买方对应收账款进行确权。

第六步：银行融资放款审批，放款至上游供应商。

第七步：买方付款，银行融资到期自动批扣还款。

第八步：银行尾款转退还供应商。

3. 应收账款质押产品业务流程

应收账款质押业务是供应商基于将其应收账款质押给银行，向银行申请流贷融资或银承融资的业务；授信对象为供应商，主要关注供应商资信情况和履约能力，其次关注买方的资信与回款能力。

第一步：客户经理线下营销供应商，完成授信，签署框架合作协议。

第二步：买卖双方签订贸易合同，形成贸易关系。

第三步：供应商开票，形成应收账款。

第四步：供应商将应收账款质押给银行，申请融资。

第五步：买方对应收账款进行确认。

第六步：银行融资放款审批，放款至上游供应商。

第七步：买方到期付款，银行融资到期自动批扣还款。

第八步：银行尾款转退还供应商。

4. 三方保兑仓产品业务流程

三方保兑仓融资业务主要围绕产业链中实力较强的核心企业作为业务主体，为其产业链中的下游优质经销商提供基于真实采购背景的预付款融资，帮助核心企业稳固供应链，帮助借款企业解决采购款问题。

第一步：核心企业与银行合作开展三方保兑仓融资，签订合作协议；银行批复间接额度。

第二步：核心企业推荐下游优质经销商客户至银行，供银行营销。

第三步：经销商临柜开户，提交授信材料，签订授信合同、担保合同、预付款协议（银行、上游厂商、经销商）。

第四步：买卖双方签订贸易购销合同，形成贸易关系。

第五步：经销商基于贸易购销合同，申请融资出账。

第六步：下游经销商还款，并发起提货申请。

第七步：银行根据经销商还款情况，通知上游厂商发货。

第八步：上游厂商发货。

第九步：上游厂商进行余额退款或差额代偿。

5. 四方保兑仓产品业务流程

四方保兑仓业务主要围绕产业链中实力较强的核心企业作为业务主体，为其产业链中的下游优质经销商提供基于真实贸易背景的预付款融资，而后用预付款项下的货作为质押物提供担保的一种融资产品，可以帮助核心企业稳固供应链，帮助借款企业解决采购款问题。

第一步：核心企业与银行合作开展四方保兑仓，签订合作协议；银行批复间接额度。

第二步：核心企业推荐下游优质经销商客户至银行，供银行营销。

第三步：经销商临柜开户，提交授信材料，签订授信合同、担保合同、四方保兑仓协议（银行、上游厂商、经销商）。

第四步：银行、借款企业、监管公司达成合作共识，签订《监管合同》。

第五步：买卖双方签订贸易购销合同，形成贸易关系。

第六步：经销商基于贸易购销合同，申请融资出账；银行受托支付或出票至上游厂商。

第七步：上游厂商收款确认，并进行发货，发到指定监管仓库；并转存货质押。

第八步：下游经销商追加保证金或还款，向银行申请赎货。

第九步：银行审核经销商的赎货申请，敞口允许内，通知监管公司出库释放押品。

第十步：经销商与监管公司进行押品交割；（线下完成）线上主要是监管公司对银行的出库通知是回执即可。

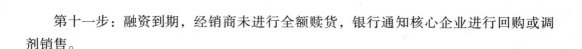

第十一步：融资到期，经销商未进行全额赎货，银行通知核心企业进行回购或调剂销售。

6. 货押业务流程

货押是指借款企业在正常生产经营过程中，以其合法拥有的存货（包括原材料、库存产品、采购商品等）作为质押物，向银行申请贷款的一种授信担保形式。

（四）风险管理

1. 数据接入及管理

对于具备数字化能力的企业客户（包括核心企业、平台企业等），通过直连模式开展业务，实现多种直连交易；不同企业的数据接入差异（数据项差异、接入报文差异等），进行标准化管理；建立数据库可信度评估机制；完善数据异常处理机制。

2. 企业信息管理和产品管理

对核心企业推荐的链上企业进行主动预授信；应用链上企业贸易数据、评级数据、银行历史交易数据等进行模型化评估；梳理产品参数库，结合产品管理和业务方案管理，形成产品配置化能力，满足供应链业务差异化场景的业务需要。

3. 数字化授信

针对融资企业交易信用进行评价，确定最高交易额度，并过滤不具备主体资格或主体资格有瑕疵、出现严重信用问题的企业；更充分地运用外部数据，加强对供应链上企业的数据分析和展现能力，为授信审批提供决策支持；对供应链金融业务中所涉及的订单、账款、仓单等资产，实现电子化管理。

4. 用信出账管理

针对交易和申请额度的合理性进行评价，协同信贷系统，对企业进行统一授信管理，有效地实现业务额度管控；用信出账流程更为便捷，供应链金融产品最终实现自动化放款、自动化扣费、自动化还款；结合供应链金融服务平台的门户端，为企业客户提供在线业务功能，结合安全技术，实现企业客户对线上化服务的需求。

5. 智能化贷后管理

贷后持续监控交易的完成情况、账款及质押商品等资产的变动、融资企业偿付能力与意愿；平台自动判断需要预警的风险信号并进行提示，驱动贷后管理活动；逐步

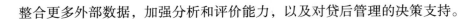

整合更多外部数据，加强分析和评价能力，以及对贷后管理的决策支持。

三、经验分享

供应链金融平台建设项目通过明确系统定位、划分其业务功能边界，以便各系统间协调工作，可有效支持现有及未来业务的发展，避免系统建设上的重复投资，最大限度地延长系统的有效生命周期。同时借鉴先进银行经验，设计符合银行实际情况的供应链金融平台。目前廊坊银行供应链金融服务平台仍在建设中，预计 2024 年 6 月三类供应链场景均实现部分产品的线上化。

（廊坊银行股份有限公司）

第五章　商业保理公司视角

商业保理行业作为现代服务业的重要一环，近年来在我国得到了快速发展。随着经济的全球化和商业贸易的复杂化，商业保理行业在解决企业应收账款问题、助力中小企业融资、优化营商环境等方面发挥着越来越重要的作用。

第一节　业务发展概况

一、业务发展背景

随着经济的发展和政策的逐步放开，商业保理行业的市场规模不断扩大，业务范围也逐渐拓宽。同时，随着市场竞争的加剧，商业保理行业也面临着巨大的挑战，如信用风险评估体系不够完善、部分企业的信用状况难以准确评估、相关法律法规仍有待进一步健全、行业内企业的专业水平和服务质量参差不齐等。因此，商业保理公司开展供应链金融业务，是市场需求和市场竞争的共同结果。

随着监管政策的逐步明确和行业的规范化发展，商业保理市场将迎来更多的机遇，中小企业融资市场的巨大潜力、供应链金融领域的广阔市场都将为商业保理公司提供足够的发展空间。

二、业务发展情况

商业保理行业发展供应链金融是金融市场日益细化和专业化的体现。供应链金融专注于整个供应链的融资和风险管理，旨在通过整合供应链上各个参与方的信息流、物流和资金流，提高供应链的整体运营效率和资金利用效率。商业保理公司作为供应链金融的重要参与者，通过提供应收账款融资、应收账款管理、催收及应收账款债务人付款担保等服务，为供应链上的企业提供全方位的金融支持。

近年来，商业保理公司开发的供应链金融市场不断扩大，通过与供应链上的核心企业、上下游企业建立紧密的合作关系，不断拓展业务领域，提升服务品质。目前，保理公司的供应链金融业务已经涵盖了多个行业，包括制造业、批发零售业、物流运输业等，呈多元化发展趋势。

（1）制造业：包括汽车、电子、机械等行业，这些行业供应链较长，应收账款规模较大。

（2）商贸流通：如零售、批发等领域，交易频繁，资金需求迫切。

（3）物流运输业：为物流运输企业提供运费保理、货运保险等服务，保障企业运输安全，提高资金回笼速度。

（4）其他行业：保理公司还积极拓展其他行业的供应链金融业务，如农业、能源、环保等领域，为不同行业的企业提供定制化的金融解决方案。

第二节　业务产品和发展趋势

一、业务产品和平台

保理公司在供应链金融领域推出了多种典型产品，以满足不同企业的融资需求。其中，应收账款融资是保理公司的核心业务之一，通过受让企业的应收账款，为企业提供快速、便捷的融资服务。此外，保理公司还提供了订单融资、电子债权凭证融资等多样化产品，帮助企业解决资金周转问题。这些产品具有灵活性高、审批速度快、融资成本低等特点，深受企业欢迎。

为了提升服务效率和客户体验，大部分商业保理公司搭建了供应链金融服务平台，通过平台整合供应链上的优质资源，实现信息共享和协同，以线上化的业务受理和风险管理，为企业提供一站式的金融服务。平台功能一般包括应收账款管理、融资申请、信用评估、风险管理等，企业可以通过平台快速了解自身的融资需求和条件，并进行线上操作，实现便捷高效融资。

二、业务发展趋势

自 2012 年以来，商业保理行业经历了试点探索、野蛮扩张到清退整顿、规范发展几个阶段，行业监管体系日益完善，合规经营成为大势所趋。2023 年，确定了商业保理企业以地方金融组织的身份接受金融监管。政府出台了一系列政策鼓励商业保理行业规范发展，加强了对保理业务的监管，要求保理公司遵守合规经营原则，加强风险管理，规范资金来源和运用，防范金融风险。

从发展历程看，商业保理公司开展供应链金融业务的发展趋势如下。

（一）市场规模持续扩大

全球贸易持续增长和企业对风险管理要求的增加，为商业保理公司开展供应链金融业务提供了广阔市场空间，供应链金融业务成为其重点发展方向，业务规模不断扩大。

（二）技术创新不断推进

智能化、数字化成为保理公司发展供应链金融业务的重要趋势。AI技术可自动完成开发票、付款催收、客户现金流分析和风险预期等操作流程，有效提升客户体验，降低行业风险；通过数字化转型，利用大数据、人工智能等技术实现更精准的风险评估和客户服务；通过区块链技术实现更精准、高效的信息协同，确保交易数据的真实性。

（三）创新产品推陈出新

保理公司积极开发再保理、反向保理、联合保理等创新产品，根据不同行业、不同企业的需求，为更多企业提供定制化的保理服务，形成差异化的竞争优势。

总之，商业保理公司在供应链金融领域有着广阔的发展空间，但同时也需要不断适应市场变化和政策要求，通过模式创新和技术应用提升自身竞争力，为实体经济提供更优质的金融服务。

[北银红金（山东）商业保理有限公司 张志超]

第三节 案例分享

案例（08）诚通保理：信用风险管理的数字化创新

摘要：公司以大数据为驱动，建立信用风险可量化、可视化的数字化信用风险管理体系，实现信用风险从估计到看见，为供应链金融场景提供风险管控支持，将大数据技术与实体经济深度融合。公司数字化信用风险管理体系由数据库、信用量化模型和信用科技三个维度构建，针对全行业及核心企业搭建信用量化模型，实现授信额度和资产定价量化，为供应链全链提供风险分析服务。

一、企业介绍

诚通商业保理有限公司（以下简称"公司"）成立于2018年，2020年10月正式展业，注册地为天津，注册资本金30亿元，是诚通集团全资子公司。公司以央企为核心企业开展保理业务，通过服务央企及其上游供应商、下游经销商，管理其对上下游企业的应收账款、应付账款。公司以"用科技赋能产业金融，建设数字互通、信息互联、信任共享、价值共融的产业金融生态"为企业愿景和初心，坚持战略目标与战术执行有机结合，把公司建设成为具有资产收集能力、资产控制能力、资产变现能力，在全国保理行业具有影响力、创新力的一流企业。公司深化产融结合和融融协同机制，在发挥资本运营公司"改革工具箱"和服务央企高质量发展方面具有重要作用，助力国资央企提质增效，提升央企供应链金融服务能力。

公司持续推进"一体两翼"数字化产业布局，一"翼"围绕信用控级能力，开展增信、评级、动产信用大数据信用推进工作，逐步构建集成业务、风控、财务、信评、决策的大数据分析系统；另一"翼"向探索和发展连、链、联的产业金融迈进，推进数字产业化和产业数字化，形成以区块链、物联网为载体的信用生态圈和金融交易体系生态。公司围绕业务发展战略，立足自身稳健的保理信息系统，打造"三个平台""四个支柱"，形成四流合一的闭环体系，用科技赋能产业金融，助力传统保理业务转型升级。

二、案例内容

（一）背景介绍

信用风险具有信息不对称性，在风险累积后会引起系统性风险，带来巨大的破坏性，因此信用风险管理在风险管理中尤为重要，但传统风控体系在信用管理方面存在以下痛点：一是风险方面，传统风控评判标准较为定性化、经验化，信用风险无法量化与可视化；二是数据方面，数据方式非结构化、数据维度较少且方式混乱；三是宏观行业方面，宏观经济形势下建筑行业、房地产行业的信用风险边际不断暴露，传统风控对行业分析预判较为滞后。

为解决传统风控体系在信用风险管理中的痛点、难点，公司聚焦大数据获取加工能力建设、定性向定量转化能力建设、风险概率评估向透明量化评分能力建设，在传统风险管理经验基础上建立公司特色数字化信用风险管理体系。数字化信用风险管理体系通过整合核心企业上下游的数据信息、指标情况、趋势变化等，借助信用科技方式建立贷前、贷中、贷后全流程监控预警，实现信用风险可量化和可视化，以央企核心企业信用为拉动，建立完整的内部供应链运营及融资体系。

（二）产品介绍

公司从数据库、信用量化模型和信用科技三个维度，建立信用风险可计量、可看见、可预警的数字化信用风险管理体系（见图5-1）。管理体系以大数据为基础、通过十大信用量化模型组合序列对核心企业信用风险情况进行分析，借助信用科技手段自动化量化信用风险，输出信用量化报告，引入客户画像、预警监测和风控规则等风控引擎，为供应链全链提供全方位的风险分析服务。

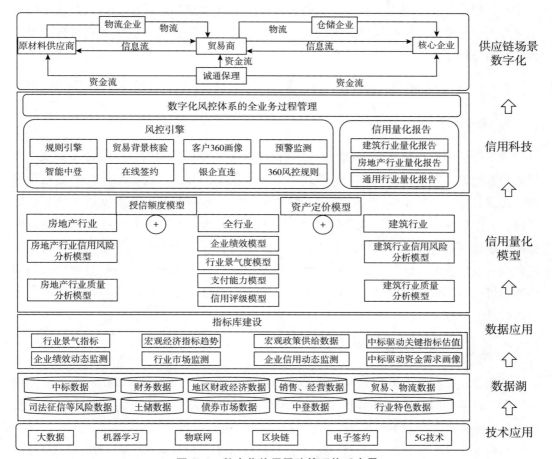

图 5-1　数字化信用风险管理体系全景

数字化信用风险管理体系已经建立包括数据库、信用量化模型、信用科技的数字化信用管理体系。在数据方面，数据库集成了公司各个业务系统及跨平台的基础数据源，对接市场公开数据提供商包括 Wind、同花顺、中指数据、建设库、DM 等，从行业特色数据、债券市场数据、地方财政经济数据三大维度，多方位收集和分析财报数据、经营数据、工商数据、征信数据、司法数据，并基于真实供应链业务场景对建筑核心企业的中标与招标大数据信息、房地产核心企业土储质量和销售等特色数据，建立多维度的分析数据仓库。

在信用量化模型方面，信用量化模型包括追踪宏观市场环境的行业景气度指数、判断核心企业综合偿付能力的企业绩效量化模型、信用评级模型、支付能力模型、信用风险模型以及质量分析模型，最终整合信用量化模型与数据源，实现授信额度和资产定价可量化。信用量化模型针对全行业与公司核心企业，分析核心企业信用风险。

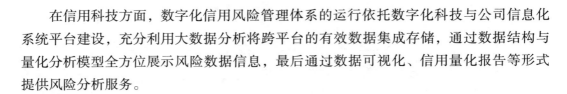

在信用科技方面，数字化信用风险管理体系的运行依托数字化科技与公司信息化系统平台建设，充分利用大数据分析将跨平台的有效数据集成存储，通过数据结构与量化分析模型全方位展示风险数据信息，最后通过数据可视化、信用量化报告等形式提供风险分析服务。

（三）业务流程

1. 数据获取

为确保信用量化模型数据结果的准确性，首先要进行数据收集、整合和清洗，确保数据有效性。数字化信用风险管理体系中量化模型的开发、校准与优化都是基于保理公司建立的特色数据库；经过收集、整合后的财务数据与非财务数据进入数据仓库管理，其中财务数据在信用风险量化模型中占比重较大，在进入量化模型分析前对财务报表数据进行平衡性测试以及系统自动甄别财务报表数据的逻辑异常值，逻辑异常值包括行业均值与标准差、行业绝对值差额及比率显示预警提示，企业报表异常值解释通过可进行到信用量化模型阶段，未通过的则不符合数字化信用风险管理体系的企业数据准入标准。

2. 信用量化模型分析

信用量化模型体系包括景气度模型、信用评级模型、绩效分析模型、支付能力模型、建筑行业信用风险分析模型、建筑行业质量分析模型、房地产行业信用风险分析模型、房地产行业质量分析模型、授信额度模型、资产定价模型。

信用量化模型以数据为驱动，通过访问数据库获取定量指标，同时注明定性分析维度的录入引擎，基础数据源通过信用科技实现信用量化模型的结果可视化输出。模型以景气度指数预测行业风险与拐点，为公司行业选择和资产配置提供支持；以信用评级、企业绩效、信用风险分析、支付能力、资产质量分析模型判断核心企业行业占位，确定调整因素，从而量化核心企业还款能力；最终通过数据湖获取整合所有数据源和单一信用量化模型，量化输出综合授信额度和资产定价。

3. 信用量化报告输出

信用量化报告根据核心企业基本情况、分析系统财务报表审核和报表甄别、信用量化模型结果生成。信用量化报告主要包括四部分，一是核心企业整体情况分析；二是财务报表审核和报表甄别；三是信用量化模型结果分析；四是信用量化调整项因素分析。通过标准化数字化信用风险管理体系，最终得出核心企业全方位动态监控的量化报告，为公司业务决策提供量化依据和对外提供风险分析服务。

（四）风险管理

1. 数据有效性核验

系统自动甄别环节是应用统计学、会计学的分析方法对进入信用量化模型的数据源进行分析，确定数据真伪。通过系统甄别，识别核心企业报表科目异常数值。报表甄别逻辑为选取批量建筑行业、房地产行业及其他通用行业财务报表数据，计算资产与负债科目与营收维度、实收资本维度、经营性现金流维度比率，得出行业平均值和标准差，对 1 倍、2 倍、3 倍标准差以上的比率进行阶梯性预警提示，并计算资产、负债科目报表值与行业均值绝对值差额及比率。

2. 十大量化模型

（1）行业景气度模型。

通过大数据集成加工，实现对整个供应链产业的行业波动与趋势分析，对供应链上下游产业的行业风险、链上供应商企业的主体风险进行量化预警，提前预判供应链行业内的景气度拐点和防控行业引起的系统性风险。行业景气度指数近十年走势如图5-2 所示。

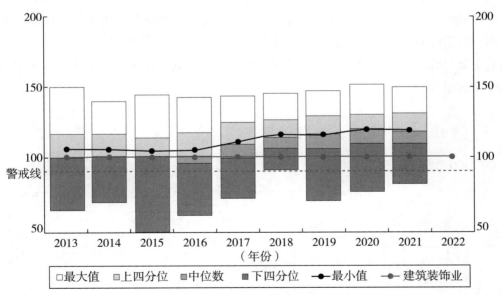

图 5-2　行业景气度指数近十年走势

（2）企业绩效模型。

企业绩效模型用于在选定行业后测算关注企业的行业地位，从盈利能力状况、资产质量状况、债务风险状况、经营增长状况和存货周转率等 27 个财务指标测算企业的绩效数值，并与所属行业的标准值进行对比，确定企业位于行业优秀、良好、平均、较低、较差五个测评区间。企业绩效模型如图 5-3 所示。

A企业近三年绩效分析	2020年		2021年		2022年	
	测评结果	分值	测评结果	分值	测评结果	分值
一、盈利能力状况	良好	3.33	平均	3.00	良好	3.17
二、资产质量状况	良好	3.40	良好	3.60	良好	3.60
三、债务风险状况	平均	3.00	良好	3.40	良好	3.60
四、经营增长状况	平均	2.60	良好	3.20	平均	2.60
五、绩效补充指标	良好	3.50	良好	3.17	平均	3.00
企业总体评价结果	加权得分：3.17	良好	加权得分：3.27	良好	加权得分：3.19	良好

图 5-3　企业绩效模型

（3）信用评级模型。

建筑行业主体信用评级模型适用于评判建筑企业总体债务偿付能力及偿债意愿，评级逻辑为对建筑企业偿债环境、财富创造能力、偿债来源与负债平衡进行分析，通过调整项调整，得到主体级别。房地产行业主体信用评级模型适用于评判房地产企业总体债务偿付能力及偿债意愿，评级逻辑为对房地产企业偿债环境、财富创造能力、偿债来源与负债平衡进行分析，通过调整项调整，得到主体级别。信用评级模型——多企业测评对比如图 5-4 所示。

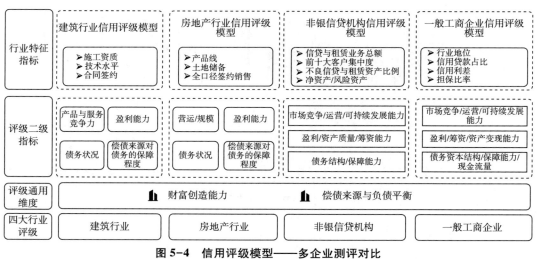

图 5-4　信用评级模型——多企业测评对比

（4）支付能力模型。

支付能力模型由现金支付能力、现金保障能力、短债保障倍数、偿债及营运能力四个维度构建。支付能力模型适用于通用行业全面评估企业长期、中长期和短期的偿付债务能力，分析客户长、中、短期的履约能力。

（5）房地产行业质量分析模型。

房地产行业质量分析模型用于剖析房地产行业核心企业的土地储备全生命周期质量。针对房地产企业的全部土地储备项目，从净地阶段、开发在建阶段、竣工阶段进行资产质量的闭环分析。同时基于房地产企业土地储备对每个项目分布城市能级、投资进度及待投资压力、去化压力和回款情况进行动态分析，全面评估房地产企业的资产质量状况。

（6）建筑行业质量分析模型。

建筑行业质量分析模型通过连接中国招标网、剑鱼标讯、建设库等第三方网站将招投标信息进行整合，分析国家重点项目的招标、中标合同数据，实现对建筑行业核心企业历年中标项目数据明细的覆盖，分析企业中标项目的性质、业主方及区域分布等因素，同时实现核心企业作为招标单位的招标项目数据及中标单位等信息分析。

（7）房地产行业信用风险分析模型。

房地产行业信用风险分析模型从行业信用风险特征出发，以尽调逻辑为重点，在动态指标与静态指标、定量分析与定性分析基础上，综合评估房地产企业信用风险。房地产行业信用风险分析模型由产权性质、规模与营运能力、资产质量、偿债能力等指标维度组成。

（8）建筑行业信用风险分析模型。

模型从报表资产科目提取关键数据进行汇总分析：一是主要客户或项目业主类型与区域分布、房建业务规模、涉及民企、房企业主的项目金额及回款情况；二是应收票据、应收账款和其他应收款涉房、涉民企以及坏账计提情况；三是合同资产中已完工未结算工程款规模、减值计提情况；四是房地产开发投资规模、待投资支出压力、销售回款进度、项目区域分布等。

（9）授信额度模型。

授信额度模型由企业层级、新签合同规模、资产规模、信用评级、支付能力、营业收入、资产负债率、净资产收益率等细分指标组成。采用打分卡模型对授信额度模型的细分指标划定区间阈值，并结合分数映射矩阵确定受评主体的授信额度。建筑行业某企业授信额度模型如图5-5所示。

（10）资产定价模型。

资产定价模型根据风险溢价法，对不同主体资质的核心企业实现差异化的风险定

年度：2022 所属行业：建筑装饰业		企业名称：A
一级指标	二级指标	分值
市场竞争力	市场地位	
	资产质量	
资本配置能力	主体信用评级模型	
	企业绩效模型	
	支付能力模型	
	配置能力	
综合评分：		
基础可授信金额（亿元）：		
最终可授信金额（亿元）：		

图 5-5　建筑行业某企业授信额度模型

价。资产定价模型由用信人风险因素、区域风险因素、主体授信规模等指标维度组成。资产定价模型调整项由业务类型和业务期限一级指标组成，其中行业风险系数关联行业景气度指数。资产定价模型测算如图 5-6 所示。

三、经验分享

（一）创新点

数字化信用风险管理体系通过数据赋能产业链，以央企核心企业为用户，以应收与应付供应链场景为切入口，打破各个产业链边界。平台载体通过数据化供应链场景，全面提高服务央企供应链体系的风险控制能力。公司数字化信用风险管理体系评估服务可定制化输出至诚通集团内外部、各核心央企、各金融及类金融机构及跨行业领域的供应链金融场景，为各大央企及机构提供数字化风控服务和基于行业供应链场景的数据赋能服务。

（二）业绩成果

数字化信用风险管理体系应用实施以来，公司已完成 60 余家央企客户授信，授信额度超 1000 亿元，合作央企客户超 40 家。助力央企及其产业链良性发展，为中国交建、中国中铁、中国铁建、中国电建等多家成员单位提供正向保理服务融通资金，为

年度：2022	所属行业：建筑装饰业	企业名称：A
一级指标	二级指标	指标分值
用信人风险因素R	主体信用评级	
	公开市场信用	
	企业支付能力	
区域性风险因素B	区域性风险	
主体授信规模L	额度模型结果	
综合评价得分 S=R+B+L		
综合变动因子——β		
保理利率基础定价（行业风险系数：X）行业风险系数关联景气度，建筑行业为基准		
基础利率 iO		
最终定价		
调整项		
一级指标	二级指标	调整值
业务类型	明保理	
	反向保理	
业务期限	1年以内	
	1~2年（含）	
	2~3年	

图 5-6 资产定价模型测算

大基建行业的稳健发展提供结构化资金保障；同时为 300 余家央企产业链上供应商企业提供反向保理融资服务，为实体企业纾困展现央企担当。

（诚通商业保理有限公司）

案例（09）易通保理："鲁商 E 链"供应链服务平台

摘要："鲁商 E 链"供应链服务平台以核心企业及上下游的实际贸易为背景，与 CFCA 对接，借助技术、支付、风控等优势，通过引入银行、核心企业、供应商、非银金融机构等，实现应收账款资产的流转、融资申请、资产核查、线上签约等功能。实现合作企业在平台内即可实现查询、融资、放款等一站式操作，解决信息孤岛和融资闭塞问题，为济南市金融发展起到引领示范作用。

一、企业介绍

山东易通商业保理有限公司（以下简称"公司"）成立于 2017 年 7 月 24 日，注册地为山东济南，注册资本人民币 3 亿元，隶属山东省商业集团有限公司（以下简称"鲁商集团"）旗下山东鲁商产融控股有限公司（以下简称"鲁商产融"）二级单位，于 2021 年 9 月入选山东省地方金融监督管理局第二批白名单企业。公司积极围绕鲁商产融"以产定融、以融促产、产融结合、赋能主业"的方针政策，以"服务鲁商产业、服务小微企业、服务实体经济、服务产融结合"为理念，利用商业保理牌照优势、高效的平台化运营及资源整合能力，为鲁商集团产业链及优质央、国、民企产业链提供服务与支持，目前已与北京银行、齐商银行等国内多家银行建立战略合作伙伴关系，业务模式分为有追索权保理、无追索权保理、明保理、暗保理、正向保理、反向保理等，累计服务核心企业及中小微客户超千家，经营规模突破百亿元。

公司成立以来，各项经营指标在省内同行业中处于领先地位，据国家金融监督管理总局山东监管局口径，截至 2022 年年底公司累计融资放款额位居山东省保理行业第一，业务经营模式得到了监管部门和同行业高度认可与评价。2018—2021 年，连续四年荣获鲁商集团"重点盈利企业"称号。

二、案例内容

（一）背景介绍

近几年，为进一步促进实体经济健康平稳运营，国家及相关主管单位陆续推出多项举措，加强金融服务、加大支持实体经济力度，畅通国民经济循环。2021 年 5 月 9 日，国务院促进中小企业发展工作领导小组办公室印发《加力帮扶中小微企业纾困解难若干措施》，提出各地要积极安排中小微企业和个体工商户纾困专项资金、开展防范和化解拖欠中小企业账款专项行动等 10 项措施，助力实现中小微企业平稳健康发展。易通保理积极响应号召，发挥国企担当的职责，打造"鲁商 E 链"供应链服务平台，旨在服务优质核心企业的上下游产业链及生态圈客户，发展模式化、数据化、平台化、小额、分散的小微金融和供应链金融业务，专注打造国内最具规模的投融资金融服务生态环境。

（二）平台介绍

平台通过对传统保理产品的研发创新，依托"场景+科技+金融"优势，聚焦金融场景化、科技专业化、线上平台化，推出了"数智科技+供应链新金融"的业务模式。同时，平台充分考虑各方实际需求，将客户设置为多重角色，既可作为资产方，也可

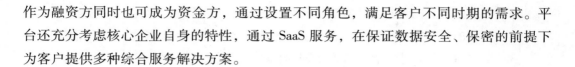

作为融资方同时也可成为资金方，通过设置不同角色，满足客户不同时期的需求。平台还充分考虑核心企业自身的特性，通过 SaaS 服务，在保证数据安全、保密的前提下为客户提供多种综合服务解决方案。

1. 优势特点

（1）支付+金融，实现支付电子化、信息化，通过金融服务与技术融合，实现金融创新。

（2）信息化，信息系统实现数据共享、区块链加密、自主支付清算、线上电子签约、线上无纸化审批等。

（3）服务生态，围绕核心企业、供应商、资金方打造金融服务生态。

（4）定制化，根据客户需求和业务特点，提供定制化产品及系统服务，平台适应行业范围广，功能开发延展性强，可与其他信息系统或 ERP 系统对接。

（5）资金渠道多，包括授信银行、集团合作行、资本市场上非银金融机构，成本优势明显。

（6）兼容性，可引入集团财务公司、保理公司或资本公司作为资产服务机构，可根据要求引入合作机构。

（7）风险低，免除储架阶段需要支付给律师、评级机构的高额固定费用，避免储架失败风险造成的无效投入。

（8）多角色，企业注册一次可同时具备核心企业、供应商、资金方等多个角色选择，并可同时展示企业作为多个角色的综合数据。

2. 业务功能（见图5-7）

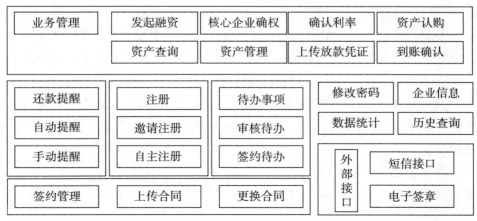

图 5-7　平台业务功能

（1）高效的信息处理技术，实现企业实时跟踪业务进度。

（2）完善的授权审批控制系统，实现金融业务全流程线上化审批。

（3）资产管理信息化，企业资产管理的智能化、信息化。

（4）资金池雄厚，平台引入多个资金方，形成雄厚的资金池。

（5）生物认证手段，通过人脸识别等技术手段，有效规避业务风险。

（6）电子签约，企业通过平台实现合同线上签署，打破时间和地域的限制。

（三）业务流程（见图5-8）

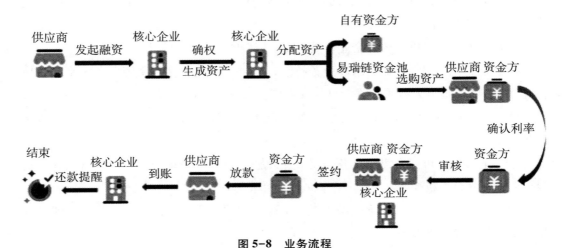

图5-8　业务流程

（1）平台注册及信息完善，客户可通过登录鲁商供应链金融服务平台网址进行注册，根据内容提示完善相关信息，校验企业信息正确后注册成功。客户注册成功后，重新登录鲁商供应链金融服务平台，进入个人中心【企业信息】板块，根据提示上传相关证件资料。用户完善信息成功后，返回鲁商供应链金融服务平台点击产品模块中的"鲁商E链"产品，进入鲁商E链业务网站。用户首次进入业务平台需要确认企业信息的完整无误，并根据业务需要，选择不同业务角色。待确认信息无误后提交审核待平台审核通过后，即可开展线上融资业务。

（2）融资发起：资产方注册审核通过后，登录进入平台，在资产业务管理的融资管理模块，点击【发起融资】，资产方依次录入融资业务相关信息，并上传融资材料，点击【提交】。

（3）核心企业确权：核心企业登录平台，在核心企业业务管理→资产管理模块，选择需确权的订单，领用后根据该订单显示的详细信息和相关附件，进行核对审批确权。

（4）资产分配：对已领用确权的订单，选定融资渠道，进行资产分配；待分配完资金方后，由相应的资金方登录平台，选择可认购资产进行认购。

（5）确认最终利率：资金方认购资产后，平台方对该笔资产设定最终利率、上传保理业务合同及附件。

（6）电子签约：由资金方、资产方、核心企业依次进行保理合同签署。

（7）放款：待各方完成合同签署后，资金方进行放款。放款完成后，资金方上传放款凭证。

（8）资产方确认收款：待资金方上传放款凭证后，资产方待办事项中会显示该笔订单提示到账，资产方可预览及下载放款凭证，并确认已收款。

（9）融资查询：核心企业及资产方可在平台资产业务管理融资查询页面中查询相关业务详情。

（四）风险管理

平台基于集团自身的第三方支付牌照，为客户量身打造支付账户体系，采取数据共享、区块链加密、自主支付清算、线上电子签约、线上无纸化审批等信息化技术手段，打破传统线下操作模式，为客户提供供应链融资服务，且符合法律法规、标准及规范，具备保理业务本质特征。

项目实施过程中，一是对于各企业提交的注册信息，平台将对与之合作的资质方（中金金融认证中心即 CFCA 认证）进行四要素验证，保证资料的真实性、准确性；二是在电子签章环节，对于提供电子签章的服务机构（安心签），公司风控部门通过核查国家权威部门出具许可文件并经资金方认可的机构提供签章服务；三是客户签约环节，必须由法人本人签章，或经法人授权专人出具授权委托书后签章，在法律上确保签章环节的合法性和有效性，杜绝发生法律纠纷。

三、经验分享

"鲁商 E 链"供应链服务平台，累计服务核心企业 370 余家、供应商 1000 余家，提供资金扶持 60 亿元，为供应链成员提供全面的金融科技服务，促进核心企业及其成员的价值链平稳运营，并通过金融资本与实体经济之间的协作，构筑供应链和金融业互利共存，持续发展、良性互动的产业生态环境。

（1）降低融资门槛。平台对接核心企业的 ERP 系统，将物流、业务流、资金流、发票流、信息流全部上链，提高信息透明度、数据穿透度、中小企业的信用额度，构建供应链中占主导地位的核心企业与上下游企业一体化的金融供给体系和风险评估体系。平台围绕核心企业的真实贸易背景授信，对其上游的中小企业数据流进行整体管理，把单个中小企业不可控风险转化为供应链企业整体可控风险，解决中小企业融资门槛高、授信低的困境。

（2）节约融资成本。因中小企业的实力较弱，不动产抵押物较少或者没有，平台采用应收账款代替不动产抵押贷款的融资模式，实现中小企业轻资产运营。为缓解供应商经济压力，平台引入多方金融资源，提供全方位的优惠政策。

（3）提高融资效率。平台操作便捷、数据流转迅速，让融资效率大幅提高，中小企业从线上提交融资申请，到审批放款，最快当日可实现资金到账。

平台的创新推广与实施，逐渐形成了平台企业、金融机构、地方政府和产业集团共建共赢的业务发展模式，给客户提供灵活可靠的科创金融服务解决方案，助推济南市乃至山东省产融一体化发展，为实体经济发挥保通、稳链、纾困的重要支撑作用。

（山东易通商业保理有限公司）

案例（10）长发保理：基于城建和农产品购销场景下的保理业务

摘要： 在城建和农产品购销两个大的基础场景下，长发保理依托产业背景优势、地缘优势、自身风险管理能力，开发推广应用保理产品，并依托供应链平台的科技手段，以"长信"为媒介，开展信用延伸，拓宽保理服务范围，为中小微企业解决融资难题。

一、企业介绍

长发（深圳）商业保理有限公司（以下简称"长发保理"），成立于2016年2月1日，注册地深圳前海，2018年设立吉林省分公司，注册资本金1.5亿元，出资人为长春市城市发展投资控股（集团）有限公司全资子公司长发金融控股（长春）有限公司。长发保理围绕"依托供应链，建立信用链，打通融资链，提升价值链"发展思路，设立"生态+科技+金融"发展模式，充分发挥城投供应链生态场景优势，通过科技加持，扩大业务服务范围，切实履行服务中小微企业的愿景和初衷。

二、案例内容

（一）背景介绍

长发保理作为城投平台体系内的商业保理服务商，依托集团产业结构优势，通过直接或间接等多种方式对项目本身、应收账款质量、项目回款监管、项目资金来源等方面进行确认与管控，保理融资模式保障中小微企业项目建设期的有效资金流转，解决企业因为信用不足所面临的融资难的困境。

（二）产品介绍

1. 城市建设场景下的保理业务

项目前提：2021 年 3 月，两会政府工作报告中对于推动城市更新行动、提升城镇化发展质量给予明确；同期，在《中华人民共和国国民经济和社会发展第十四个五年规划和 2035 年远景目标纲要》中首次将城市更新纳入国家五年发展规划。后续，住房和城乡建设部办公厅、国家发展改革委、中共中央办公厅、商务部办公厅等国家机构也相继发文对全国范围内的重点城区、老旧小区等以及各省市上报的专项改造项目进行批复。城市更新改造项目下的工程建设场景、原材料供应场景为保理业务的开展和落地提供诸多契机。

业务模式：城市建设场景下，工程总承包作为核心企业，上游涵盖设计、施工、监理、项目管理公司、工程分包、原材料供应商一级和多级。业务模式通过对核心企业进行授信，并核定信用额度，通过"长信"向上游进行信用延伸以及分散放款，上游获得融资投入城市建设，加速资金流转与工程进度。本业务模式的核心是城投平台作为城市更新改造的建设主体单位，优势在于商业保理商作为城投平台全资企业在内部协调、工程量信息确认与应收账款信息确认、掌握项目回款等方面得天独厚。

尽调要点：基础合同方面，一是向项目发包方核实项目真实性、合同真实性；二是核实工程合同或原材料采购合同原件；三是通过工程计量确认单（施工方、监理方、业主方三方盖章）或原材料确认单（卖方出具、买方签字确认）直接验证基础合同履约情况。应收账款方面，依托城投平台的产业背景和发包方主体单位为城投平台体系内公司的优势，通过内部协调以及向项目发包方发送《应收账款转让通知书》并取得回函等方式对应收账款准确性及有效性进行确认，同时对回款资金流进行监管；经营情况方面考虑在各项目招标过程中，发包方会直接核实投标人的经营能力，对于经营的各方面指标均有硬性要求。以中标单位作为保理服务的对象，具有先天的优势和一定程度的基础保障。

风险防控：一是以核心企业的回款作为还款来源，以城投平台的项目筹措作为资金来源保障；二是贷前关注项目真实性，应收账款真实性、有效性和确定性；三是贷中关注应收账款的确认情况、中登网登记情况、保理合同及保证合同等合同的签署情况和公证情况；四是贷后关注项目施工进展以及原材料供应情况，发包方的回款进展。

融资服务：建筑工程保理业务的资产质量良好，回款有保障，通过再保理业务形式将资产打包出售给同业或租赁公司以获得资金，实现资产、资金的良性循环。再保理业务模式作为银行授信融资的补充方式，提高了商业保理公司的资金循环，为业务资产的快速累积奠定基础。

2. 农产品采购销场景下的保理业务

项目前提：某农贸供销公司具有线下大豆采购的市场和渠道优势，在吉林省、黑龙江省构建"互联网+豆业+金融"的新模式，利用农业信息化手段提升豆业产业结构，扁平化流通渠道，促进食品豆业交易，持续改变整个行业的交易习惯。大豆的产购销行业上多有中小微企业，具备保理服务的应用场景。

业务模式：长发保理将农贸购销公司作为核心企业授信，以该公司产购销体系的线下网络为依托，为上下游客户提供保理融资和应收账款管理服务。大豆保理业务流程如图 5-9 所示。

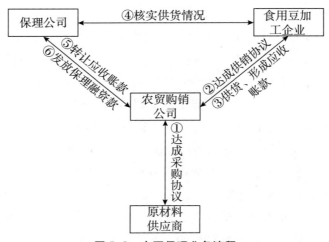

图 5-9　大豆保理业务流程

尽调要点：一是大豆采购及供货情况真实性；二是食用豆加工企业给予采购量核实，并配合确认；三是核心企业给予本笔保理融资到期兜底配合，以及对应的保证措施；四是保理融资折扣率（基于应收账款）为 30%；五是应收账款无限制性条款，可转让。

风险防控：一是针对上下游体量小、额度分散的情况，需要核心企业给予核心确认和回购担保；二是产品化验、采购、入库、运输、验收等各环节实现数据验证和留底；三是避开综合授信，以实际交易场景支撑保理业务底层。

融资服务：以大豆贸易形成的保理业务资产具有分散、数额小的特点，符合整合资产包的集中转让条件，易被市场接受。

（三）平台介绍

长发保理凭借自身供应链平台科技优势，依托真实贸易背景为基础，以"长信"（见图5-10）为电子确权凭证，为供应链成员实现多级融资。"长信"是供应链平台上流转的企业信用，具有安全、高效、实时的特点，是由大型企业集团通过供应链平台将其优质企业信用转化为可流转、可融资、可灵活配置的一种创新型金融信息服务。

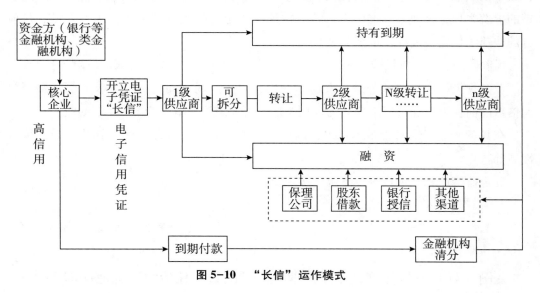

图5-10　"长信"运作模式

（四）业务流程

在具体业务场景下，明确核心客户、债权人、债务人、业务场景、应收账款额度等基本要素，通过供应链平台以如下步骤实现线上流转。

（1）常用户注册：申请公司供应链平台上报相应材料，完成常用户注册，供应链平台结合其自身资质情况给予信用额度授信。

（2）项目上报：申请公司上传基础交易合同、发票等材料，平台系统针对其上传资料进行验真，佐证其交易背景真实性及应收账款额度。

（3）业务申请：申请公司凭借自身平台内授信额度及真实交易背景向平台申请开立"长信"。

（4）项目审批：平台内业务端、风险端依据申请公司可用授信额度、交易合同、发票等材料给予开立"长信"审批。

（5）"长信"流转：申请公司开立"长信"后将其流转至上游供应商。

（6）"长信"融资：申请公司在供应链平台申请"长信"融资，长发保理在扣除相关利息费用后给予融资支持。

（7）资金兑付："长信"到期后申请公司给予票面金额全额兑付，业务终结。

三、经验分享

服务中小微企业。依托城市建设的场景、城投平台的优势、核心企业信用，通过科技手段赋能，解决中小微企业因自身原因无法获得银行贷款的困境。对于农产品购销的上游客户，该业务的推广为上游提供流动资金，降低融资成本，为产业链、供应链的快速、稳定发展提供诸多益处。

风险防控。作为依托城投平台产业背景开展的保理业务，具有先天的风险防控优势。

业务规模。两个业务场景、市场体量均有很大市场空间。在不突破监管和融资放大倍数的前提下，通过以上模式的应用推广，可完成注册资本金 8~10 倍的业务量。

在具备产业背景的股东体系内，两种业务模式具备可复制、快速转化、操作可行性高等特点。

资金监管便利。依托科技系统，实现资金流向的有效监管。

［长发（深圳）商业保理有限公司］

案例（11）财信保理：基于产业互联网的数字化应收账款池保理产品

摘要： 财信保理基于工程机械设备租赁企业下游客户分散、回款周期长等痛点，为其定制了以租赁交易为立信支点、以数字技术为呈现手段的数字化、智能化应收账款池保理产品。该产品结合产业互联网与工业互联网，利用数字技术进行数字化、线上化、智能化的金融风险管理，实现应收账款资产的动态监测，及时准确地判断企业下游还款趋势和意愿，让信用支点从主体信用向经营信用转移，帮助企业快速回笼资金，助力湖南省"三高四新"战略实施。

一、企业介绍

湖南财信金融科技服务有限公司于 2022 年年底获得保理牌照，业务并入湖南财信商业保理有限公司（以下简称"财信保理"）。财信保理由湖南省财信科技小额贷款有限公司（以下简称"财信科贷"）和湖南财信典当有限责任公司（以下简称"财信典当"）联合组成，注册资本 3 亿元，系湖南财信金融控股集团有限公司（以下简称"财信金控"）全资下属公司。作为财信金控集团供应链金融板块的重要布局，财信保理依托集团数字化赋能，以科技引领为理念，以服务实体经济、服务中小微企业为主线，聚焦省内专精特新中小企业和优势产业集群，致力于构建"融、服、投"联动生态和"金融+科技+产业"相结合的供应链金融服务平台。

财信保理通过优化产品创设，为专精特新中小微企业及实际控制人提供全生命周期的债权融资产品，真正解决客户资金周转的后顾之忧，助力客户聚焦主业，精耕细作。主要核心产品包括供应链金融产品服务产业集群内供应链成员企业、产业链核心企业上下游企业，提供应收账款正向保理、反向保理等产品；科创金融产品服务具有核心技术、发展前景的科创企业，包括知识产权质押贷、创业贷、订单贷、应收贷等贷款产品；普惠金融产品服务高净值客户，提供银行差异化、线上化服务；财信省级续贷中心服务全省中小微企业，包括银行续贷、担保转贷产品。截至 2023 年 6 月底，财信保理日均资产规模 16.38 亿元，在贷余额 23.09 亿元。

二、案例内容

（一）背景介绍

工程机械设备租赁企业是工程机械行业设备主要购买者，也是为末端工程项目提供设备租赁服务的重要运营商。在工程机械产业链中，工程机械设备租赁企业为下游的终端客户提供设备租赁、物流运输、设备施工、设备安全等一揽子解决方案及设备综合服务，继而产生大量应收账款。由于工程机械设备租赁企业的下游买方存在客户规模小、地域分散、业务场景繁杂、单笔应收账款金额低、账期长短不一、回款规律性差等特征，传统基于主体信用的保理业务无法有效解决其应收账款回款问题，因此，财信保理拟通过数字技术，重现租赁交易场景，将主体信用与债项信用分离，为工程机械设备租赁企业提供基于数字经营信用的应收账款池保理服务，让工程机械设备租赁企业以最小的负担，快速回笼资金，优化现金流。

（二）产品介绍

财信保理"数字化应收账款池保理"产品底层原理是围绕工程机械设备租赁企业与其下游的应收账款及未来应收账款搭建动态全周期数字化管理的应收账款保理池，在应收账款池保理额度范围及额度有效期内，满足工程机械设备租赁企业灵活融资、随借随还的需求。当应收账款保理池内合格应收账款低于池警戒线时，由工程机械设备租赁企业以数据对接方式自动补齐合格应收账款，即可继续循环使用额度，该模式不受单笔应收账款的回款周期和回款金额控制，可以最大限度帮助工程机械设备租赁企业优化现金流表现。

该产品的基本逻辑：一是工程机械设备租赁企业向其下游终端客户提供一揽子解

决方案及设备综合服务，产生有完备数据佐证的应收账款；二是工程机械设备租赁企业根据财信保理的数字应收账款准入规则，智能评级债务人历史交易数字信用并交叉验证当前应收账款真实性，筛选合格应收账款转让给财信保理；三是财信保理基于数字化风控核定池额度，搭建应收账款保理池；四是工程机械设备租赁企业按需申请池保理融资并支用融资款项；五是财信保理根据数字风控规则动态监控应收账款保理池水位情况，对应收账款后补新增、存续、兑付或不良退还进行全生命周期数字化管理。

（三）技术和平台

财信保理利用数字技术锚定工程机械设备租赁企业与下游客户基于真实贸易产生的应收账款，提取和分析工程机械设备租赁企业与下游客户经营活动产生的合同、订单、物流、作业、结算等数据，搭建应收账款数字化资产分析与监测管理平台（见图 5-11）。

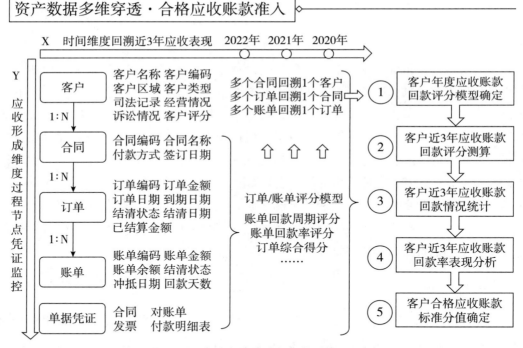

图 5-11　数字化资产分析与监测管理平台

应收账款数字资产管理平台能够对应收账款进行数据治理、入池质量评价与金额流水分析、在池回款质量与风险监控、出池兑付核销与异常处理等，通过建立客户准入评分模型、应收账款质量评分模型、回款分析预测模型、池水位预警模型等，对应收账款进行全生命周期数字化、智能化风险控制管理。平台能够对工程机械设备租赁企业的下游客户质量、应收账款及未来应收账款质量、回款表现等进行合理性、有效性检验与预测，在贷前调查、贷中审查、贷后检查等环节，提供强有力的数据支撑和决策依据。

（四）业务流程

第一步：工程机械设备租赁企业与下游客户签署基础贸易合同，依据合同约定向下游客户提供设备相关服务。

第二步：工程机械设备租赁企业与下游客户完成货物/服务交割，形成应收账款，并将全量应收账款整理打包。

第三步：工程机械设备租赁企业向财信保理申请应收账款转让，财信保理按客户评分模型、应收账款质量评分模型等筛选出符合准入条件的下游客户及其应收账款。

第四步：财信保理为工程机械设备租赁企业建立合格应收账款池，并将受让的合格应收账款按评分评级规则入池。

第五步：工程机械设备租赁企业按需向财信保理申请融资，财信保理支付保理款项。

第六步：下游客户向工程机械设备租赁企业结算应收账款，工程机械设备租赁企业将结算数据和结算款项同步至财信保理。

第七步：财信保理按照应收账款池出池规则，将已结算的应收账款从池内自动出池。

第八步：工程机械设备租赁企业根据财信保理应收账款池水位阈值，按需补齐池内合格应收账款，或进行现金补足，继续循环使用池额度。

应收账款池保理产品交易结构如图 5-12 所示。

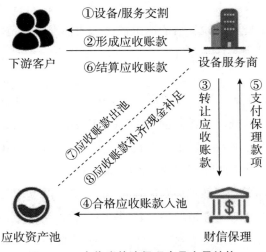

图 5-12　应收账款池保理产品交易结构

（五）风险管理

一是在初始转让阶段，财信保理通过对工程机械设备租赁企业与下游客户近几年的交易规模、交易频次、应收数据、回款情况等进行综合分析，建立动态客户评级评分规则，只有客户评级评分达到一定标准且客户对应的应收账款符合要求，才可认定为合格应收账款。

二是在循环期评分阶段，财信保理通过大数据手段实时抓取工程机械设备租赁企业应收账款信息，动态监控应收账款资产池变化情况，按周期动态运行客户评分模型及应收账款质量评分模型，定期更新出合格客户及应收账款，将不合格的客户及已结清应收账款自动从池内剔除，保障池内资产质量。

三是在循环期结算阶段，财信保理与工程机械设备租赁企业约定循环结算周期，与工程机械设备租赁企业签订相应回购协议，并根据动态池水位阈值通知工程机械设备租赁企业按要求补齐合格应收账款进入池内（保持合格应收账款×保理折扣率≥保理融资款），并及时在中登网完成应收账款登记。

四是在摊还阶段，工程机械设备租赁企业按月还本付息至财信保理，财信保理按照工程机械设备租赁企业每月还本金额同步释放池内合格应收账款。同时，动态监测池内合格应收账款每日的核销、结清情况及未来应收账款转化、出入池情况，识别潜在不良应收账款，对于出现异常的账款，及时进行预警通知。

除此之外，在操作规范上，"应收账款池保理"具有完备的产品操作手册，从尽调、授信、业务办理、贷后巡检、结清退出都已形成标准和规范。

三、经验分享

"数字化应收账款池保理"产品已于2023年上半年在财信保理落地，截至目前，财信保理已为国内工程机械设备租赁企业提供了数亿元的融资款项，并通过自身搭建的应收账款数字资产管理平台，以全数字化方式管理了30余万笔应收账款，覆盖1万多家客户，数字应收账款资产管理规模突破了2亿元。

"数字化应收账款池保理"创新点主要在于：在贷前环节，通过数字化手段，锚定应收账款从贸易产生、合同签订到产品/服务提供、货物交割等经营过程到应收账款账单、发票等全过程的关键数据信息和凭证信息，通过真实的交易数据，搭建核心评分模型及评分策略，进而分析客户合作的稳定性、应收账款的质量及回款表现，预测客户未来应收账款情况，因此，能够在一定程度上淡化主体信用，强化债项信用和经营信用在池保理业务中的作用，扩大池保理服务的覆盖面，降低客户融资门槛；在贷中环节，可以动态分析融资客户应收账款及未来应收情况，计算融资额度和应收账款池水位阈值，简化融资流程；在贷后环节，通过实时抓取融资客户与下游的应收账款过程信息和结果信息，分析定位异常账款及潜在不良，实现有效监控及预警，及时防范风险发生。

（湖南财信商业保理有限公司）

案例（12）金航保理：立足山西发展的煤炭供应链保理平台

摘要： 金航保理紧跟能源革命大背景下能源生产、能源贸易、能源运输以及能源终端整个链条发生的重大变革，通过大宗商品"金融科技+供应链保理 N+1+N"的金融服务手段，依托终端消费市场信用链条，根据科技系统基础数据真实性和及时性，居间匹配核心企业和融资主体的信用契合周期，有效解决了贸易环节中小微企业融资难、融资贵的问题，打破了各方主体的地域、时间限制，打通了产业信用风险壁垒，打造出行业金融服务的新业态。

一、企业介绍

金航商业保理（海南）有限公司（以下简称"金航保理"）作为山西综改区国资运营公司山西春汾科创投资集团有限公司下属金融服务板块山西转型综改示范区金控有限公司的全资子公司，肩负山西综改区"蹚新路、打粮食，走在前、作示范"的使命任务，围绕全省、全区战略性新兴产业聚集培育和传统优势产业转型升级，聚焦供应链产业金融，在简政放权、放管结合、优化服务为核心体制机制改革的基础上，积极探索金融产业多维度融合、受众群体辐射面广、细分产业链条纵向延伸的金融综合服务，致力于助力区内的供应链金融平台搭建场景生态，将供应链金融产品与区内核心企业产业供应链有机融合，使链上小微企业获得便捷、高效的金融服务，有效解决小微企业融资难、融资贵的问题。

二、案例内容

（一）背景介绍

山西是国家综合能源基地、能源革命综合改革试点，肩负着深化能源革命、推动低碳发展的历史使命，近年来山西省委、省政府面对能源革命的新形势、新机遇、新挑战，深刻认识和准确把握山西所具有的基础和条件，提出了以打造全国能源革命排头兵为目标的战略思想。

金航保理紧跟能源革命大背景下能源生产、能源贸易、能源运输以及能源终端整个链条发生的重大变革，通过大宗商品"金融科技+供应链保理 N+1+N"的金融服务手段，依托终端消费市场信用链条，根据科技系统基础数据真实性和及时性，居间匹配核心企业和融资主体的信用契合周期，有效解决了贸易环节中小微企业融资难、融资贵的问题，打破了各方主体的地域、时间限制，打通了产业信用风险壁垒，打造出行业金融服务的新业态。

（二）产品介绍

"供应链保理 N+1+N"是指金融机构基于供应链中核心企业的资信，整合科技平台上合同流、物流、资金流、信息流和发票流等信息，为供应链的上下游企业提供保理服务，达到提高经营效率、降低经营成本和促进多方共赢的目的，包括 1 个核心企业、N 个下游终端场景、N 个上游供应商，形成一个产业辐射面。长期以来，从事大宗商品中小微民营企业由于企业自身资产规模有限、信用风险普遍过高、缺乏现代管理制度、企业财务存在虚报瞒报等情况，难以获得金融机构的支持，市场风险一旦波动较大，中小微企业很容易因为资金周转紧张陷入经营困境，通过借助产业生态链条的信用传导获得金融机构的支持，快速简便获得成本低、频次高、时效强的融资支持，成为"供应链保理 N+1+N"天然的业务场景。

金航保理深入参与大宗商品数字化供应链服务平台的建设开发，将交易流程"数据信用"、交易标的"实物信用"与核心企业的"主体信用"相结合，打破大宗商品领域核心企业资金瓶颈、中小贸易信用高壁垒，实现金融机构资金直达以往不能覆盖的资产。供应链服务平台以产业作基础、以科技为利器，为不同的细分环节量身打造个性化服务场景，通过电子签章、可视化物流、电子发货、电子结算等平台功能，使煤炭、农产品、矿石等大宗商品的流通路径变得可视化、透明化，保障大宗商品交易的真实性、流程的规范性、货物的安全性，从而为大宗商品产业链创造增量价值，为大宗商品企业拓宽融资渠道。

煤炭贸易场景中，平台集齐了上下游煤炭贸易合同、货运凭证以及货运轨迹、货权转移证明、下游电厂的验收和化验凭证以及开具的结算发票，使金融机构在平台上面可以直接获取所有底层资产材料，并通过 CFCA 电子签章实现异地签署融资服务合同，极大地提高了融资效率。

（三）业务流程（见图 5-13）

金航保理锁定贸易链条到终端的业务作为服务场景，首先能够避免因为丧失对货物的完整流转控制而陷入潜在的融资性贸易的风险；其次通过对终端消费方实地的尽

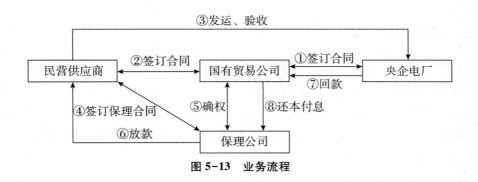

图 5-13　业务流程

调了解央企或国有控股电厂的资金结算周期和结算习惯，对业务的回款能够有清晰的认识和风险的基础把控，从而对保理合同的账期有较为准确的设定；最后可以依据对终端方的信用风险判断以终端供应公司为授信主体，进行产业链条的信用传导，形成标准化的操作流程和操作模式，提升服务质效（见图 5-14）。

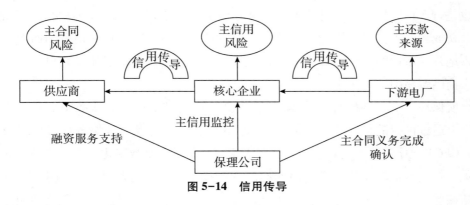

图 5-14　信用传导

根据实地尽调了解到的情况，大宗商品出厂环节均需要全额付款同时日常运营强调资金的周转，而终端消费环节又要给予一定的账期，链条上面各家贸易商的资金实力和融资能力差别较大，链条上面的煤炭民营贸易商有资金周转需求，国有贸易公司存在资金支付压力，产生了理想的保理切入点。

首先，通过对主体身份、资金实力、股东背景以及从业经历等方面对核心企业进行风险划型；其次，对贸易环节的上下游主体"N"设定准入门槛，排除信用风险高、负面舆情多、资金流动不稳定的业务线。

在服务平台上审核保理业务的底层资产资料，包括但不限于贸易合同、物流运输信息、货权转移凭证、终端产品数量和质量确认凭证、增值税结算发票等，通过对资产的合同流、货物流、运输流、发票流等信息进行全方位的比对，确保底层资产的真实性。通过供应链服务平台 CFCA 电子签章系统签署保理合同后，授信主体对金航保理受让上游供应商应收账款确权，规避相关的操作风险。

三、经验分享

目前金航保理"金融科技+供应链保理 N+1+N"已与 2 家核心企业进行了业务合作，并在供应链科技服务平台进行了对接，覆盖动力煤、焦煤、焦炭、钢材等贸易场景，形成并制定标准化的产品服务方案和服务流程，同时强化与银行、同业保理公司等金融机构的合作，尝试建立资金与供应链科技服务平台直联的"一站式服务"，利用核心企业强资信主体身份签发区块链可拆分多级流转凭证进一步延伸服务链条，在大宗商品供应链领域内构建供应链金融业务新生态和新模式，持续为行业链条上中小微企业提供手续便利化、放款速度快的服务，实现了保理公司在链条中的角色转变，更深程度地参与大宗商品供应链服务体系的建设，由科技平台的使用者化身缔造者。

未来的大宗商品贸易行业必然是供应链保理的天下，而供应链保理又必须依靠金融科技的全方面支持，大宗商品贸易一个重要的核心竞争力就是资金实力，所以资金本身也是行业标志性元素，科技平台、金融供给以及链条客户又环环相扣，所以未来保理公司或者资方在其中饰演的身份也将被重塑，绝不仅限于单纯出资，而应该是积极深入地参与行业的变革或者商业模式设计，科技引流、资金引流、客户引流均可以在大宗商品贸易中"荷尖小露"。

金航保理"金融科技+供应链保理 N+1+N"践行"金融科技服务中小微企业"核心理念，通过供应链服务平台的人工智能、大数据、云计算、区块链可拆分多级流转凭证、CFCA 电子签章等科技手段，实现大宗商品实时交易数字化、可视化、标准化和批量化，打破了金融应用场景的时间空间的维度限制，服务群体分布点多线长面广，始终站在服务行业发展的基础上，以行业真实需求为基础，弱化融资角色功能，强化交易场景管控，致力于金融科技服务模式创新，持续探索新的服务场景和供应链平台建设，促成服务场景百花齐放，服务链条无限延伸，实现了金融机构与科技服务平台的互相赋能和二次提升，助力平台产业服务模式升级，打造全场景产融生态圈，引领未来产融结合、产业供应链资源整合的新方向。

［金航商业保理（海南）有限公司］

案例（13）北银红金：供应链金融与商业保理

摘要：在国家各种政策的鼓励下，供应链金融快速发展，服务实体经济，以此解决中小微企业融资难题。而商业保理公司天然具有金融服务实体经济、为中小微企业提供融资服务的功能。在供应链金融发展、扶持中小企业融资的利好政策推动下，商业保理行业势必受益其中，迎来持续快速发展的新机遇。

一、企业介绍

北银红金（山东）商业保理有限公司（以下简称"公司"）于 2020 年 3 月成立，注册资本 5000 万元，公司位于中国（山东）自由贸易试验区青岛片区前湾保税港区北京路 56 号恒通写字楼 306 室（B）。公司下设行政部、财务部、业务部、风控部、融资部、法务部，现有高级私募基金投资管理人、高级理财规划师、基金、证券从业资格职称的共有 10 人，聘请顾问专家 2 位，临沂大学朱建成教授和上海交通大学杨曦教授，其中杨曦教授为公司董事，以上精英和专家顾问团队为公司的日常经营发展，作出了坚实的基础保障和巨大贡献。公司于 2020 年 10 月成为中国服务贸易协会商业保理专业委员会会员单位，并有 5 人通过保理行业业务水平考试并拿到相关证书，5 人取得团体标准培训结业证书。在 2021 年 10 月的第九届（2021）中国商业保理行业峰会中，经中国服务贸易协会商业保理专业委员会层层筛选，公司荣选为全国八家商业保理行业团体标准试点单位之一。

公司目前业务方向主要为工程机械行业和县级城投，其中工程机械行业以三一重机、山重建机、临工机械等企业以及上下游客户为典型代表。将核心企业和上下游企业联系在一起，基于核心企业的上下游供应商提供商业保理服务。县级城投业务已涉及山东省内 5 个市 7 个县，围绕核心企业的应收款、应付款开展相关的商业保理业务，以实现长期合作的目标，解决核心企业以及上下游供应商的资金问题，为产业链的良性发展提供支撑，达到合作共赢的目的。

二、案例内容

（一）背景介绍

随着基建投资不断增长，工程机械需求量大幅增长，同时也推动着我国优秀的工程器械制造企业不断向国际化、规模化和综合化的方向发展，我国已经成为世界工程机械制造大国。由于工程机械行业具有规模经济效应，经过 60 余年的发展，三一重工、柳工、徐工机械和中联重科营收规模在 100 亿元以上，其中三一重工和徐工机械营收在 400 亿元以上，产品遍布各个细分领域，技术水平领先，多项产品达到国际领先水平，并已经逐步实现核心业务全部在线、全部管理流程可预见、产品高度自动化和管理流程高度信息化，打通生产物料、制造装备及人力资源（员工、代理商、客户、供应商等）等的联络通道，把管理提升至一个新的高度，实现全链条的互联互通和闭环控制。

由于工程机械设备单价高、行业金融体系不完善等原因，上游中小企业往往存在着资金短缺的问题，严重制约了行业生态的发展。近年来，原材料方面价格虽有所波动，但整体处于高位，且部分关键原材料如低压电气行业用磁性材料，变压器用取向硅钢片等价格大幅上涨；储能行业用电池级碳酸锂，均价由2021年年末的28万元/吨升至2022年年末的52万元/吨，11月价格一度冲高至近60万元/吨。再加上货款回收较慢、较困难，大部分中小微企业的资金周转压力较大。同时工程机械产品层次越来越复杂、结构庞大、产品呈现系列化，属于多品种、小批量、典型离散制造，采购周期较长，工程管理设计迭代迅速，产品设计和工艺版本多，方案修改压力大，质量要求越来越高等因素，都对大部分中小微企业进行了不小的冲击，而在此压力下，有实力、规模较大的企业便可以拿出部分资金进行研发新技术、新工艺，但小微企业在没有较大资金规模的前提下，应收账款回收又较难，在此环境下就将被拖垮。

国家统计局数据显示，截至2022年年底，机械工业应收账款总额6.9万亿元，突破6万亿元，同比增长17.7%，占全国工业应收账款总额的32%，高于机械工业营业收入、利润总额等指标在全国工业中的比重10余个百分点；应收账款平均回收期是全国工业的1.5倍。此外专项调查显示，2022年53%的企业应收票据总额上涨，其中16%的企业涨幅达到两位数，企业资金周转压力较大。机械工业流动资产周转率仅为1.36次，低于全国工业平均水平0.35次。因此在机械工业的应收账款方面，商业保理能够更好地将其利用，通过债权债务的转移，可将企业回收较慢、较难的货款尽快变现，实现现金回流。

（二）产品介绍

以供应链金融和商业保理相结合的方式，通过对每个客户不同情况的分析，对各类客户提供个性化服务。

优势：有利于开拓市场，稳固客户，增加业务合作机会；加速现金回流，增加交易机会，美化财务报表；加快回笼应收账款金额，资产出表，降低企业负债率；增加资金渠道，用资本的方式为企业增加额外利润；通过对买方的风险调查，加强对其的风险把控能力，减少逾期率和坏账率；有利于扩大原经销商的采购规模，拓展新的经销商；相比赊销，由货款变债权，清收合法化。

（三）业务流程

1. 正向保理（见图5-15）

由卖方提出、申请，并协调买方进行确权，从而达到自身融资目的的保理业务。业务流程如下所示。

（1）卖方提供销售/服务，产生应收账款。

（2）卖方进行保理申请，考察交易双方，与卖方签订保理合同，卖方转让应收账款。

（3）买方进行应收账款确权。

（4）保理商支付卖方对价应收账款。

（5）账款到期，买方支付保理商应收账款款项。

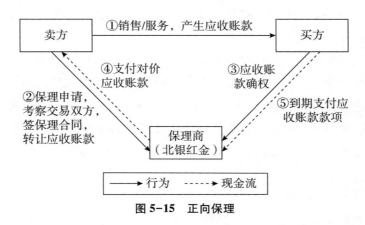

图 5-15　正向保理

2. 反向保理（见图 5-16）

由买方提出，以买方为核心企业，根据其提供的白名单，为其上游企业进行融资。业务流程如下。

（1）卖方提供销售/服务，产生应收账款。

（2）买方进行保理申请，考察交易双方，与买方签订反向保理合同。

（3）保理商与卖方签订保理合同，卖方转让应收账款。

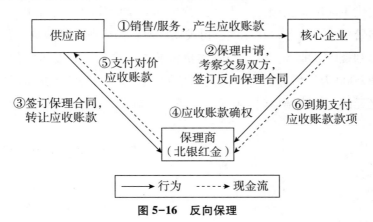

图 5-16　反向保理

（4）买方进行应收账款确权。

（5）保理商支付卖方对价应收账款。

（6）账款到期，买方支付保理商应收账款款项。

（四）风险管理

在经营过程中，秉承严谨的风险把控原则，总结出供应链金融商业保理核心风险及规避措施为：贸易的真实性；付款记录和买卖双方的企业信用；风险规避措施，例如抵押、质押、担保等其他保证措施。

在业务开展过程中，通过前期尽职调查、中期审查和后期检查三步骤严格把控保理融资风险，确保项目的安全性、交易的真实性。以"发现风险、预防风险和控制风险"的专业能力为依托，致力于商业信用信息调查、信用风险管理咨询、信用风险体系的搭建工作，同时，在日常的监督管理上，按月检查工作，时刻关注客户在经营管理方面的变化，判断企业未来的发展趋势，方能对整体风险进行评估和掌控。

三、经验分享

以企业优质的应收账款作为底层资产来进行融资，打破企业没有抵押物、担保方而出现无法融资的困境。模式为受让供应商的应收账款，并让核心企业进行确权，为上游供应商提供商业保理服务。目前已与三一重工、临工机械、山重建机等多家大型企业进行多年合作，三年时间为其共计 500 多家上游供应商提供商业保理服务，受让的应收账款总额为 15 亿元，保理融资总额 10 亿元。

其中较为典型的企业为三一重工的上游企业苏州市博骄机械有限公司和临沂银鑫工程机械有限公司，以这两个公司对三一重工的应收账款为底层资产，在其前期采购、前中期下单加工、中后期出库、后期应收账款回收过程中全程参与。在保理公司成立前一直为其提供供应链金融服务，生产经营中的各个阶段均参与其中，并提供资金支持和信用风险管理指导服务，在保理公司成立后便转为商业保理服务，包含资金融通、应收账款管理和催收等业务。通过与银鑫机械的深入合作，其在短短的三年时间内营业额从年产值 6000 万元增加到年产值近 5 亿元，上涨了 733%；苏州博骄则是在三年时间，从 1 亿元的年产值增加到 4 亿元，上涨了 300%。

［北银红金（山东）商业保理有限公司］

第六章 国有核心企业视角

供应链金融业务的主导企业中，属于国有企业的主要有三种：国有商业银行、生产制造企业和供应链服务企业。大部分银行属于国有企业，但由于其特殊性，不在本章讨论范围内。生产制造企业在这三种中占比最大，他们是供应链金融业务中最有主导权的场景方，如宝钢集团、中粮股份；另一种是以贸易或物流为主营业务发展起来的供应链服务企业，这类国有企业数量不多，但也不乏大型企业，他们是供应链金融上最具生态合作意识的组织方，如厦门国贸、中储智运。

第一节 模式特点

前述提到的生产型国有企业和供应链型国有企业，两种类型企业的供应链金融业务差别巨大，其模式特点、客户群体、交易成本、收益率等均不相同，从一般情况出发，供应链金融模式对比如表6-1所示。

表6-1　　　　　　　　　　　供应链金融模式对比

类别	生产型国有企业	供应链型国有企业
模式特点	线上化	综合化
客户群体	产业链上下游企业	特定化（中小制造企业）
交易成本	线上系统自动收集匹配融资需求，节约时间成本、搜寻成本，交易成本低	稳定服务供应链上中小企业、平台化、数字科技赋能，交易边际成本低
收益率	收益较高	收益一般
信息整合程度	可以实时监控上下游企业部分信息	拥有物流节点信息、供应链产业信息，信息整合管理程度高
授信占用程度	占用下属保理公司授信	不占用自身授信
风险程度	依赖核心企业自身资金流及信用，交易风险相对较高	如客户违约，公司不承担担保责任，但需要协助银行处置质押物；需要面临一定的市场风险

第二节　价值意义

与中小企业相比较，国有核心企业资金压力小、融资问题并不突出，但国有企业尤其是大型国有企业纷纷开展供应链金融业务，部分企业还把供应链金融视为企业战略转型的重点方向，可见供应链金融对于国有企业发展的重要性。归纳起来，国有核心企业开展供应链金融业务的价值和意义如下。

一是有利于构建集中结算的资金管理模式。资金管理模式显著影响国有企业的资金安全效益。现阶段国有企业正在致力于完善建立集中结算的企业创新管理平台，推动资金资产集中化的结算管理。以可视化的供应链平台作为基础，通过采取企业集中结算的规范制度来降低企业成本资源，优化国企目前开展实施的资金结算管理体系制度。

二是有利于合理降低国有企业的融资过程成本。供应链金融平台本身具有信息化与可视化的结构特征优势，国有企业通过采取供应链的企业平台监督管理模式，能够在根源上达到严格限定国企融资成本的宗旨目标，优化国有企业在融资管理全过程中的成本组成结构。

三是有利于优化提高国有企业的整体竞争实力。供应链金融平台对于国有企业的整体竞争实力有着非常显著的提升作用。国有企业依靠供应链的企业智能化管理平台体系，才能构建企业的产业集群发展模式，保证了国有企业获得更加稳定的经营效益。

第三节　发展建议

一、以互联网平台和数字技术为依托，健全供应链生态合作体系

首先，借助互联网平台的优势，可推动交易信息透明化、规范化、标准化，建立与金融机构的良性风控联动机制，实现风险向可控转变，促使资金安全、高效、稳定。其次，要不断优化供应链合作模式。核心企业承担了供应链金融服务主要的融资风险，同时也是最大受益方，核心企业应发挥自身的主导优势，审慎筛选合作伙伴，建立起稳健、高质量的供应链体系，以确保上下游之间的合作更加安全、高效。最后，应注重完善供应链激励机制。供应链上下游企业之间既有竞争，也有合作，为激发供应链活力，平衡风险和收益，核心企业应制定完善的激励制度，以调动供应链中上下游企业的积极性，促使整个供应链形成命运共同体。

二、发展战略关系融资，维持产业链上下游长期稳定合作关系

战略关系融资（Strategic Relationship Financing）是供应链金融的一种，相对于传统融资方式更为灵活和多元化。它能够通过建立长期的、互信的合作伙伴关系，共享资源和信息，风险共担，实现资金的合理配置和效率优化。通过发展战略关系融资，可以为国有企业带来：免去实物质押授信所产生的时间成本和操作成本，提供更高效、低成本的融资业务；形成长期性、战略性的生态合作，建立稳定的产业链上下游信用关系，替代简单的资产抵押质押；建立数据互信，进而形成产业链大数据中心，稳固优化产业链供应链；提供更为灵活的融资方式，如资本注入、股权投资、债权融资等。

三、加强风险管理体系建设，强化对上下游中小企业客户的风险控制

供应链风险具有复杂性、传染性和隐蔽性，建立相对完善的风险管控体系，包含商品价格风险、源头风险、物流货权风险以及客商资信风险，相对应的措施有进行动态保证金管理、灵活结算价格、科学运用金融工具、严格规避上下游关联循环贸易、增设准入制度以及动态评估资信情况和履约能力等。加强国家对国有企业从事供应链金融业务相关法律法规的理解和把握，正确、全面执行关于禁止融资性贸易、虚假贸易等规定，避免触碰政策红线。完善供应链金融在衍生品业务开展的配套服务，充分发挥衍生品在对抗大宗商品价格风险的功能，防止价格风险转化为信用风险。

第四节 案例分享

案例（14）中铁保理：建筑产业全链条的供应链金融服务平台

摘要： 作为中国中铁系统内供应链金融业务主要服务单位，公司自主研发并独立运营"中铁E信系统管理平台"和"保理业务系统管理平台"两大系统，为核心企业提供诸多渠道、诸多层面、诸多场景和诸多期限类型的供应链金融产品服务，针对性解决中国中铁主业单位资金困境和融资需求。根据中国中铁司库体系建设总体安排，将以该系统作为支撑中国中铁供应链金融业务的重要组成部分。

一、企业介绍

中铁资本保理公司作为中国中铁专注于供应链金融的服务平台，依托"中铁E信系统管理平台"和"保理业务系统管理平台"两大系统，全部业务在线上开展。中铁

E 信系统管理平台 1.0 版本于 2019 年 9 月 30 日建成，2023 年 4 月 24 日完成了 2.0 版本的迭代升级，目前，中铁 E 信平台已累计入驻中铁二级单位 34 家，三级单位 247 家，入驻外部供应商超 35000 家。保理核心业务系统于 2018 年 9 月正式上线投产使用，截至目前，系统已累计入驻中铁内部单位 120 余家，入驻外部供应商超 3200 余家。截至 2023 年年底，公司累计实现资金投放超 417 亿元，新签合同额 30.19 亿元，营业收入 21.7 亿元，净利润 2.09 亿元，连续两年业务投放规模年均超 100 亿元。

二、案例内容

（一）背景介绍

中国中铁主业资金面临的困境，是当前社会建筑产业链整体资金困境的重要体现，也是在此基础上的局部演变和发展。中国中铁作为多功能、特大型企业集团，下辖 50 多家二级公司、500 多家三级公司、近 1 万个项目部，从当前体系来看，企业资金面临着"应收难收、应付刚付、收支不平"的困境。主要表现为资金清收不畅、外欠支付刚性、项目收支难平衡。

（二）产品介绍

1. 中铁 E 信

中铁 E 信是在中国中铁供应链金融业务上流转的电子信用凭证，是核心企业根据已有的结算负债余额签发，明确在指定日期支付确定金额给持有方的信用凭证，具备可持有、可流转、可拆分、可融资等特点，可作为中国中铁内部核心企业的结算支付、信用管理及产业资源整合的工具。尤其是"平台和银行端"直连对接，开启了"银行—核心企业"融资直通车，操作快速、高效和便捷。中铁 E 信合作模式主要包括占用核心企业授信与占用保理公司授信两种方式。

占用核心企业授信：在这种模式下，核心企业开立 E 信后，明确指定该笔或批次 E 信由占用其授信的某资方承接。核心企业可以根据业务需求选择有合作关系的投资方，将 E 信交由其承接，从而实现资金回笼和风险共担。

这种模式的优势是能够更有效地利用核心企业的授信额度，提高融资的可操作性。同时，由于是在合作资方间进行的融资转让，信用风险可以共同承担和降低。

占用保理公司授信：在这种模式下，核心企业开具 E 信后，未特殊指定资方，而是由供应链金融平台推送至合作的中铁资本保理公司，由其占用中铁资本保理公司授信。中铁资本保理公司会根据自身资金需求和风险承受能力，选择适合的 E 信进行承接。

这种模式的优势是可以扩大资方的选择范围，提高融资的灵活性。核心企业无须事先确定具体的资方，由平台推送至各合作资方，根据市场条件和资方需求进行匹配，有利于实现更高效的融资。

中铁E信凭证如图6-1所示。

图6-1 中铁E信凭证

2. 保理业务

正向保理是指核心企业（中国中铁系统内单位）将基于其与买方（业主）订立的施工协议/服务合同所产生的应收账款转让给保理公司，由保理公司向核心企业提供资金融通、买方资信评估、销售账户管理、信用风险担保、账款催收等一系列服务的融资解决方案。其中，核心企业为应收账款的原债权人，业主方为应收账款的债务人。

反向保理是一种解决核心企业支付需求、调节核心企业资金安排的供应链金融产品。反向保理以核心企业与供应商间因购买货物、接受服务等交易行为所产生的债务债权作为基础开展业务。其中，核心企业为中国中铁内部成员企业，是购买工程物资或劳务分包的主体，为债务人；供应商为向核心企业提供工程物资或劳务分包的企业，为债权人。

（三）业务流程

1. 中铁E信平台

（1）主要角色。

①核心企业，包括组织节点和业务实体。组织节点为独立法人单位的中国中铁旗下的子分公司，其主要功能为授信分配、开转签章等。业务实体为项目部、本部等类型的核心企业角色，其主要功能为开具制单、转让制单、复核等。

②供应商，供应商为与核心企业发生真实贸易背景的上下游企业，其主要功能为

接收、转让、融资等。

③投资机构，投资机构为银行及类金融机构，其主要功能为直融放款、ABS、再保理等。

（2）工作流程（见图6-2）。

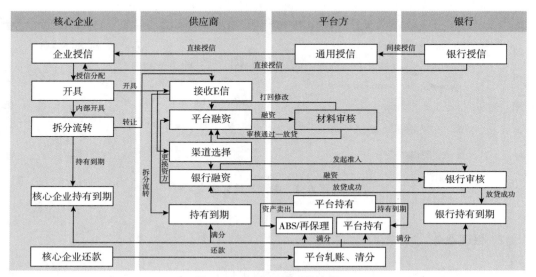

图6-2　中铁E信工作流程

①注册：核心企业及供应商注册，通过邀请链接和平台规则，上传营业执照、法人身份证及开户行信息即可完成平台注册。

②授信：平台方及资金方通过对核心企业的信用评估，最终得到核心企业授信额度，同时在后台进行额度配置，核心企业即可在前台对授信额度进行分配及其他操作。

③开具：核心企业根据应付账款，基于自身授信通过中铁E信进行支付的操作及开具操作，开具时核心企业通过输入原始债务人的企业名称，即可查看到对方的基本信息，同时输入开具金额、承诺付款日等基础条件，完成制单、复核、签章操作即可结束开具流程。

④转让：接收方通过对接收的E信基于真实的贸易背景进行债权转让即为转让的操作，其主要的操作流程同开具一致。

⑤融资贴现：供应商拿到中铁E信，通过上传于上一手的合同发票，结算单的贸易背景资料进行贴现的行为即为融资。

⑥还款：还款开具人在承诺付款日的前一天将需还款金额打入平台账户，平台方进行自行划扣。

⑦清分：平台方根据轧账锁定最终持有人，将还款资金打入最终持有人账户即为

清分。

2. 保理业务平台

（1）正向保理（见图6-3）。

原债权人：指保理业务对应项目应收账款的债权人，即核心企业。

债务人：指应收账款债务人，即业主方。

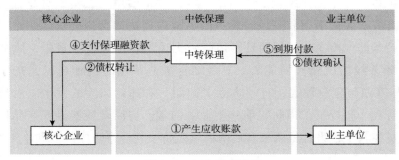

图6-3 正向保理流程

（2）反向保理（见图6-4）。

债权人：向核心企业提供工程物资或分包服务的供应商。

债务人：向供应商购买工程物资或分包服务的核心企业，一般为股份公司内部单位。

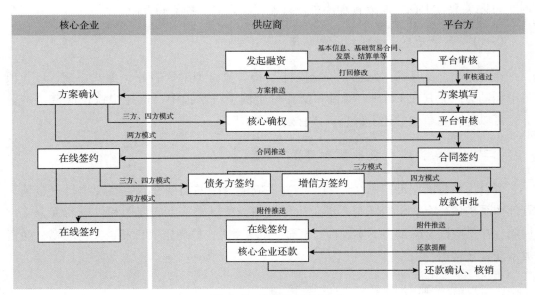

图6-4 反向保理流程

（四）风险管理

把风险管控贯穿经营管理全过程、业务开展全周期，实现"尽早介入、全程监测、最后扫尾"的风险管理要求。一是优化完善制度体系。2023 年全面梳理公司制度 152 项，修订完善公司制度 37 项，持续提升公司制度适用性及合规性。二是细化授信管理策略。将授信的动态管理落到实处并贯穿业务的全流程，确立授信管理在业务风险管理中的核心地位。三是优化风险审查清单及项目评审清单。在实现对业务全覆盖的同时落实关键业务、关键事项和高风险领域的风险内控法律合规要求。四是完善公司投后管理，坚持预防风险主线，利用日常风险数据监测、重大风险报告、风险预案等方式提升各业务条线的风险预警能力。五是结合主业单位的实际情况，充分沟通做好"接续还款"筹划与应急预案，有效防范"逾期"和违约风险的发生。六是强化风险审查全流程管控。坚持第二道防线前移至业务前端，将风险要素融入产品模式、专业风险管理人员参与项目设计尽调来实现两道风险防线的合力防控，推进业务落地。

三、经验分享

以供金平台系统为依托，推进项目管理全流程衔接，深度助推大商务管理体系提质增效。构建中铁大商务管理体系的核心要求就是让企业和工程项目在经营开发和投标报价、预算管理和成本控制、供应商合同签订支付和末端债权清收等各个环节实现联动和无缝对接，从而实现效益提升、价值创造。而中铁供应链金融业务作为"调节剂"可完美契合中铁大商务管理体系，具体体现在以下环节和方面。

（一）经营开发和投标报价环节

通过多类型产品的"结构化资金安排"和"复合型融资服务"模式搭接，可为项目承揽助力。尤其在 EPC+F 项目和低支付比例项目承揽中，依托中铁供应链金融业务，可以把业主单位的还本付息责任有效"绑定"。

（二）预算管理和成本控制环节

可以为项目前期倒排资金计划，通过供应链金融的前期介入，实现项目资金预算管理体系构建，有效衔接好业主资金拨付周期、项目施工生产周期和供应商资金支付周期，在供应链金融助力下实现项目资金"自平衡"，最终让项目资金拨付顺畅，融资成本能有效转嫁。

（三）供应商合同签订支付环节

利用供应链金融支付"链条式"管理，将支付方式嵌入合同条款，从源头、预算和保障等多方面协同发力，积极构建供应链金融良性生态圈。一是通过加强供应链支付源头管控，在项目采购合同中明确中铁E信作为结算支付工具，在报价体系中明确包含融资期限及成本，给供应商更大的融资贴现自主权。二是通过加强供应链支付预算控制，结合工程项目"业主到款额度和时间"匹配供应链额度和期限，同时参考供应链金融价格管控机制，对相关业务进行差异化报价，并结合负债端供应链金融管控额度要求，做好供应链金融适度匹配，充分使用。三是通过加强中铁供应链金融平台机制保障，中铁供应链金融平台优先保障中小微企业款项支付，切实维护中小微企业利益。

（四）末端债权清收环节

以中铁供应链金融业务为抓手，做好地方国资平台的清收工作，把负债端供应链金融工具向资产端延伸和绑定，争取最大限度地明确和绑定业主单位的还本付息责任，助力中国中铁实现应收端资产清收，保障业主欠付款项的按时、足额到位，有效实现"三个降低"，即降低核心企业融资兑付风险，降低中国中铁整体财务资金成本，降低供应商支付难度和压力。最大限度地增加业主方的源头现金活水"贡献度"，从源头上治理了下游清收。

（五）助力中铁供应链金融产品管理

通过中铁E信在股份公司集采业务的优先使用，可以有效避免因当前市场供金产品类型繁多且管理分散而造成的融资成本不透明和信息外溢等问题；同时显著增强集采业务的整体谈判优势并提升议价能力，减少外部供应链金融产品利用信息不对称等手段抬高供应链金融产品价格，导致变相推高集采定价而侵蚀内部单位利润的不利后果。

（六）协助构建中国中铁金融信息数据体系

主业单位开具的中铁E信，通过多级流转可打通支付链条，有效助力项目实施及供应链的和谐运转，符合中国中铁"一切工作到项目"的管理思路，助推大商务管理和项目管理效益提升落地见效。中铁E信的开具、接收、拆分、流转和融资而记录的供应链流转信息，可以实现集中采购业务的链条追溯及供应商融资偏好侧写，可以成为中铁的集采"金融数据"平台并为司库体系建设提供有力支撑。

（七）为中铁项目结算支付降本增效

中铁E信的使用可以在工程项目物资采购过程中，从以往的"现金为王"转变为

"信用至上"，通过中铁 E 信融资价格的加成机制，实现"以现采降价格"目的。以建筑市场钢筋采购为例，市场上的中小企业钢材供应商融资成本通常较高，供应商通常会将其融资成本转嫁到中铁各单位的采购报价中。用支付中铁 E 信替代传统的赊购，以看似付出一些显性的财务费用替代隐性的采购成本上涨，起到压降物资采购成本的作用，提升中国中铁整体经济效益。

（八）理顺中国中铁内部经济秩序

对于内部单位之间，由于没有被起诉的担忧，内部债权债务纠纷屡见不鲜，往往需要股份公司花时间、费精力协调解决。各单位即使在股份公司直接干预下进行债务清理，其过程也甚为困难。将中铁 E 信作为支付手段提前嵌入采购合同的付款条款中，可以在维持产业生态圈的健康发展和理顺内部经济秩序等方面发挥出积极的作用。

（九）数据安全稳定可靠

中铁 E 信平台作为中铁自主开发、自主运营的唯一供应链金融平台，与中企云链、建信融通、航信等第三方供应链金融平台在网络安全、用户隐私、大数据保护等方面相较更有优势。可在助力中国中铁司库体系建设的基础上，在规避第三方平台存在的数据外泄风险、持续经营风险、融资兑付风险等方面发挥出积极作用。

（十）集成智能电子合约确保交易高效合规

供应链金融业务线上化，要求交易协议的签订是高效的，同时又要保证协议的有效性和法律效力，供金平台集成了 CFCA（中国金融认证中心）的 PKI 公钥基础设施，以 RKCS 公钥加密标准为规范，将电子印章和数字签名技术融合，嵌套进平台的保理融资、中铁 E 信流转等业务场景中，解决业务电子化过程中协议签署身份的确认性、电子文档信息的完整性、公章签章人的不可抵赖性。

（十一）信用评价管理功能确保客户评价客观

中铁供金平台立足供应链金融业务特征，建立客户准入机制，注重对授信主体和交易信息的并重调查，在加强对主体经营情况、财务状况及还款能力调查的同时，深入了解客户经营动态和交易情况，认真调查贸易交易的基础背景、核实购销合同的真实性、分析交易的连续性，全面、客观地反映客户真实的经营情况。

（十二）集成存管银行确保业务资金闭环

平台账户体系是供应链金融业务开展、实现线上交易所需的基础条件，实现平台内业务资金闭环。中铁供金平台集成中信银行的资金分簿账户体系，通过 API 接口实现线上开户、指令转账、指令出金、交易查询、回单打印等功能。

（十三）自动识别验证确保贸易背景真实

发票是贸易背景支撑的重要一环，平台集成百旺金赋的电子发票 OCR 识别和自动验证技术，实现增值税打印发票识别率达 95% 以上，电子发票识别率达到 100%，验证率达到 100%。大大提高客户融资环节的业务处理能力，保证贸易背景真实可靠。

（十四）对接国家税务系统确保发票开具效率

供应链金融业务开展过程中，发票开具的及时性、准确性尤为重要，为此中铁供应链金融平台通过三方接口对接国家税务系统，实现一键式开票、批量开票、批量冲红等功能。开具成功的电子发票可以直接展示到前台，供应商可自行下载，有效助力财务工作的开展。

（十五）数据查询便捷化

为满足核心企业对自身业务数据的统计及查询需求。同时简化查询流程，中铁 E 信为核心企业不同角色配置了不同的数据展示模块，直观展示数据的同时支持下载编辑操作，极大简化了核心企业数据查看及统计操作。

（十六）数据集成可视化

中铁供应链金融业务重视数据可视化应用，通过自主研发，设计推出新版数据大屏，其使用难度比现有版本有所降低。数据大屏提供能够定制化展示和分析的界面，把各项业务流程和流程中的信息实现数字化、可视化、在线化和智能化的全面再造，从而解决因信息不对称导致的风险控制难题，提升业务效率，降低操作成本。

（十七）大数据助力产业发展

在数字化转型深入推进的大背景下，加强数据管理，释放数据要素价值，为此，中铁保理公司将不断提升数据管理能力，积极建设数据中台，通过制定统一的数据标准和数据规范，对数据进行统一的命名、格式和定义，将企业内部各个业务系统的数据进行整合和归一化，建立一个统一的数据仓库，确保数据的一致性和准确性，避免数据冗余和数据孤岛的问题，将企业内部和外部的数据资源充分整合和利用，实现数据的最大化价值，提高企业竞争力和创新能力。

平台通过数据不断地沉淀，可以对现有供应商的各种维度数据进行分析统计并汇总，并输出供应商分析报告，此报告可用于股份公司、工程公司用于选择合作供应商的一份基础报告，帮助公司选择相适应的供应商，帮助股份公司建立供应商白名单，协助中国中铁进行业务决策，实现企业可持续发展，降低企业风险。同时平台通过数据不断地沉淀深度及广度，将来可以为银行等资方提供供应商的发展报告，帮助供应商进一步降低融资门槛，降低供应商的融资成本，协助供应商解决资金难的问题，助力供应商的良性循环。

（中铁商业保理有限公司）

案例（15）中车保理：中车产业链供应商池保理融资模式

摘要： 中车保理公司自成立以来在业务开展过程中，不断加深对产业链和客户的理解。针对产业链特性和面临的难题，公司为客户形成由一个或多个买方的多笔不同金额、不同期限的应收账款积聚而成的可融资资金"蓄水池"。池保理融资模式是通过研究中车核心企业与供应商合作关系，结合核心企业采销全流程特点，深挖核心企业和供应商需求的必然选择。

一、企业介绍

中车商业保理有限公司（以下简称"中车保理"或"公司"）成立于 2016 年 5 月，注册资本 8 亿元，是中国中车旗下中车资本控股有限公司全资子公司。中车保理是中国中车为响应国家发展普惠金融号召，设立的专业化供应链金融服务平台，是中国中车产融结合战略的重要实施主体之一，致力于提供高效、专业的商业保理服务。中车保理聚焦中车供应链，以中车各主机企业为核心企业。通过受让应收账款的方式，为广大企业提供贸易融资服务，助力企业解决资金周转问题，推动业务的快速发展。

中车保理凭借专业的服务和良好的信誉，在行业内树立了良好的口碑，逐渐扩大市场份额。目前，公司已与国内多家大型企业和金融机构建立了紧密的合作关系，为公司的持续发展奠定坚实基础。同时公司还注重风险管理和内部控制，建立完善的风险评估体系，对每一笔业务都进行严格的审查和评估，确保业务风险的可控。为更好赋能中车产业链，助力公司构筑核心竞争力，实现健康发展，中车保理积极进行管理创新实践，努力提升产融结合模式创新及金融服务产品创新能力，努力为产业链提供全方位、深层次、高效率、超便捷的金融服务，研发落地适应供应商实际需求和符合公司风险管理要求的池保理融资模式。

二、案例内容

(一) 背景介绍

首先，中车保理作为中车金控、资本公司类金融服务平台之一，同时也是轨道交通产业链金融服务牵头单位，承担着助力中车产业发展艰巨使命。主要目标是发挥中车品牌优势，通过提升信用价值，为产业发展提供重要金融支撑，成为领先的产业金融服务平台。根据中车集团及中车金控、资本公司战略部署，中车保理为适应当前金融市场的快速发展变化，满足中车产业链供应商的融资需求，不断开发新产品、新模式，为产业链各企业拓宽融资渠道，降低产业链融资成本，提升资金使用效率，从而增强产业链上下游客户的黏性，促进产融结合，助力中车产业升级优化。

其次，构筑公司核心竞争力的内在需要。中国银行业协会发布的《中国保理产业发展报告（2020—2021）》中提到，保理作为推动产业链优化升级、扶持中小微企业发展、助力实体经济转型的金融产品，为经济复苏作出了有益的贡献。外部环境的改变促使商业保理企业拓展业务细分领域，不断提升创新能力。公司必须形成有效的资源配置，使产品和服务的价值得到提升，因此，池保理融资模式创新有利于公司适应市场及监管，形成核心竞争力。

最后，是适应产业链金融多样化需求的必然要求。公司成立以来已为上千家中车产业链供应商客户提供融资服务，在业务开展过程中，不断加深对产业链和客户的理解。针对核心企业采用赊销方式采购，卖方和买方存在长期、稳定、持续的供应关系情况，供应商面临买方分散、交易频繁、账期不一等应收账款难题。在池保理融资模式下，供应商可将一个或多个不同买方、不同期限和金额的应收账款转让给中车保理，由中车保理提供应收账款融资、账务管理、账款催收等综合金融服务。为客户形成由一个或多个买方的多笔不同金额、不同期限的应收账款积累而成的可融资资金"蓄水池"。

(二) 产品介绍

结合核心企业与供应商交易过程，分别在获得订单、交货入库、开出发票、形成挂账以及收到票据各个环节对应设计各保理产品。池保理融资模式业务流程如图 6-5 所示。

1. 订单保理

订单保理以供应商获得订单为融资节点，通过转让供应商与核心企业之间在未来区间内形成的应收账款开展保理业务。由于未来应收账款的金额在开展保理业务时点未知，因此以订单总金额为准，按照一定的融资比例发放保理融资款。订单保理融资

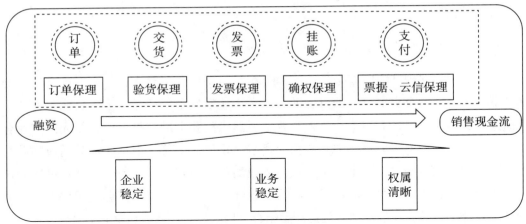

图 6-5　池保理融资模式业务流程

模式流程如图 6-6 所示。

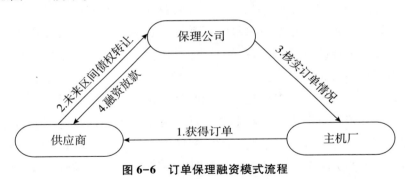

图 6-6　订单保理融资模式流程

订单保理业务流程分为 4 个步骤：一是供应商首先获得核心企业订单，签订供货合同；二是供应商将未来区间（通常一年以内）该订单项下与核心企业形成的应收账款转让给中车保理；三是中车保理通过核心企业或相关线上采购平台核实订单情况；四是中车保理依据一定融资比例放款。以上流程未包含收回保理融资款，待供应商向核心企业交付货物后，订单保理直接流转进入下一环节成为验货保理。

2. 验货保理

验货保理以供应商交付货物入库为融资节点，依据供应商交付货物形成的应收账款转让给中车保理开展保理融资业务。这一节点虽已完成货物交付，但由于核心企业未通知供应商开具发票，因此交付货物对应的应收账款无法通过核心企业财务系统核实，需依据过往交易记录估算交付货物金额，再通过一定的融资比例获得保理融资。验货保理融资模式流程如图 6-7 所示。

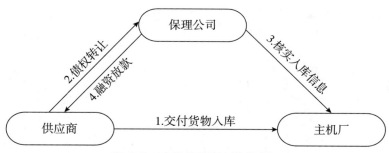

图 6-7　验货保理融资模式流程

验货保理业务流程分为 4 个步骤：一是供应商依据订单向核心企业完成交货入库；二是供应商将交付货物形成的应收账款转让与中车保理；三是中车保理通过核心企业核实交货入库情况；四是中车保理依据一定融资比例放款。待供应商向核心企业提交发票后，验货保理直接流转进入下一环节成为发票保理。

3. 发票保理

发票保理以供应商开出发票为融资节点，业务流程分为 3 个步骤：一是供应商依据开票通知单向核心企业完成开票；二是供应商将此部分发票形成的应收账款转让与中车保理；三是中车保理依据一定融资比例放款。待核心企业挂账后，发票保理流转到下一环节成为确权保理。发票保理融资模式流程如图 6-8 所示。

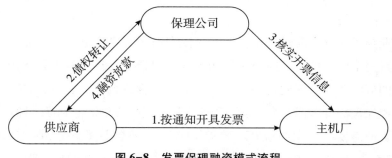

图 6-8　发票保理融资模式流程

4. 确权保理

确权保理是以核心企业收到合同发票形成挂账为融资节点，再由供应商将其与核心企业订立的货物销售合同或服务合同所产生的应收账款转让给中车保理，由中车保理为其提供保理融资。确权保理融资模式流程如图 6-9 所示。

确权保理业务流程主要分为五个步骤，一是供应商完成交付货物并开具发票，由

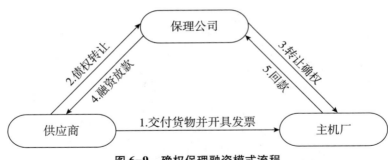

图 6-9　确权保理融资模式流程

核心企业挂账形成应付账款；二是供应商对中车保理转让债权，并申请保理融资；三是中车保理通过核心企业完成债权转让确权，核实供应商应收账款的真实性及金额大小；四是中车保理通过内部审核对供应商发放保理融资款；五是核心企业根据自身付款节奏向中车保理指定的专用账户汇款。

（三）风险管理

1. 资产池余额动态控制，杜绝击穿风险

当保理融资模式与实际交易过程相结合分为四个节点后，随着货物的流动以及时间转移，订单保理、验货保理、发票保理、确权保理也是依次转换，但在实际操作中，无法持续跟踪转换过程，因此采用保理融资池的方式将以上四个节点的保理额度统一纳入应收账款融资池。

核心企业与供应商交易过程中，在某一融资时间，供应商与核心企业之间应该同时具备未履行完毕的订单、已经交付货物未开具发票、已经开具发票未形成挂账和已经形成挂账的应收账款。因此这一时点对应的订单保理额度、验货保理额度、发票保理额度及确权保理额度全部纳入保理融资池，核算出保理融资池额度，即：

保理融资池额度＝订单保理额度＋验货保理额度＋发票保理额度＋确权保理额度

在保理融资额度内，供应商可申请多次融资。当接近或达到保理融资池额度时，须停止发放保理融资款。如供应商仍需申请保理融资，通过重新核准订单信息、交货数据、发票信息、挂账金额确认保理池新额度，减去已经开展保理融资余额，即剩余保理融资额度为：

剩余保理融资额度＝新核准保理融资池额度－保理融资余额

在剩余保理融资额度充足的情况下，供应商可申请获得新保理融资。通过纳入保理融资池统一管理，避免针对订单、验货及挂账之间的不断转换计算，有利于保理业务方便操作。

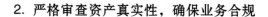

2. 严格审查资产真实性，确保业务合规

应收账款作为保理业务开展的基础资产，准确核查应收账款是防控风险的根本。主要分两方面来核查，一是核查应收账款的真实性；二是核查应收账款的准确性，并按照融资比例放款。应收账款核查须依靠中车及相关资料来完成，针对不同节点的保理业务核查不同内容，具体核查标准如表6-2所示。

表6-2　　　　　　　　　　保理业务应收账款核查

业务类别	尽调核查	资料核查	融资额度核准
确权保理	通知中车财务部门债权转让，并核查应收账款金额	交易合同、发票	按照中车挂账额85%放款
发票保理	尽调中车物资采购部门，核实开票信息	交易合同、发票、开票通知单	按照已交货金额80%放款
验货保理	尽调中车物资采购部门，核实交货信息	交易合同、验收入库资料	按照已交货金额50%放款
订单保理	尽调中车物资采购部门，核实订单信息	交易合同、订单	按照订单金额30%放款

3. 阶梯释放融资比例，精细管控风险

如表6-2所述，各节点阶梯释放融资比例是风险重点关注的方面。其中融资额度的核准，确权保理是基于一年期以内逐步收回保理融资额考虑，15%的预扣主要包括一年的利息收入及一定的安全预留，发票保理20%同理；验货保理额度是基于产品降价幅度计算，根据中车与供应商降价或折扣情况，一般不超过30%，因此综合预扣为50%；订单保理面临较高风险，按照30%的折扣放款。对一些风险较高的订单业务，也可以要求供应商额外提供担保，确保风险可控。实际业务操作中对供应商进行额度核准时，分别针对订单部分、已交货部分（暂估）、已开票部分（发票）、挂账部分（确权）进行折扣处理，最终核准出一个综合的融资放款额度。

4. 债转登记及锁定回款路径，确保资产安全

设定监管账户：供应商开展保理业务，必须开通保理业务监管回款账户。监管账户通常有两类：第一类是直接回款至保理公司账户，即开展保理业务后，核心企业在供应商付款时直接将资金打入保理公司账户。第二类是以供应商名义开通监管账户，账户开通时由供应商与中车保理共同在银行盖章开户，确保供应商后续无法私自更改账户信息。同时，由中车保理来管理和监管账户ukey，受供应商委托对回款进行清分

核算，确保回款路径由中车保理控制。

变更回款账户：监管账户开通后，由中车保理与供应商共同发起加盖双方公章的债权转让通知，另外附上账户变更通知，将对于核心企业关于供应商已预设的回款账户变更为中车保理监管账户，并要求如再次变更账户，须中车保理出具同意函，防止供应商私自变更账户。

锁定回款金额：监管账户更改后，即锁定了回款路径。但要同时开展订单、验货、发票及确权保理业务，应收账款的清分为中车保理增加了难度。因此，考虑到在实际业务操作中处理清分问题的难度，开展验货保理时，必须将已经在核心企业挂账的应收账款全部开展确权保理，确保所有的回款均作为保理业务回款。开展订单保理时，须将供应商已经交货从而形成的未来应收账款全部开展验货保理。

三、经验分享

目前公司已全面开展实行池保理业务模式，把池保理模式深入纳入日常业务中，通过及时对核心企业走访调研进行数据收集、交易流程等信息获取，结合产业链实际情况，不断完善池保理业务模式。公司全年在保证业务合规的情况下，未发生重大业务风险，真正实现重大业务风险"零发生"。

（一）盈利能力提升

风险与收益是相匹配的，通过开展交易更前端的订单与验货保理，可收取更多的服务费用，提升保理公司盈利能力。同时，在原有挂账额度的基础上增加订单与交货额度，增加供应商融资额度，扩展保理公司业务范围，提升业务规模。通常订单保理费用＞验货保理费用＞确权保理费用，而且业务规模也得到了成倍的增长，整体盈利能力得到极大改善。

（二）客户黏性增强

从订单环节就介入开展保理业务，客户的应收账款资产权属全部归属于保理公司，随着后端验货保理和确权保理的额度不断提高，使供应商资金使用节奏与保理融资节奏保持一致，提升供应商与保理公司合作的黏性。

（三）操作流程简化

池保理融资模式将保理融资额度统一纳入保理融资池，通过对融资池额度与供应商保理融资余额统一管理，简化中间环节转换过程，不仅满足客户进行灵活资金安排的需求，也有利于保理公司计息和收取费用，提升整体运营效率。

（四）整体业务风险把控增强

以控制应收账款余额为主要风险控制手段，授信的重点不再局限于客户财务报表及单一资料来源，信用风险评估从对客户静态财务数据的评估转到对整个供应链交易风险的评估。

（中车商业保理有限公司）

案例（16）中交电商：交建云商供应链金融平台

摘要：供应链金融平台是基于交建云商平台丰富的供应链场景，以科技作为整体核心驱动力，将金融科技应用到供应链管理服务中，打造全周期金融服务体系，促进金融服务与供应链业务常态化结合，以金融科技服务供应链转型升级，构建产融生态，从而提升整体产业链效率，让数据创造新的价值和收益。

一、企业介绍

中交（厦门）电子商务有限公司致力于成为中交集团智慧供应链体系的服务者、电子商务产业的开拓者。公司坚持"中交集团智慧供应链升级的支撑者""企业数字化供应链解决方案的提供者""企业一站式、全品类采购的服务者"三者定位，秉承"中交数字化智慧供应链建设""中交电子商务产业发展"两个使命，按照"平台化建设、产业化发展"的思路，以技术能力为核心，逐步拓展内部、外部两个市场，支撑中交的数字化转型，立志于打造建筑施工行业的供应链综合服务商。中交电商从集团整体需求出发，依托信息技术，围绕供应链全过程，以"开放、共享、生态、科技"为理念，打造出统一的供应链金融科技服务平台，推动供应链金融产业整体发展。

交建云商供应链金融科技平台创新地将数字科学技术与传统金融业务相融合，研发出融资宝、企信宝等反向保理产品；借助数据增信为中小微企业提供普惠金融服务的信易融产品；凭借订单、合同、结算单等信息辅助风控、信审的订单融资产品；线上即可快速实现商票银承贴现的云秒贴产品；辅助集团内部清理债权关系的网清平台等产品。交建云商供应链金融平台在业务过程中秉承保证核心数据的安全性和真实性的理念，致力提高全链条风险防控能力，有效提升核心企业的资金流动性、缓解其资金压力，降低供应链上下游整体融资成本。同时，丰富供应商的融资渠道，满足其工程项目完整生命周期的多样化需求，并且极大提高核心企业的应付账款利用率，延长

工程付款的账期，缓解核心企业的资金压力。

二、案例内容

（一）背景介绍

《关于认真贯彻落实〈保障中小企业款项支付条例〉进一步做深做实清理拖欠中小企业账款工作的通知》进一步明确了应当规范供应链金融业务体系，实现开放、共享的供应链金融服务，帮助中小企业经营成本把控、促进市场资金回笼，切实助力缓解中小企业"融资难、融资贵"的问题。面对这一政策背景，供应链金融产业高速发展，而在发展过程中难以避免地遇到一些问题。

1. "金融"与"供应链"未能高效融合

反向保理作为供应链金融项下核心产品，面临着诸多问题：一是滞后性，反向保理一般是供应商供货、验收等环节之后才发生，需要核心企业参与进行"确权"，对于供应商在供应链前期过程中的金融需求不能很好地响应；二是适应性相对局限，针对设备采购等需要预付款、分段结算的行业及模式，反向保理基本没有适用的服务，不能有效解决供应商在过程中的资金需求问题。

2. "产品"与"需求"难以高效统一

缺乏统一的数据管理、接入程序和统一的数字底座、数字化风控、数字共享与隐私保护手段，而针对同一场景存在多种同质化产品，但其对于数据的需求和要求又有所不同，这就导致核心企业和供应商需要不断适配不同的银行要求进行同质化操作。

3. "业务"与"市场"存在交易壁垒

一是供应链业务的新模式准入、协议审核、系统对接耗时过长，并且未实现全流程线上化；二是主流的反向保理模式对采购单位兑付能力要求很高，这扩大了兑付风险，导致采购单位对于做大业务规模比较谨慎；三是项目承办者供给与需求之间存在矛盾，"敢做的项目不缺钱，缺钱的项目不敢做"，导致供应链金融业务的目的性失准。

（二）产品介绍

供应链金融平台是基于交建云商平台丰富的供应链场景，以科技作为整体核心驱动力，将金融科技应用到供应链管理服务中，从而提升整体产业链效率，让数据创造新的价值和收益。平台总体围绕"两个驱动"，打造互联网化、场景化、闭环化、集成化、开放式的金融科技服务平台。一是信用驱动，践行国家"普惠金融"战略，借助核心企业信用，面向供应商开具电子债权凭证与电子商业汇票，并联合金融机构定制金融产品，为核心企业的供应商提供全新高效的融资渠道。二是数据驱动，借助区块链、大数据等创新科技手段，建立企业信用画像，提高金融机构的获客及风控效率，提供"场景+数据+风控+信用"的一站式解决方案。

　　基于中交集团供应链体系特色，结合供应链金融业务实际情况，按照"开放、融合、共享"的理念，打造"1+N"的供应链金融共享科技平台（见图6-10）。"1"是一个金融中控平台，是数字化底座，提供四大平台功能，即统一数据风控平台、统一支付平台、多样化资金平台、区块链技术平台，引入外部资源对接，提供统一平台接入银行、支付等各类资源，达到统一的资产共享，实现内部资源的互联互通。"N"是开放式的全场景金融产品超市，在统一底座上建设开放式的产品超市，支持多样化的金融产品接入。

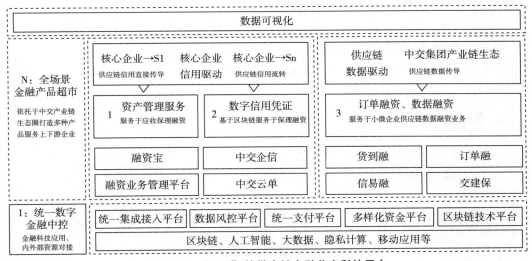

图6-10　"1+N"的供应链金融共享科技平台

　　供应链金融平台采用全新的技术架构体系，基础设施支持公有云、私有云、本地化部署，采用分布式技术构建技术中台；金融中台实现平台应用基础技术底座；业务中台支撑多应用中心化实现；前端实现内管端应用、客户端应用和第三方应用隔离，同时支持PC端及移动端多种终端。其中，金融中控平台按照功能划分可以分为四大平台：多样化资金平台、统一支付平台、信用风控平台、区块链技术平台，从而提供统一的资源接入和资源接入服务。

（三）业务流程

1. 融资宝（见图6-11）

　　融资宝依托供应链体系中供应商与核心企业之间产生的真实贸易订单，采用反向保理的方式，为集团自身供应商量身定制融资解决方案。无须额外抵押或担保，以持有的应收账款对价计算融资额度。具有无抵押、无担保、成本低、速度快、操作简便的特点。

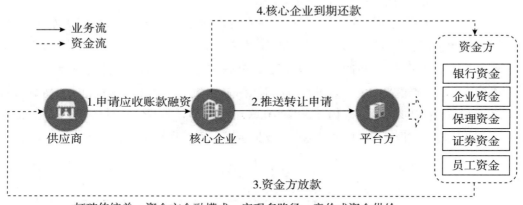

打破传统单一资金方金融模式，实现多路径、竞价式资金供给

图6-11　融资宝

2. 企信宝（见图6-12）

针对中交供应链付款计划环节业务场景，在供应商形成应收账款后，一级供应商可从核心企业获取数字信用凭证，该凭证可以拆分、可以流转、可以融资。

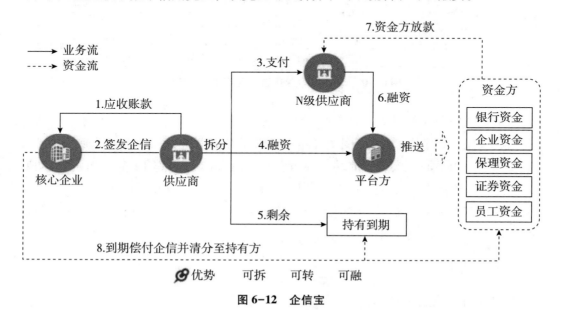

图6-12　企信宝

3. 双降宝（见图6-13）

核心企业将应收账款转让给体系外的保理公司，保理公司签发电子付款凭证，核心企业将凭证拆分支付，供应商签收凭证并融资，从而实现应收应付双降。

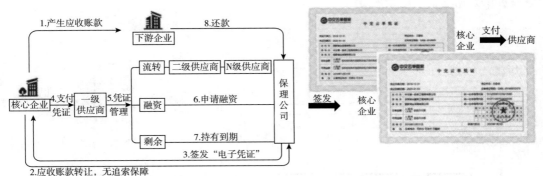

图6-13 双降宝

4. 货到融（见图6-14）

货到融是指供应商凭中交集团内部成员单位信用良好的买方产品订单，在技术成熟、生产能力有保障并能提供有效风控的条件下，由资金方提供专项贷款，供应商购买材料组织生产，供应商在收到货款后立即偿还贷款的业务，此融资模式是近年来针对中小企业融资难现象出现的新型金融业务创新品种。

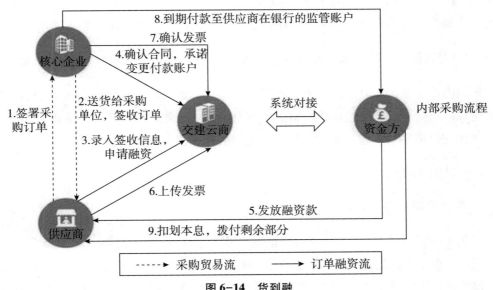

图6-14 货到融

5. 信易融（见图6-15）

交建云商平台沉淀了高价值的企业真实贸易数据，通过结合社会公开数据和企业经营数据，可以根据资金方的不同授信要求建立大数据风控模型进行信用评级，为供应商提供数据增信的助贷服务。

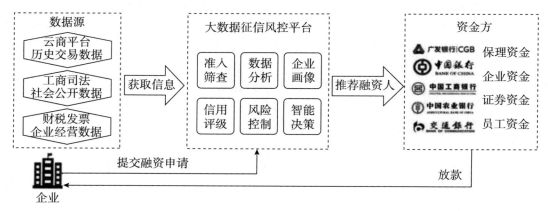

图6-15　信易融

6. 交建保——电子保函

2020年2月，《国家发展改革委办公厅关于积极应对疫情创新做好招投标工作保障经济平稳运行的通知》发布。围绕"改进投标担保方式"，通知提出在全面推行投标保证金线上缴退的同时，大力推广使用保函，特别是电子保函，从而替代现金保证金，实现在线提交、在线查核。相对于传统现金、纸质保函，电子保函优势更加突出。

7. 中交网清——基于电子债权平台的清欠平台

集团内部单位构成复杂的债务关系网，难以线下解决，为有效解决拖欠账款问题，切实化解三角债矛盾，构建良性机制。2019年，在集团财务资金部、清欠办的指导下，打造"中交网清平台"解决集团二级单位之间的债务清欠。

（四）风险管理

1. 高安全防护身份认证

在业务前，通过企业4要素校验+企业小额打款认证+授权经办人人脸核实，多种手段实现企业实名注册认证。在业务中，审批过程使用物理U盾加验证码双重身份验证，保证操作人及操作过程真实有效。通过以上手段实现金融级的高安全防护身份认证。

2. 高并发日志系统

基于 ELK 架构，保障海量日志数据的快速存储与查询，引入队列缓冲技术，避免日志数据在传输的过程中丢失。用户在系统内的操作可监控，日志记录每一步操作，保证操作轨迹以及数据流向可控、可循。

3. 容器化部署

系统容器化，采用多套环境自动化部署，实现运维自动化；使用 kubernetes 对容器化应用进行自动化部署、扩缩和管理；依赖容器化部署实现系统的负载均衡，根据系统使用情况实时为应用分配系统资源。

（五）平台成果

平台自 2018 年上线第一款产品融资宝以来，根据市场需求，丰富业务模式、创新多种应用。2022 年上线了金融中台，将历年积累的数字科学技术与场景模式进行重组，实现了产品的加速迭代。

平台创新地将数字科学技术与传统金融业务相融合，研发了反向保理、数字信用凭证、订单融资、到货融资、结算单融资、数据融资、票据贴现、内部清欠等产品。保证了核心数据的安全性和真实性，提高了全链条风险防控能力；有效缓解核心企业的流动性压力，降低供应链整体融资成本；丰富了供应商的融资渠道，满足企业多样化需求；极大提高了核心企业的应付账款管理效率，延长了账期，缓解了资金压力。

三、经验分享

依托于丰富的供应链场景。根据中交内部的供应链场景化诉求，实现各类供应链金融产品线上化，例如反向保理、数据信贷、电子保函等。

形成竞价式的资金供给。连接多家主流金融机构，形成竞价式的资金供给机制，降低融资成本，建立多维度数据支撑的风控模型。

保障业务流程的统一。平台基于与企业相关系统（如 ERP、财务云）及金融机构的对接，实现业务单据提供、协议签署等流程线上化操作。

着眼于提升管理效率。根据核心企业的诉求，将核心企业相关业务原有审批流程整合于平台操作流程中实现；减少重复审批流程，提高业务效率。

[中交（厦门）电子商务有限公司]

案例（17）山高供应链："C+S+F"钢材供应链模式供应链金融服务

摘要： 工程物资业务场景下的"C+S+F"钢材供应链模式是基于当前建筑施工行业资金流动性差的痛点，以国企资源整合能力和供应链运营能力为核心，通过引入外部融资渠道实现多方共赢的业务模式。通过该模式，一是降低施工企业资金占用，改善现金流状况；二是提高供应链企业资金周转效率；三是依托业务真实交易场景，降低资金方风险。

一、企业介绍

山东高速供应链集团有限公司（以下简称"山高供应链"或"公司"）成立于2019年，注册资本60000万元，是山东高速集团供应链板块专业子公司，2022年业务流量达到80亿元。公司以"高速流通，广融共生"为愿景，以"引领交通物流融合发展，构建高效供应链生态圈"为使命，立足供应链，服务产业链与产业集群，延伸价值链，聚焦工程物资、民生物资、高端制造、新能源新材料、特色产业集群等领域，重点搭建集产业供应链综合服务、智慧供应链物流服务、供应链金融赋能服务于一体的供应链综合服务平台。公司通过平台化、数智化、生态化运作，创新组织供应链管理流程，推进上下游全流程协同、整合、优化，形成智慧化供应链决策、协同化供应链运营、集成化供应链组织和数字化供应链管理的多级联动供应链管理体系，为客户提供全链条集成化管理和一站式供应链服务，着力构建质量并举、特色鲜明、高效智能、共享共荣的供应链生态圈，促进产业降本、提质、增效，助力地方产业经济高质量发展。

二、案例内容

（一）背景介绍

受行业周期、宏观经济等多方面因素影响，山高供应链工程物资业务服务的施工类客户普遍面临计量款清收难、项目结算周期长等困境，资金流动性较差，逾期情况多发。基于此，山高供应链提出集施工（Construction）方、供应链（Supply Chain）企业及资金（Finance）方于一体的"C+S+F"钢材供应链模式，为施工企业（核心企业）提供涵盖供应链金融和供应链运营一体化的解决方案，使资金流、票据流、商流、物流、信息流有效统一，为客户降本增效，实现多方共赢。

（二）产品介绍

1. 业务模式

"C+S+F"钢材供应链模式中，外部资金方F为业务链条提供资金流动性，供应链企业S提供全链条运营，共同为施工方C提供涵盖供应链金融+供应链运营一体化的解决方案，实现多方共赢。该模式的关键点在于通过供应链运营引入F端切入，主要通过以下两种模式实现。

（1）业务嵌套型：F端嵌入业务流，作为供应链企业的上游或下游直接参与业务链条。

（2）平台嵌套型：F端非直接嵌入业务流，仅嵌入资金流，供应链企业及施工方通过资金方的票据平台/电子债权转让平台进行应收账款确权、债权转让、票据贴现等。

2. 优势特点

（1）金融赋能工程物资供应链条：在传统工程物资供应链业务的基础上，引入外部金融机构作为资金方，降低施工方、供应链企业资金占用，提高资金周转效率，为工程物资供应链条实现资金赋能。

（2）突出供应链企业运营能力：通过引入外部资金方，供应链企业转变为单纯的供应链运营方，在提高资金周转效率的同时，为客户提供采购、物流、配送、库存管理等全链条运营服务，实现运营收益。

（3）精准解决各方痛点：企业通过该业务模式，一是能够降低施工企业自有资金占用，保持现金流稳定，并通过账期调配降低原材料采购价格，对冲资金占用成本；二是能够使供应链企业加快现金流转，提升应收账款回款的准确性；三是能够通过真实交易背景及上下游主体信用，降低资金方的资金风险。

（三）技术和平台

"C+S+F"钢材供应链模式由施工方C、供应链企业S和外部资金方F共同参与，通过对业务模式的创新尝试，为原有的供应链业务（参与方为C+S）引入新的外部金融机构作为资金供给方，为整个业务链条提供资金流动性，提高产业链运作效率。虽然增加外部资金方，挤压了原参与方单笔业务部分利润空间，但通过减少资金占用、提高资金周转，增强了长期盈利能力。

"C+S+F"钢材供应链模式通过嵌入票据平台/电子债权转让平台，为钢材供应链业务引入金融资源，将商业信用嵌入业务流程，借助票据的支付和再融资功能，减少业务流程中的资金占用。

"C+S+F"钢材供应链模式中，下游客户通过在票据平台/电子债权转让平台开具电子凭证或转让电子债权凭证，用以支付货款，减少流动资金需求，提高了支付效率和业务运转效率。供应链企业可以通过票据平台/电子债权转让平台将收取的电子凭证贴息变现，提高资金周转效率。

（四）业务流程

1. 业务嵌套型

对业务模式财务数据进行对比发现，业务嵌套模式较原有模式单笔毛利率下降了1~2个百分点，年化毛利率增长了2个百分点，资金周转率提升了2.4倍。

（1）采购端切入（见图6-16）。

资金方嵌入供应链企业与上游采购端之间，向供应链企业指定供应商采购工程物资，并销售给供应链企业，业务的全链条运营由供应链企业负责。该情形下，供应链企业是资金的授信主体，承担还款义务。在下游客户回款前，供应链企业可根据自身资金情况，选择应收账款保理融资或到期结算。

业务核心：资金方作为供应商嵌入供应链企业上游；下游客户付款后同比例向上游资金方付款，赊销账期转移到资金方，供应链企业不承担赊销账期。

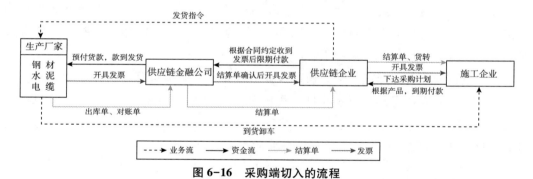

图6-16 采购端切入的流程

（2）销售端切入（见图6-17）。

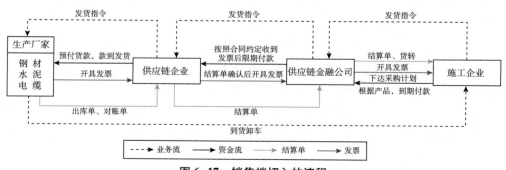

图6-17 销售端切入的流程

资金方嵌入供应链企业与下游施工方之间，资金方从供应链企业采购工程物资，然后销售给下游施工方，为下游施工方提供长期金融服务。

业务核心：资金方嵌套在供应链企业下游；拉长施工方结算周期；月度结算后资金方向供应链企业付款，资金方承担赊销账期。

2. 平台嵌套型（见图6-18）

资金方不作为交易一方直接参与业务中，下游施工方（甚至包括业主方）、供应链企业共同入驻资金方指定的票据平台/电子债权转让平台。供应链企业与下游施工方按月度确认账单，施工方在票据平台/电子债权转让平台开具或转让电子凭证，用以支付供应链企业货款。供应链企业可根据资金储备情况选择贴息变现或持有到期。此方式包括买方贴息（施工方负责贴息，贴息费用为票据方资金费用，可开票时结算利息或按季度结算利息）、卖方贴息（供应链企业进行贴息）两种模式，目前一般采取卖方贴息。与原有业务模式效益对比：平台嵌套型模式年化毛利率增长了2个百分点，资金周转率提升了4倍。

业务核心：供应链企业与施工方均入驻资金方指定的票据平台/电子债权转让平台，通过平台进行账款结算，供应链企业选择贴息变现或持有到期。

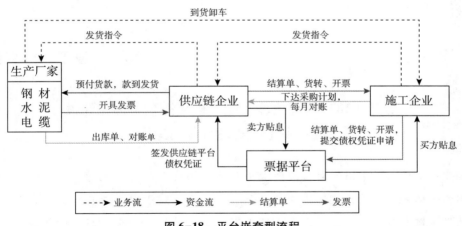

图6-18　平台嵌套型流程

（五）风险管理

（1）对客户及项目选择保持审慎态度，做好风险评估及客情维护工作。

（2）提前对接和跟进临期的客户资金储备和回款情况，做好风险早期预警工作。

（3）规范发票管理，做好发票合规风险管理。

（4）做好对票据平台/电子债权转让平台的定期跟踪，掌握变现渠道及变现方式，防范资金风险。

（5）作为供应链运营方，通过对物流等配套服务的管控，做好全过程风险管控。

三、经验分享

"C+S+F"钢材供应链模式可以极大改善下游施工企业的现金流情况，形成项目自收自支的良性循环，同时能够通过账期调节，降低隐性资金成本，实现降本增效，避免逾期造成的供应不及时情况，根据目前业务测算，年化资金成本平均下降2%。该项目可以使供应链企业加快资金周转，经过前期业务数据测算，年化毛利率增长2个百分点以上，资金周转率提升了2~4倍。

为传统供应链业务匹配多元化融资渠道。"C+S+F"钢材供应链模式中，将供应链金融机构、票据平台、电子债权转让平台等嵌入业务链条，为业务提供多元化资金供给方式，降低资金占用规模、提高资金周转效率、改善资金流动性状况，实现供应链金融为供应链业务链条赋能增效。

提高供应链企业全链条运营能力。"C+S+F"钢材供应链模式中，供应链企业专注于业务的全链条运营，业务本质更加贴近行业需求，将有助于供应链企业供应链管理运营能力的提升，通过对采购、物流、配送等供应链过程的精准管控，为行业实现降本增效。

（山东高速供应链集团有限公司）

案例（18）陕建物流集团：供应链金融体系建设及其在工程建设行业的运用

摘要： 陕建物流集团创新供应链业务模式，围绕全新的"场景+技术+金融"，量身定制资金体系并打造开放的供应链金融科技平台，建设贴合业务模式和产业链发展特点的供应链金融科技平台，为产业链上下游企业持续输出全面高效的供应链综合服务。陕建物流集团的供应链金融体系建设从不同视角为工程建设行业供应链金融的发展提供新案例和新思路。

一、企业介绍

陕西建工材料设备物流集团有限公司（以下简称"陕建物流集团"）成立于1952年6月，是隶属于陕西建工控股集团有限公司、具有独立法人资格的国有独资企业。

陕建物流集团坚持互联网思维和平台化运营理念，先后建成华山云采招投标平台、华山云商采购平台两大业务平台，以及供应商中台等数字化服务管理平台，并于 2023 年对各业务平台进行迭代升级。

在业务数字化和供应商管理数字化的基础上，陕建物流集团深耕供应链金融领域，打造符合工程建设行业发展特点、契合多种业务场景的供应链金融体系，结合供应链金融科技平台开展针对产业链上下游的供应链金融服务。

二、案例内容

（一）背景介绍

资金困境的原因如下。

（1）项目周期长，工程建设项目通常需要较长时间才能完成，导致资金回笼周期延长，增加资金占用成本。

（2）前期投资大，工程建设往往需要大量的前期投资，包括土地、设备、材料等，需要大量资金支持。

（3）市场波动性，经济环境的不确定性和市场波动性可能导致项目收益不稳定，增加资金风险。

（4）融资渠道单一，许多核心企业依赖于传统银行贷款，融资渠道单一，缺乏灵活性，尤其是产业链上游大量的中小微供应商，融资难、融资贵是关乎供应商生存的关键难点问题。

（5）政策和法规限制，政府的政策调整和法规限制可能影响企业的融资能力和资金使用效率。

（6）信用风险，核心企业可能面临项目延期、违约等信用风险，影响资金链的稳定性。

（二）产品介绍

针对"资金困境"问题，陕建物流集团加快企业数字化转型步伐，对华山云商、华山云采进行数智化升级，实现全业务、全流程的线上化和数据化，同时结合其他数字化科技管理服务平台，构建出面向建材全品类、行业全链条的供应链金融体系。

1. 数字化转型基础设施建设

2023 年，陕建物流集团启动对华山云采、华山云商平台的迭代升级，围绕不同的业务场景进行业务板块基础设施搭建，打通招投标、采购、销售、融资等数据通道，建立业务流程线上机制，整合商流、物流、资金流和信息流，实现全业务、全品类、全流程线上化，做到了"产业链+数智化+场景化"三位一体的线上业务集成。

2. 供应链金融服务体系建设

供应链金融科技平台结合业务平台与其他科技管理平台，可对产业链上下游企业的贸易信息、交易数据进行数据整理，形成面向客户、交易、发票、商品的内部数据指标，通过多维度数据整理和数据间交叉验证，将有关数据推送至金融机构，实现内外部的大数据风控预警，协助产业链上下游企业对接金融机构，实现信息流、资金流的双向流通，助力金融资源更好地服务实体经济。

供应链金融服务主要为采购单位和供应商提供采购交易过程中的资金支持，解决采购单位和供应商的资金周转问题，使采购交易的业务顺利开展。通过建立开放的金融服务平台，引进多种类型的资金方，通过多方比较，降低资金成本，最终降低采购单位和供应商的融资成本。

陕建物流集团供应链金融科技平台（见图6-19）为产业链上下游企业提供多样化的金融产品服务，主要包括以下几种。

（1）招投标融资产品：基于采购双方在华山云采平台上的招投标信息及相关中标数据，为参与招投标的供应商提供投标保函、中标贷等金融产品服务，解决供应商在招投标阶段的资金问题。

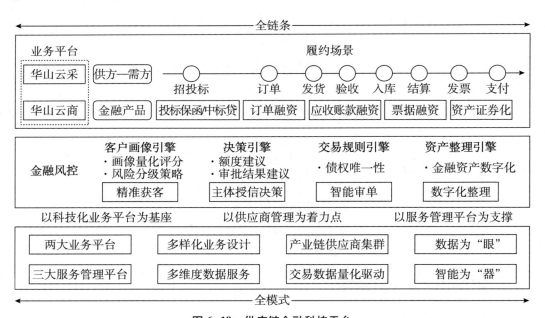

图 6-19　供应链金融科技平台

（2）采购融资产品：采购融资是基于云商平台采购单位的历史采购数据，通过供应链金融科技平台连接资方，为采购单位提供基于订单的融资服务，如订单贷产品。

（3）票据融资产品：供应链金融科技平台通过连接多家票据贴现平台与票据贴现机构，为平台用户提供银行承兑汇票、商业承兑汇票的贴现服务，具有银票秒贴、商票秒融的服务能力。

（4）应收账款融资产品：供应链金融科技平台基于业务平台大量的结算单数据，形成标准化、数据化的应收账款，并转让给平台资金方，由资金方为供应商提供融资服务，如陕建筑信、供应链票据等电子债权凭证类产品。

（5）资产证券化产品：以业务平台上形成的核心企业应付账款为基础资产发行证券化产品，通过这种创新融资模式，可以实现优质应收账款资产的"非标转标"。供应链金融资产证券化产品作为标类产品，依托核心企业信用发行，融资成本较低，可以降低核心企业和供应商资金成本，平衡供应链上下游企业之间的利益，促进产业链良性发展。

（三）体系建设成果

1. 数字化业务平台实现降本增效

华山云采与华山云商双业务平台完成业务全流程的标准化和数据化，构建出简捷高效的供应链协作和供应链融资的线上化全流程体系，结合供应商中台，业财税资管理平台等其他数字化管理平台，系统高效整合和业务完整闭环，有效降低操作风险、运营及人工成本，提升产业协同，实现企业降本增效。

2. 供应链金融体系显著优化行业融资水平和融资质量

通过供应链金融科技平台、业务平台的搭建与融合，金融机构能直观地对建筑行业上下游企业资质、运营能力和经济能力进行有效判断，通过核心企业信用传导有效简化整体融资流程，降低链属企业融资成本，同时进一步完善工程建设行业的产业链整体信用体系。

3. 新型供应链金融产品激发业务模式创新

新型的数字化供应链金融产品（如陕建筑信、供应链票据等电子债权凭证类产品）相比目前工程建设行业使用的传统金融产品有着线上化、可溯源、可量化、可拆分等特点，产品与业务节点环环相扣，通过使用创新型的数字化供应链金融产品，核心企业可主动发现业务链条中的薄弱环节，进而激发核心企业对业务模式进行创新与升级。

4. 资产证券化创新产业链资金管理模式

利用数字化平台将业务数据与供应商端的应收账款标准化、数据化，进而围绕核心企业信用反向延伸，以核心企业应付账款（相应供应商的应收账款）为基础资产发行证券化产品，破解供应链模式下核心企业与供应商资金瓶颈，在上游供应商回笼应收账款的同时，实现核心企业在应付账期和现金流上的有效管理和动态平衡。

三、经验分享

（一）供应链金融体系建设的行业推广

陕建物流集团供应链金融体系建设为工程建设行业供应链管理和金融创新提供了新思路，拓宽了新路径。工程建设行业的核心企业可充分发挥行业主心骨作用，以数字技术不断优化供应链金融链条，协同金融机构、金融科技公司等合作伙伴，探索新模式、新产品、新业务，以高质量的供应链服务输出推动行业的发展进步，同时积极做好供应链数字化升级，利用供应链金融工具提升对产业链现代化管理水平，促进整个工程建设行业的产业升级。

1. 坚持创新驱动，推动供应链金融服务升级

陕建物流集团在供应链金融体系建设过程中，始终坚持创新驱动，不断探索新的业务模式和金融产品，以满足产业链上下游企业的多样化需求；通过与金融机构、科技公司等合作伙伴的紧密合作，共同推动供应链金融服务的升级和创新，为企业提供更加便捷、高效的金融服务。

2. 强化风险管理，保障供应链金融安全稳定

风险管理是供应链金融体系建设的重要环节。陕建物流集团通过建立完善的风险管理体系，加强对供应链金融业务的风险评估和监控，有效防范和化解各类风险，保障供应链金融业务的安全稳定运行。同时，加强与金融机构的合作，共同建立风险分担机制，提高供应链金融业务的抗风险能力。

3. 加强平台建设，提升供应链金融服务效率

平台建设是供应链金融体系建设的重要支撑。陕建物流集团通过打造数字化、智能化的供应链金融科技平台，实现供应链金融业务的全流程线上化操作，提高了服务效率和质量。同时，加强与其他数字化平台的对接和整合，实现数据共享和流通，为供应链金融业务的开展提供更加全面、准确的数据支持。

4. 注重人才培养，打造专业化供应链金融团队

人才是供应链金融体系建设的关键因素。陕建物流集团注重人才培养，通过引进和培养一批具有丰富经验和专业知识的供应链金融人才，打造了一支专业化的供应链金融团队。同时，加强与高校、科研机构等的合作，为供应链金融体系建设提供了强有力的人才支持和技术保障。

（二）工程建设行业展望

1. 数字化转型将成为工程建设行业发展的必然趋势

随着数字技术的不断发展和应用，数字化转型将成为工程建设行业发展的必然趋势。工程建设行业的核心企业应积极推动数字化转型，加强数字化平台建设，提高数字化管理水平，以适应市场竞争的需要。

2. 供应链金融将成为工程建设行业发展的重要支撑

供应链金融作为一种创新的金融服务模式，将为工程建设行业的发展提供重要支撑。陕建物流集团作为工程建设行业供应链金融领域的引领者，将继续加强供应链金融体系建设，不断创新供应链金融产品和服务，为产业链上下游企业提供更加便捷、高效的金融服务，推动工程建设行业的发展。

3. 绿色金融将成为工程建设行业发展的新方向

随着环保意识的不断提高，绿色金融将成为工程建设行业发展的新方向。工程建设行业的核心企业应积极推动绿色金融将成为工程建设行业发展的新方向。随着环保意识的不断提高，绿色金融将成为工程建设行业发展的新方向。

4. 产业协同将成为工程建设行业发展的重要趋势

产业协同是现代工程建设行业面临的大趋势，强调不同企业、机构和组织之间的合作与整合，以实现资源共享、风险共担和利益共赢。陕建物流集团在数字化转型的过程中，不断加强与上下游企业、金融机构、金融科技公司的合作与协同，实现不同专业领域的企业合力，从而优化产业链资源配置、提高业务效率，降低成本，提升以陕建物流集团为核心的产业链竞争力。

（陕西建工材料设备物流集团有限公司）

案例（19）池州数发：池州江南产业集中区铝基材料数字供应链

摘要：数发集团通过其搭建的数字全流程供应链管理系统，有效打通 CRM、ERP、WMS、ITMS 系统和第三方数据，摆脱传统对单一核心企业的依赖，打造"N+供应链管理+产业链金融+N"的产业链金融 4.0 模式，为江南集中产业区铝基制造企业提供采购、运输、仓储、供给和应收账款管理的全流程周期服务，助力于铝基制造企业集群的强链、延链、补链。

一、企业介绍

中国数字发展集团有限公司注册成立于 2021 年 8 月，注册地香港，集团旗下包括数发集团有限公司、常州环宇纵横交通发展有限公司、车联天下物流集团有限公司等，集团依托全国丰富的资源基础和物流领域经验，立足于数字供应链的开拓和发展，打造"数聚中国"品牌。与江南产业集中区建设投资集团有限公司合作在安徽省池州市江南产业集中区投资数字供应链管理公司（即池州数发供应链有限公司），集数字化供应链体系搭建、运营管理、仓储改造、金融服务于一体，为江南产业集中区铝基等相关企业搭建创新的数字供应链平台，并通过供应链的两端延伸发掘新经济机会，为地方经济高质量发展奠定坚实基础。

池州数发供应链有限公司成立于 2022 年 10 月 26 日，主要产品涉及预付款代采业务、现货质押业务、应收账款、票据等相关业务；主要服务客群为江南产业集中区已投产的几十余家铝基加工制造企业；2022 年江南产业集中区铝基加工制造企业铝基材料使用量四十余万吨，产值近百亿元，预计 2023 年铝基材料使用量突破六十万吨，产值突破一百五十亿元。

二、案例内容

（一）背景介绍

皖江江南新兴产业集中区是省委、省政府根据国务院批复的《皖江城市带承接产业转移示范区规划》于 2010 年 6 月设立，地处池州、铜陵两市之间，四大佛教名山——九华山下，总规划面积 199.43 平方公里，其中起步区 20 平方公里。截至当下，江南产业集中区招商引资已投产铝基企业三十余家，集中在 2018 年前投产，经历三年疫情生产、销售稳定，企业基本是两头在外的经营模式（上游原材料及下游销售客户主要分布于江、浙、沪等地），原材料主要为铝锭和铝棒两大类，产成品主要是汽车、太阳能及电子产品、医疗等配件，业务模式清晰。企业有明确采购环节供应链融资需求，企业普遍有减压、增能、扩产需求，表明对铝基材料整体下游市场空间的恢复、深化、细化和发展有相对乐观预期，企业本着稳中求进的心态进行经营，且在原料采购环节存在真实、可衡量的资金需求。

（二）产品介绍

（1）通过数字供应链平台的整合与应用，为目标客户提供采购、运输、仓储、供给和应收账款管理的全流程周期服务。

经合作银行等金融机构风控准入、交易品类准入的目标客户，可以在其已相对稳定或者新建立的上游关系中，委托项目公司实施铝锭、铝棒等原材料采购、物流协同及仓储管理，形成采购环节的交易融资场景，也可将其已有的铝锭、铝棒原料库存，销售给项目公司（并反向赎回）获取商业票据融资支持；引导目标客户销售流程上链，促进其下游供应链的数字化建设，有选择地为其下游应收账款提供融资服务；通过持续的业务及数据积累，可以向目标客户提供供应商管理服务，形成优质的行业白名单；依据目标客户微观的产销周期、交易数据、支付结算和宏观行业市场跟踪，进行量化分析，不断优化其材料采购的链条、结构、成本和储备。

（2）发挥中国数字发展集团有限公司布局国内的综合物流平台优势，项目公司针对区域目标客户集群实施数字化仓库改造与监管运营。

为目标客户提供物流、仓储的一站式服务，在优化综合成本的基础上针对目标客户已获得的供应链融资项下标的物开展全流程、系统化管理，形成有效的数字资产。

（3）在符合数据信息安全法规及客户授权的前提下，项目公司通过数字供应链平台为合作银行等金融机构提供目标客户采购环节、销售环节的授信、用信风控相关的交易数据、物流数据、库存数据、结算数据和流程监控服务。

（4）项目公司作为目标客户采购或销售交易中的贸易主体、供应链管理主体，以及供应链金融业务中的操作风险管理主体。

项目公司对标的货物市场价格进行实时监控（结合主要现货交易平台、供货方报价等），依合作银行金融机构要求采取价格波动风险管理措施，触碰预警阈值或客户偿还能力不足时依据持有的货权及时处置货物偿还目标客户融资，对价格波动风险、信用风险予以有效控制。

项目流程如图6-20所示。

（三）技术和平台

公司具有完备的 ERP、WMS、ITMS 系统，数字供应链平台系统且持续迭代，均基

图 6-20　项目流程

于源代码自行开发，其中 ITMS 物流系统已运行八年。

ERP 系统具备完整的使用功能，可以做到全流程线上化，能够根据不同的角色设定相应权限，可以根据业务需求设定货流、物流、资金流的重要管控节点，实现各个节点的数据统计，根据统计结果对企业流动情况进行分析，正在实现上游供应商、下游企业、物流企业的全部电子合同配置，在业务开展中根据不同货品价格维护。

WMS 仓管系统实现了订单数据和物流数据的传输，实时监控仓库数据，标准化接口可以连接多种物联网设备，回传监控数据，存管数据一体化，与银行资金系统衔接后，通过支付指令提放货。

ITMS 系统能够实现运单全流程管理，支持电子运单和纸质运单，采集运单、发票、支付凭证、运费凭证等多种凭证，通过区块链技术和 AI 算法自动识别统计，GPS 系统全过程监控车辆的实时动态。

AIOT 监管系统已与国内头部软硬件集成商达成合作意向，并就具体监管场景形成软硬件配套实施方案，具备快速落地实施条件。

（四）业务流程

1. 拟开展业务的流程分为以下几个阶段

企业准入阶段：项目公司尽调—银行尽调—原材料目录审核—仓库审核—监管货值比例审批—授信额度审批—建档入系统。

采购阶段：企业订单缴纳预付款—审批通过—银行配置贷款—下单采购—上游发货—验货支付采购款—收取上游发票。

运输仓管阶段：签订运输合同—上游发货—运输监控—验收入库。

企业提货阶段：企业提交申请—企业偿还银行贷款—银行审核—发送放货指令—

仓库按指令放货。

2. 处置流程

价格波动预警—出具保证金补足通知书—外部合作方询单—协助资方转让货物—收款开具发票—偿还企业贷款—仓库发货。

(五) 风险管理

1. 企业信用管理

企业客户作为代采的委托方，同时也是银行贷款的借款人，其按期偿还银行贷款、提取货物，循环使用授信额度是业务得到持续稳定发展的良好基础。业务开展过程中，建立企业客户准入审批标准，在江南集中产业区铝基相关企业中选择经营良好、持续增长的企业作为目标客户，结合银行的授信标准，对准入客户先授信再服务。

2. 运营风险管理

（1）法律风险。

在业务开展过程中，所有合同通过内部法务、业务专家、外部律所三重审核定稿，标准化格式条款，最大限度避免合同的法律风险，其中主要合同规避以下风险：①在项目公司与企业客户的贸易合同中，对项目公司履约方面不设定任何违约赔偿责任，如出现合同中止、退货、交易无法达成等情形则退还企业预付款及贷款资金；②银行、项目公司与企业客户签订补充合同，明确货物价格波动、保证金不足、货物处置等风险由企业承担，明确处置不足的贷款偿还责任仍由企业承担。

（2）采购风险。

采购风险是采购过程中因为供应商选择和货品交割所形成的风险。初期项目公司仅开展铝锭、铝棒类作为原材料货物白名单。上游供应商设定白名单，货物采购对象以国央企大型铝厂指定一级代理商为主，根据不同供应商确定付款方式、线上订单协同等措施予以管控，优先采用货到验收再付款的模式；针对部分上游供应商需要预付款再发货的情形，数发集团发挥业务优势，介入在途的运输和监管，保证业务闭环以及数据的连续性、及时性和真实性。

（3）物流运输风险。

物流运输风险主要是物流运输过程中因交通事故、自然灾害等造成的货损风险，可以通过购买车辆、货物商业保险的形式转嫁风险，同时代采业务的物流由数发集团旗下物流企业承担运输任务，通过 ITMS 系统承运人管理、人车轨迹跟踪等全程监控物流过程。

（4）仓储监管风险。

仓储监管过程中可能发生自然灾害、意外事故、盗抢、人员失责等货损风险。一是购买财产保险，保证在仓货物的意外事故风险转移；二是对仓库数字化改造，通过RFID、视频监控、虚拟电子围栏、闯入预警等物联网实时监控和实时预警功能，警示风险发生，控制风险蔓延；三是固定人员线下仓储运营，前端人防加后台技防双重监管，保证在仓货物安全。

（5）价格风险。

价格风险是在经营过程中，由于货品价格波动，企业客户不履行借款合同、弃货所产生的风险。首先铝基材料当前价格波动空间可控；其次根据铝基材料特性设定合理的预付款比例，提高安全阈值；再次在监管合同中，明确价格波动时企业客户的增补保证金机制；最后当触碰预警时要立即与企业客户确定全额赎回或增补保证金操作。

（6）处置风险。

当出现违约事件后，处置货物可能发生处置周期长等风险。在与银行的合作协议中，明确或预留可能的1~2个月处置周期，同时建立相应的行业特定合作伙伴（采购方、供应方等）、与细分商品贸易平台渠道合作等加快货品流通，保障货物处置没有障碍。

（7）流程管控风险。

采用 ERP+WMS+ITMS+数字供应链系统管理业务全流程，在货流和资金流上做到预付款、银行贷款与合同订单一一对应，物流仓至仓、还款再提货等重要节点的设定，通过系统流程的节点设定，杜绝人为操作失误，同时在货流和资金流上实时 AB 岗复核审查。

三、经验分享

对铝基企业：高效获得融资，盘活存货资产或降低采购预付资金占用；操作便利（授信额度内循环使用），降低综合融资成本。

对银行：通过供应链模式及平台缓释措施降低贷款风险；更好地服务中小微企业，做大做好普惠金融产品。

对供应链平台：不占用自身授信，降低资产占用，做大营收规模；强化供应链综合服务能力，增加收益，提高客户黏性。

（池州数发供应链有限公司）

第三篇
产品视角下供应链金融发展

供应链金融产品包括的类别较多，如应收类、存货类等，每个类别下又有多样化的产品。尤其在目前数字信用比重不断上升的趋势下，定制化、针对细分领域的产品更是层出不穷，因而本篇不会对供应链金融产品的发展情况进行全面的梳理，而是选择一些有代表性的产品进行剖析说明和案例展示。

同时，产品视角是微观视角，最能直观地反映供应链金融从业企业的最新实践，反映行业发展的最新成果。供应链金融的热点往往是某种产品在市场上引起了企业较好的反馈，形成了该种产品的企业群和产品群。因此，产品视角也反映了供应链金融在微观领域的一些热点实践和创新。本篇选择的脱核供应链金融、数字债权凭证平台、仓单融资、货运运费融资以及绿色供应链金融都是行业公认的创新极其活跃的热点领域。

第七章　脱核供应链金融

第一节　脱核化发展趋势

2023 年 11 月，八部委联合发布《中国人民银行 金融监管总局 中国证监会 国家外汇局 国家发展改革委 工业和信息化部 财政部 全国工商联关于强化金融支持举措 助力民营经济发展壮大的通知》，首次提出脱核供应链金融，并指出"银行业金融机构要积极探索供应链脱核模式，支持供应链上民营中小微企业开展订单贷款、仓单质押贷款等业务"。

与脱核供应链金融相对应的是传统供应链金融。传统供应链金融业务以核心企业为主导，依托核心企业为其上下游企业授信，核心企业的信用是中小企业获得融资的基础。但随着经济规模不断扩大，产业链、供应链和消费链发展日益复杂，传统的模式受到越来越大的挑战。过度依赖核心企业的传统授信模式，无法摆脱主体信用，尤其是核心企业的信用流动难以触及二三级产业链末端的节点，形成了金融服务实体经济的痛点、难点和堵点。

数字技术和数字经济的迅速发展，正在改变传统供应链金融的基本逻辑，推动了供应链金融加速向脱核化发展。脱核供应链金融并不等于脱离核心企业，而是弱化核心企业确权和信用在银行供应链金融产品中的作用和比例，金融机构的授信模式由依赖于核心企业主体信用，转变为依托于核心企业、供应链上中小微企业间的交易信息、物流信息、资金流信息等信息形成的物的信用、数字信用。发挥场景和数据优势，真正提升供应链金融产品的"普惠性、可得性和便利性"。

传统供应链金融直接依赖于核心企业主体信用的传导，在这种风控逻辑之下，基于应收账款的保理、反保理、票据池，以及应收账款电子债权凭证等业务发展壮大。脱核供应链金融更注重供应链上各类数据的应用和共享，通过数据链确认货权传递过程并全程监控质押资产的状况，因此十分有利于动产（存货）融资、（电子）仓单融资的发展；通过全程追溯、交叉验证、智能预警等，实现技术监管下的"物的信用"，以及多维度、全链条数据沉淀形成大数据风控下"数据信用"进一步延伸，由此提高供应链中小微企业的融资可获得性。

另外，传统供应链金融模式往往是将分散的中小企业风险转移到较为可控的核心企业，虽然风险较低，但也导致风险进一步向核心企业集中；脱核的数字化供应链金融模式聚焦供应链下游，风险管理逻辑是小而分散，"去核心化"的同时，通过增大客户流量实现收益覆盖风险。

第二节　模式对比

严格来说，脱核供应链金融没有严格的定义，只是表述了供应链金融的发展方向，其内涵与数字化供应链金融存在密切关系，简单表述为：数字化是供应链金融脱核的驱动力；脱核趋势下，数字化供应链金融获得极大发展，两者相辅相成。

数字化供应链金融主要在两个方面推动了供应链金融的发展，一是数字化的风控推动了数据信用、物的信用的发展；二是数字技术和信息平台大幅提高了供应链金融业务各环节的效率，降低了金融机构的业务运行成本。表7-1将脱核下数字化供应链金融和传统供应链金融进行了简要对比。

表7-1　　　　脱核下数字化供应链金融和传统供应链金融的简要对比

类别	脱核下数字化供应链金融	传统供应链金融
业务模式	数字技术下的生态合作	核心企业主导和信用传递
目标客户	中小微企业，可贯通到末端客户	中小企业，难以贯通到末端小企业
参与主体	商业银行、核心企业、物流企业、融资企业、金融科技企业	商业银行、核心企业、物流企业、融资企业等
授信方式	线上授信	线下授信
技术手段	大数据、物联网、区块链等金融科技手段	传统金融分析技术
授信过程	大数据模型智能筛选目标客户，银行专用网络审批，线上核实确认	企业申请，由银行专业部门实地核实确认
风控体系	基于大数据实现风险前置，依托后台大数据，给客户画像，流量覆盖风险，风险"去核化"	风险后置，以人工审批、专家经验风控为主；风险"核心化"
信息共享	通过产业物联网实现多方互联互通、数据共享、有效破解信息不对称	技术上难以实现各方面信息的及时互通和共享
服务内容	以信贷融资为主	不局限于金融类，向泛金融类扩张延伸，提供综合服务方案
推广策略	沿产业链条向上下游延伸，不受地域限制	围绕核心企业，以商业银行所在地上下游企业为主

两种模式在业务流程、组织架构、风险逻辑和推广策略等方面有着显著区别。

一是业务流程。传统供应链金融模式往往采用线下手工操作，效率较低且时间耗费较长；数字化供应链金融模式将签约、借款、还款等全流程实现了在线化，大幅提升了客户体验，在此模式下，整个业务流程只需 5～8 分钟，而传统模式则需 15～30 天。这种巨大的效率差距来源于数字化中台的应用，这些中台的风险模型和策略都是人工智能专家团队通过算法建立的成果。

二是组织架构。在传统供应链金融模式下，业务运营人员较多，中后台人员相对较少。在数字化供应链金融模式下，可以大量节约业务运营人员，而中台人数占比相对较高。这种组织架构下，可以快速调整业务，前中后台人员数量保持相对稳定。

三是风控体系。传统供应链金融模式属于风险后置，即以人工审批和专家经验风控为主，评估维度相对单一；数字化供应链金融模式建立了大数据智能风控，运用大数据技术，在客户提交资料前显示预授信额度和定价，并在贷中、贷后全方位进行风险管理和监控，做到了风险前置。

四是推广策略。传统供应链金融模式以地推为主要方式，业务开拓效率相对低下；数字化供应链金融模式采用线上线下结合的推广模式，重点在于线上推广，通过相对标准化的产品、营销方案进行跨地域的线上推广，节约了大量营销成本。

第三节　案例分享

案例（20）厦门国贸：国贸云链·金贸通

摘要：金贸通的资源整合能力与数字化运营能力为产业上下游伙伴整合金融资源，打造"供应链场景＋金融科技"的综合型金融服务体系，扎根产业实际刚需，以客户为中心实现金融产品与供应链相结合，以供应链起点至终点的真实贸易全链路情况为基础，以贸易产生的可确定未来现金流为直接还款来源，实现商流、信息流、资金流、物流四流合一。

一、企业介绍

厦门国贸数字科技有限公司成立于 2020 年 5 月，系厦门国贸控股集团核心成员企业厦门国贸集团股份有限公司的全资子公司，位于福建省厦门市，是一家以从事互联网和相关服务为主的企业。"十四五"规划期内，厦门国贸数字科技有限公司集成集团供应链产业综合服务经验，以"运营提效、协同共创、模式升级、生态构建、组织转型"为数字化发展蓝图，融合企业的创新数字运营经验，在供应链运营数字化、数据资产数字化、智慧物流、智能仓储等应用领域不断开展数字化转型实践。

二、案例内容

（一）背景介绍

当前国际贸易环境复杂，对供应链影响较大。供应链业务对周转率指标有严格的要求，而通过供应链金融服务可以为客户提供更长账期的服务。

国贸股份目前面对全球8万多家产业链上下游客商，客商数据的管理、动态跟踪若依赖于人工，整合加工的成本高、效率低、时效性差，数据价值得不到充分挖掘。国贸引荐多个资金方，通过提供客户历史交易数据，资金方授予信用额度给客户，专款用于客户向国贸采购货款，锁定国贸货源，解决下游贸易商、经销商的融资难问题，同时减少集团客户授信和资金占用，通过综合服务提升净服务收益率，提升国贸对客群的管理能力及服务黏性。

（二）产品介绍

平台通过信用或货权类多产品组合和多金融机构组合，建立与供应链业务互补的供应链金融服务体系，为经营单位业务增长提供动力。平台通过供应链金融服务穿透客户的客户，形成延链生态圈；通过供应链金融服务提供三方撮合类业务，形成平台生态圈（见图7-1）。

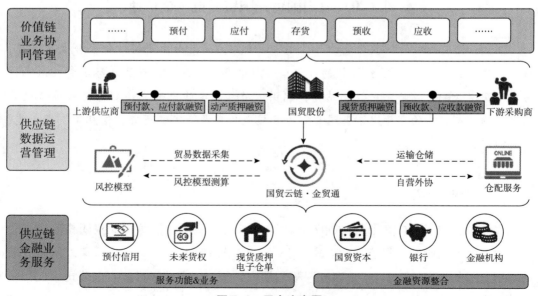

图7-1　平台生态圈

平台通过以下措施提升服务：为客户提供统一入口，提升国贸品牌影响力，增强客户对国贸黏性；简化手续高效办结，通过在线流程申请审批，自动数据处理交互，线上认证授权签章；提升用户体验，增加覆盖范围，通过客户预筛提升批核率，支持多资方精准路由，持续服务中长尾客户；建立双向沟通机制，实现政策活动一键触达和多资方产品自主选择。

平台的优势特点如下。

①平台通过线上化指令，实现线上质押及解质押，大幅提升效率。

②平台通过数字化手段，直连金融机构，实时指令放款。

③平台支持人脸识别、实名认证等在线身份验证方式，使平台上业务流更值得信赖。

④平台支持接入区块链，关键业务节点数据上链存证，电子数据和凭证更具法律效力。

⑤盯市：平台联动多方，经营单位及时更新质物单价，客户、运营方、金融机构等多方均可在平台获取质物价格变动信息；平台预置价格预警策略，如价格发生较大波动，平台实时预警。

⑥货准：平台支持对接 WMS 系统或由仓储方、监控方、金融机构等在平台维护和更新实物盘点记录，平台及时与实物台账对比，如存在偏差，平台实时预警。

（三）平台介绍

金贸通的整体应用架构（见图 7-2）按照业务及参与方划分为两个部分：供应链金融门户（移动端）和供应链金融业务管理平台。

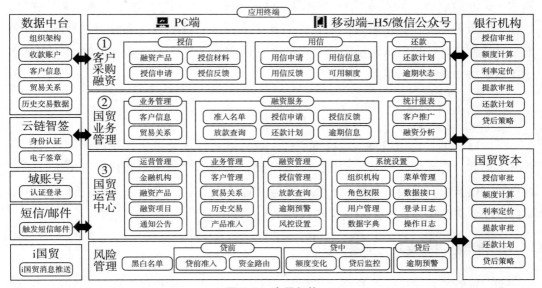

图 7-2 应用架构

1. 供应链金融门户

游客（潜客）：了解金贸通品牌、服务产品内容。

链属企业（客户）：提供业务办理入口（实名认证、电子签章、上传材料、提交业务办理申请、查看业务办理进度等）。

2. 供应链金融业务管理平台

运营方：维护业务前置基础信息（经营单位管理、金融机构管理、监管企业管理、融资产品管理、融资项目管理、合同模板管理、风控模型配置等）、为客户引荐产品、查看产品业务办理情况（客户管理、质物管理、授信管理、放款管理、逾期管理等）、查看金贸通整体业务运营情况（推广分析、融资分析）。

经营单位：邀请链属企业（客户）入驻金贸通、查看客户业务办理情况（质物管理、授信管理、放款管理、逾期管理等），通过订阅功能了解客户业务相关信息（额度变化/冻结、预警）的变化。

金贸通系统实现参数配置化，包含产品管理、合同模板、准入设置、预警设置等。对于在线实名认证、自动准入评级、电子合同在线签章、质物/应收账款自动推送、在线授信、在线借款、质物更新、黑名单风险共享、自动预警、融资进度自助查询等实现了全流程自动化。

金贸通采用分布式技术（基于 NACOS 技术栈），具备高可用特性，可根据业务场景动态扩展微服务，确保系统运行资源；提供多个基础组件（消息队列、文件存储、缓存、安全等）便于各个模块引用，提高代码复用性；采取前后端分离，提升开发效率。灵活性高、扩展性高的松耦合架构，使系统在满足既有业务需求的同时，也能够迅速响应未来业务与场景的动态变化。

（四）业务模式

平台已推出"信用融资""现货质押"模块，通过业务看板，经营单位管理人员及时了解客户合作现状以及客户部分融资详情，通过客户管理、客户融资情况，了解客户融资信息，辅助业务判断提升供应链管理能力；并且已完成未来货权转电子仓单质押产品业务流程确认，系统交互流程确认。

1. 信用融资类业务（见图 7-3）

①国贸各经营单位推荐有需求的经销商：结合历史交易数据上传至金贸通；运营人员发送邀请码注册。

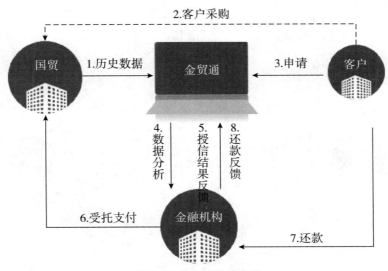

图 7-3 信用融资类业务

②客户采购：客户跟国贸签署采购合同，国贸上传交易信息到金贸通上，进行风控筛选。

③融资申请：客户根据订单需求，提交融资申请。

④数据分析：机构数据分析及风险测评，确认是否授信。

⑤授信：确认客户授信额度，授信结果反馈金贸通。

⑥受托支付：款项受托支付给国贸，定向用于支付国贸货款。

⑦贷后反馈：国贸结合交易后信息反馈至金融机构。

⑧还款：客户还款。

2. 现货质押类业务（见图 7-4）

①国贸各经营单位采购合同签署：结合数据上传至金贸通；运营人员发送邀请码注册。

②信息数据整合：国贸经营单位将合同及相应协议传输至金贸通。

③客户申请：客户将借款合同/质押合同以及借款申请材料上传至金贸通。

④整合数据传输：金贸通将整合后数据传输至国贸金控，同时审批结果反馈给金贸通。

⑤申请结果：申请结果反馈客户。

⑥仓储公司信息数据传输：货物入库信息、货物明细等。

⑦入库监管：货物进入仓储公司仓库后，制成仓单等提货凭证交由国贸金控保管。

⑧放款：国贸金控放款。

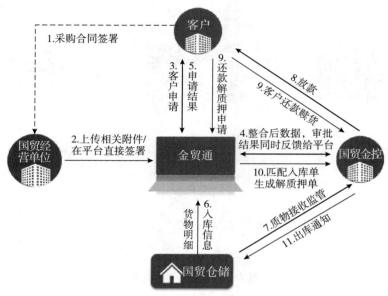

图7-4　现货质押类业务

⑨客户发起还款及解质押申请：客户通过金贸通提交申请。

⑩平台生成解质押单：金贸通匹配入库单生成解质押单至国贸金控。

⑪出库通知：国贸金控通知仓库出库。

（五）风险管理

金贸通的风险管理内容主要包含在线实名认证、电子签章、准入模型设置、风险预警模型设置。采用在线实名认证的方式，确保每一个参与者都是真实的、合法的企业，避免因为虚假信息或不良行为导致的风险。平台通过引入电子标签技术，使合同签署更加便捷和安全，避免因为合同纠纷导致的风险。针对不同的企业设置了准入模型，根据企业的信用、资质等方面进行评估，只有通过审核的企业才能参与供应链平台的交易中，从而降低了交易风险。平台通过设置风险预警模型，对供应链交易中的关键数据进行监控和分析，及时发现交易中可能存在的风险，并采取相应的风险控制措施，保障交易的安全可靠。

三、经验分享

平台通过信用或货权类多产品组合和多金融机构组合，为经营单位业务增长提供动力。针对大宗"零售"模式发展的方向，结合海量长尾客户需求，为小微企业提供基于国贸服务的工厂直采。

针对轻资本低负债的综合供应链服务体系，可满足客户展期需求与国贸经营库存周转要求的平衡，对于客户持有库存和国贸持有库存的快速转化能力，配套随仓储物流数字化管理能力提升而逐步发展。

利用在线服务增强客户体验，提升客户满意度，加强客户黏性，整合商流、物流、资金流和信息流，增强内外部业务协同能力和供应链流转效率。

金贸通已于 2022 年 10 月末正式上线，完成订货贷、现货质押贷 2 个产品上线；累计帮助 300 家企业客户取得 10 亿元银行供应链金融授信额度。借助平台，目前覆盖订货贷余额 3.04 亿元，2023 年第一季度放款近 6 千万元，产品线逐渐丰富。

（厦门国贸数字科技有限公司）

案例（21）广联达：数字化聚合融资与支付解决方案

摘要： 广联达数科以采购供应链业务为基础，面向建筑行业集采平台和电商平台提供数字化聚合融资与支付解决方案，搭建一体化的"资产管理+融资+支付"聚合收银台，以资产管理为底层核心支撑，支持聚合主流支付方案，同时引入金融资源补充交易支付资金不足的痛点，将金融产品融入支付环节，实现采购业务的支付、供应链融资和交易管理的闭环，提高交易与融资效率。

一、企业介绍

广联达数字科技（深圳）有限公司（以下简称"广联达数科"）于 2020 年 5 月在深圳市福田区成立。股东广联达科技股份有限公司自身定位为建筑产业数字建筑平台服务商，依托自身对产业的深度了解以及数据优势，抓住供应链金融大发展的有利时机，通过数字金融业务板块搭建产业的供应链金融服务平台，为行业发展数字供应链金融贡献力量。

广联达数科定位为用建筑产业数据赋能场景化供应链金融，以客户数字化业务场景、金融需求场景为出发点，以项目为中心，打通参建各方在工程全生命周期内实时产生的各类精准数据，实现四流合一，搭建建筑产业数字金融平台，输出建筑供应链金融数字风控模型，精准匹配资金供需双方，为建筑产业链客户提供专业、高效、绿色的金融服务；通过采集客户来自一线生产过程中实时产生的信息化数据，结合相关规则体系、算法技术等，现已成功完成项目评估模型、交易核验模型及主体授信模型的产品孵化，具体为围绕工程项目全过程、全要素、全参与方提供精准数据服务，可实时评估项目完工风险，以及供应链全链条过程中的贸易及履约验证，做到项目成本、质量、进度等情况实时可见，资金精准投放、锁定用途。

截至目前，广联达数科已服务施工总包等核心企业超70家，中小供应商近800家，逐步打磨以广联达项目集成管理平台和物联网数据为支撑的风控模型，实现一站式数字供应链金融服务，累计融资金额近60亿元。

二、案例内容

（一）背景介绍

近年来，国家采购管理政策要求逐步完善，对采购管理提升、公共资源电子化交易全面实施提出了明确目标。建筑业物资采购成本在工程项目整体投入中的占比近70%，采购管理数字化、集约化、透明化已成为建筑企业健康发展的重要手段。大型建筑业国央企积极开展集采业务，通过资源整合和流程标准化、数字化，降低企业经营和交易成本，提升供应链管理能力，促进供需精准匹配和产业转型升级。

建设集采平台成为大势所趋，业内参与集采的电商平台涌现，为供应链金融服务提供了场景。建筑行业内中小企业仍然面临着大量采购垫资与融资需求得不到满足的困局。随着大数据和物联网的发展，建筑行业的各类企业数字化意识在不断加强，交易和项目建设过程数字化程度快速提高，建筑行业信用体系借助数据科技力量快速完善。头部建筑企业充分运用采购交易形成的辐射网络，将集采电商与金融结合，为中小建筑企业提供供应链金融和科技服务。

广联达数科通过对接集采电商平台，在大型建工集团充分授权的前提下，实时全量精准获取各类数据，协同广联达科技股份有限公司多年深耕建筑行业的优势，充分利用区块链、大数据、AI等技术，以采购供应链业务为基础，构建"支付+融资+资产管理"平台，形成统一的线上融资支付渠道，由线下资产向数字资产转变，进行数字资产流转的全周期管理，从而打通金融机构和企业的信息壁垒，为建筑产业链内各参与方主体、各类金融机构搭建高效合作通道，帮助金融机构更精准、更高效地为建筑产业链参与各方提供融资服务，助力建筑产业供应链金融生态的大力发展。

（二）产品介绍

广联达数科面向建筑行业集采平台和电商平台提供数字化聚合融资与支付解决方案（见图7-5），搭建一体化的"资产管理+融资+支付"聚合收银台，覆盖自营与撮合两种经营模式，为行业大集采、大物流的战略目标进行融资支付与资产管理服务支撑，支持采购需求方对供应商的支付和融资环节，实现采购业务、支付融资和交易管理的闭环。

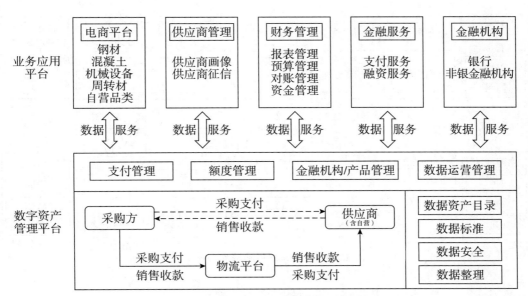

图 7-5　解决方案示意

在平台建设方式上，结合业务特点，连通采购业务与融资业务，引入支付融资工具，构建统一的线上融资支付渠道，集成多金融机构 C2B、B2B 的支付能力，并线上连通各类资金方融资产品，丰富电商平台支付通道，由线下资产向数字资产转变，实现采购方、供应商与资金方各方的互联互通，以及各融资支付、金融资产的统一管理。

(三) 技术和平台

业务平台（见图 7-6）围绕资产管理与支付管理进行搭建，对接电商平台等采购系统的交易数据形成资产信息，梳理应收、应付资产，管理交易订单、交易流水、对账及对账文件；对接"网银""支付宝""微信"等现金支付渠道及金融业务系统，实现资产的在线支付、融资，并对过程中所产生的数据进行分析，为平台用户提供及时全面的资产信息。在采购管理应用领域，为了保证平台的高效运营，提升流动性，需要扩充支付和融资的途径、提升采购效率。

平台整体功能规划图总共分为四层架构，包括基础设施、数据中心、应用操作、业务可视化。支撑现有系统及未来扩展系统的应用，满足支付业务、融资业务及资产运营业务在线进行操作。在遵循资产管理平台系统技术要求和架构要求为首要原则的基础上，以技术先进性、兼容开放性、实用性、高效性、可扩展性、可靠性、安全性、经济性为原则，采用前后端分离架构，前端采用基于 React 的技术框架，后端采用基于 Spring Boot 和 Spring Cloud 的微服务架构。在实现层面，系统采用 JAVA 编程语言和面向对象的设计理念，通过领域模型 DDD 划分服务边界；在数据层面，采用 RESTful 接

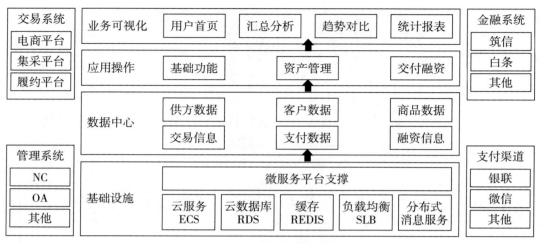

图7-6　平台整体功能规划示意

口及 JSON、XML 等多种数据格式在内外部完成数据交换。

（四）业务流程

业务流程可归纳为支付管理、交易管理、融资管理和资产管理四大模块。

支付管理：该模块帮助平台用户实现资产与支付的对应，可支持微信、支付宝、银联支付、银行网银等现金支付渠道；提供承兑汇票等金融支付方式，并管控采购方的融资，形成融资票据台账，帮助用户熟悉当前票据支付信息。

交易管理：该模块为平台用户分类汇总采购方待支付信息，提供支付与交易的对应关系，包括订单信息、交易流水信息、支付对账及对账差错处理功能，并可查询和导出相应支付订单信息。

融资管理：平台提供标准化资产整理、开放的标准金融接口等集成功能，提升金融产品的接入能力，可适应不同供应链金融产品对资产资料的需求，同时接收各种金融业务系统融资信息，方便平台用户实时了解融资的进程。

资产管理：该模块对接电商平台，汇总电商平台上所有的交易信息，对每一笔应收账款、应付账款，进行全面资产标准化整理，再现了资产形成的全部过程，即按照交易的标准流程节点对外输出资产信息，不但可以适应对交易不同阶段设置的金融产品，还可适应针对不同性质资产的金融产品。除连接电商平台的交易资产外，还支持手工维护资产，可根据需求在系统中维护好其他系统的资产，支持对外输出。

（五）风险管理

针对融资风险问题，广联达数科通过资产管理、融资类产品权限及额度控制，支

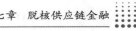

持平台运营方做额度管理，可针对不同主体设置融资类产品优先顺序及权限，有利于做好风险控制，同时形成资产及资金运营分析，为管理决策提供大数据支持，逐步实现智能化资金及资产管理。平台建设遵循以下风险管理方案。

1. 风险管理流程

风险评估和确认、风险清单管理、风险对策执行追踪、风险发生监控、风险清单调整。

2. 项目主要风险和规避措施（见表7-2）

表 7-2　　　　　　　　　　　主要风险及规避措施

风险	类型	影响	可能性	程度	主要应对策略
项目决策	领导力	进程	高	中	1. 明确项目决策审批流程 2. 在项目计划中考虑审批流程 3. 项目领导小组参与审批流程 4. 明确项目延迟的责任
各系统集成及配合	业务	进程 成本 质量	高	大	1. 尽早了解各系统包含的信息 2. 明确相关系统关系及相关人员的职责 3. 项目领导小组的参与协调
基础数据不准确	业务	质量	中	大	1. 制订完善的数据录入计划 2. 基础数据准备工作提早开始 3. 关键用户的责任心 4. 关键用户数据的核对 5. 制定合理的奖惩制度，激发最终用户的积极性
项目范围控制	项目	进程 成本	中	大	1. 在项目初始阶段，明确界定项目的范围 2. 在项目范围发生变化时，严格遵守"项目变更"流程 3. 定期的项目范围检查 4. 保持项目组之间的沟通
实施骨干人员变动	资源	进程 质量	小	中	1. 广联达数科高层领导的重视 2. A建工集团股份有限公司高层领导的重视
项目预期过高	变革管理	进程 质量 成本	高	中	1. 实施顾问的经验 2. 加强对高层领导的培训 3. 加强企业内部的培训 4. 正确地宣传 5. 理解项目上线后的磨合期、成长期和成熟期

三、经验分享

（一）统一平台管理

广联达数科以采购供应链业务为基础，搭建一体化的"资产管理+融资+支付"聚合收银台，形成统一的线上融资支付渠道，由线下资产向数字资产转变，并统一管理与应用。

（二）专业资产管理

广联达数科借助平台上应用积累与系统集成，通过数据挖掘、分析等进行专业、全面的数据资产筛选、审查、整理、标准化输出与跟踪运维，进而形成物资供应体系闭环的资产池，适配不同金融产品，并逐步实现智能化资产管理。

（三）聚合融资支付

广联达数科服务范围可支持覆盖电商平台的全量采购需求方；融资支付流程覆盖原业务流程下的不同支付节点，如预付、账期付等；融资支付产品支持多种融资产品；现金支付方式支持 C2B 和 B2B 两种模式。

（四）系统无缝集成

广联达数科一方面满足集采与电商平台的无缝集成；另一方面支持与其他金融服务系统的对接应用，真正构建起高效协同、互联互通的平台。同时，建立一套平台标准接口体系，满足未来与其他系统的扩展集成需求。

（五）促进供应链转型发展

广联达数科以拓展供应链全链条业务为导向，以资产管理平台为支撑，加强与金融资源的协同和整合，扩展供应链商业生态圈，助力物流集团从传统贸易商向供应链综合服务平台的转型升级，为行业发展注入新动力。

广联达数科数字化聚合融资与支付解决方案通过引入多种支付融资工具，研发各项功能支持预付货款、货到付款、发票后付款、分期付款和逾期付款等多种结算方式，具备对接银行与非银金融机构的能力，解决了建筑行业集采贸易背景杂、结算方式多、资金需求大、交易各方融资难的问题。此外，在支付、融资一体化的基础上，平台通过统一账户、资产管理、融资推送等系统管理，实时匹配订单信息与支付信息，实现了电商平台的业务流、物流、信息流和资金流四流合一，多种支付方式均在线闭环，单单对应。平台面向运营方开放对账单下载，为客户解决对账难题，提高财务做账效率。

［广联达数字科技（深圳）有限公司］

案例（22）蒙牛乳业：牛享融供应链金融平台

摘要：牛享融供应链金融平台是为蒙牛产业链上下游客户打造一体化融资服务平台，旨在优化蒙牛及其上下游企业的资金流，提高供应链的整体效率和稳定性。该业务模式基于供应链中各环节企业的真实交易背景和信用状况，通过金融机构提供融资支持，帮助供应链上的企业解决短期资金缺口，实现资金的快速周转。

一、企业介绍

蒙牛乳业（集团）股份有限公司（以下简称"蒙牛"）主营业务集中在乳制品的生产、加工和销售上，涵盖了液态奶、酸奶、奶粉、奶酪等多个品类，其明星品牌包括特仑苏、蒙牛纯甄等，这些品牌在市场上享有很高的知名度和美誉度。

蒙牛的核心竞争力主要体现在其品牌知名度、产品质量、研发创新能力和奶源管理能力上。蒙牛在原奶收购、生产过程、仓储运输等各个环节都严格把关，确保产品的安全和质量。同时，蒙牛还积极投入研发，不断推出具有创新性和市场竞争力的新产品。在奶源管理上，蒙牛通过"公司+农户""公司+规模牧场"等多种模式，实现对奶源的有效管理和控制。蒙牛凭借其核心竞争力占据了重要的市场份额，不断推出新品和优化产品结构，满足消费者日益多样化的需求，进一步巩固和扩大其市场地位。在运营方式上，蒙牛采用扩张式奶源治理、全程式库存治理、多样化配送网络治理以及有所侧重的投资物流基础设施等策略，确保产品的及时供应和降低运营成本。目前，蒙牛的经营状况一直保持稳定增长，总资产和年收入逐年增长，市场份额也稳步提升。

二、案例内容

（一）背景介绍

2009 年起，蒙牛从扶持下游核心经销商开始，以蒙牛核心企业为纽带，将自身信用向上下游企业延伸，打通银行资金向末端中小企业流动的毛细血管，为上下游客户解决融资难、融资贵等突出问题，并搭建供应链融资平台，逐步形成了具有蒙牛特色的供应链融资服务体系。近年来，随着供应链融资业务迅速发展、IT 科技迭代升级，数字技术、开放银行、场景金融、平台经济等模式在供应链金融领域的应用逐渐成熟。蒙牛产业尝试推出不同类别的定制化供应链融资产品，旨在满足客户需求，增强对上下游产业链客户的黏性。

（二）产品介绍

蒙牛供应链融资业务（见图 7-7）旨在优化蒙牛及其上下游企业的资金流，提高供应链的整体效率和稳定性。该业务模式基于供应链中各环节企业的真实交易背景和信用状况，通过金融机构提供融资支持，帮助供应链上的企业解决短期资金缺口，实现资金的快速周转。其主要产品包括：ABS 债类、贸易融资及信用证、银行无偿保理、委托贷款和"担保+保理"类等。该业务的应用对象主要包括蒙牛的上下游企业，包括供应商、分销商、零售商等。这些企业在供应链中扮演着重要的角色，但由于各种原因可能面临短期资金缺口的问题。蒙牛供应链融资业务通过提供灵活多样的融资解决方案，帮助这些企业解决资金问题，促进产业链的稳定发展。

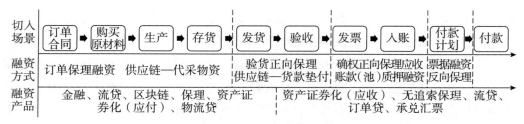

图 7-7　蒙牛供应链融资业务

供应链融资业务模式分为金融机构合作业务模式和自金融业务模式两种。

（1）金融机构合作业务模式：蒙牛集团上下游企业基于真实的业务合作背景与银行或非银行金融机构开展供应链融资业务，合作机构包括国有商业银行、股份制商业银行、地方性商业银行、民营商业银行、商业保理公司、互联网金融机构等银行或非银行金融机构或类金融机构。

（2）自营金融业务模式：是指通过内蒙古牛享融融资担保有限公司（以下简称"牛享融担保公司"）、上海蒙元商业保理有限公司（以下简称"蒙元商业保理公司"）等开展的供应链融资业务。供应链金融产品的大致可以分为上游供应链融资产品和下游供应链融资产品。

（三）平台介绍

供应链金融平台是蒙牛产业链上下游客户打造一体化融资服务平台，建立用户中心、数据中心、产品中心、运营管理、报表中心、配置中心、风控中心、基础功能管理、移动端管理九大模块以实现保理、担保、下游经销商融资业务服务连通。供应链金融业务平台的可延展性确保其可与金融服务共享平台打通，该金融平台通过优先强化下游经销商融资业务功能模块，做好平台在控制风险的同时提升客户快捷高效融资体验，增强平台黏性，提升平台融资服务效率与运营管理能力来搭建供应链金融平台下游经销商融资系统。

供应链金融平台植根产业，实现金融赋能主业，根据产业特点，结合金融机构要求，设计产融结合的产业链金融场景，建立规范的产融通道，引导资金进入自己的产业链，搭建场景金融生态环境。供应链金融平台具备以"产业信用+数字技术+金融创新+服务运营"为核心的特征。平台围绕产业链条上客户多维度、多层次的资金需求，搭建以客户为中心，构建现代化的服务体系。打造 PC、App 等多种客户端，提供一站式客户融资服务窗口（见图7-8）。

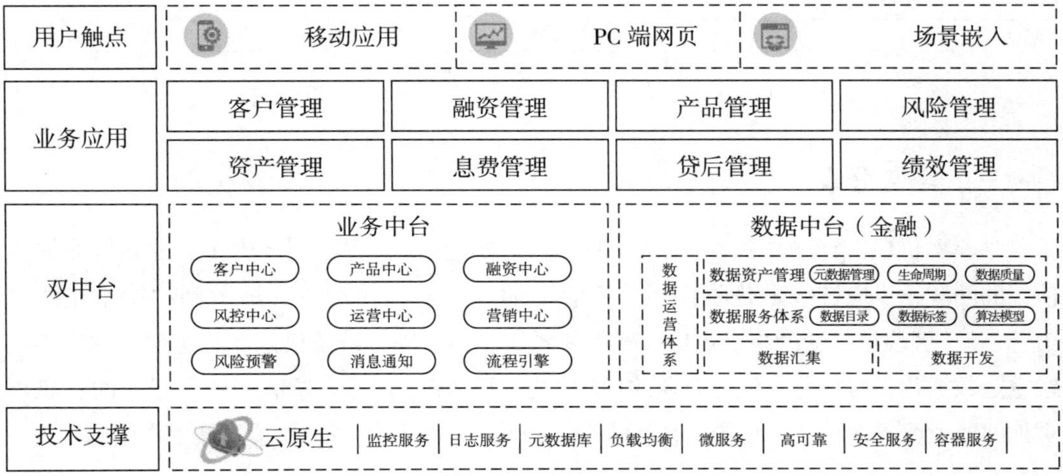

图7-8　平台架构

（四）业务流程

牛享融供应链融资平台服务蒙牛产业链上下游客户。上游客户可通过"牛享融"平台向供应商开出牛信，"牛信"可拆分、可流转、可融资、可追溯，实现由一级供应商扩展为多级供应商群，增加业务客户群体（见图7-9）。

（五）风险管理

蒙牛建立健全独特的风控体系以实现全方位、全过程风险管理的组织保障。风控体系任务调度中心根据业务周期、融资期限、运营规范等要素定期调度模型计算，保障客户分层名单、预警信息等应用场景下风控结果输出的动态变化与及时性。风控子系统通过标准接口方式向应用场景提供服务，兼容下阶段风控服务向供应链金融其他业务场景开放。系统采集蒙牛供应链数据、第三方风控数据、银行端融资数据、事业部及行业专有数据，作为风控模型元数据输入且定期同步更新。

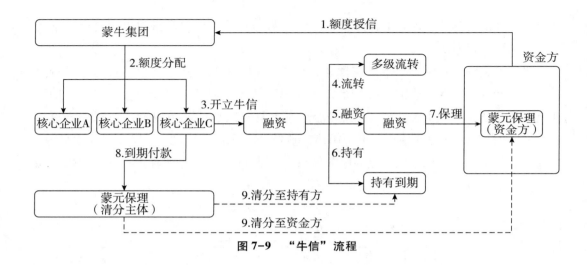

图 7-9 "牛信"流程

三、经验分享

牛享融供应链金融平台，整合蒙牛内外部数据资源，解决传统中小企业融资难缺乏信用的问题，供应链金融是将优质核心企业的"良好信用之水"灌溉到"中小企业之田"。基于区块链打造的多级供应商融资体系，能够实现全链条信息真实透明，供应链金融完全数据化、可视化，核心企业的信用能够很好嫁接到链上所有企业，企业间信息不对称问题也能有效解决，供应链体系内资金流转效率明显提高，间接降低生产成本。

[内蒙古蒙牛乳业（集团）股份有限公司]

案例（23）联想金服："乐企信"企业征信聚合服务系统

摘要："乐企信"企业征信聚合服务系统，合理利用客户征信数据进行采集分析、深入挖掘和加工，衍生构建风控指标变量体系，利用大数据、人工智能技术和科学决策方法，通过自动化预测、评级和决策等方式，为客户评价、风险评估、差异化等价等模型提供统一、标准化征信数据衍生变量计算规则，构建出一套聚合风控模型体系，帮助企业增加风控能力的全面性、准确性和灵活性，提高风控效果和效率、降低多方位成本支出，为企业的业务发展保驾护航。

一、企业介绍

北京联想科技服务有限公司（以下简称"联想金服"或"公司"）是联想集团全

资子公司，也是联想集团旗下的金融服务平台，于2016年12月成立。其业务范围涵盖支付、融资、理财、供应链等众多领域，主营业务为供应链金融服务、中小企业融资、金融科技输出等。拥有大数据分析能力，资产管理能力和风险控制能力，还提供中小企业融资、消费金融、移动及跨境支付业务等服务。依靠自身强大的核心竞争力和稳定的供应链金融业务，经营状况保持良好，连续三年没有逾期、保险覆盖率持续增长。

联想金服主要以核心企业联想集团为依托，为供应链上游和下游多层次供应商及分销商、经销商提供较低成本、较长期限及更加灵活的融资渠道，致力于为广大中小企业解决融资难、融资贵的困境，用科技改变金融；通过服务、股债结合等方式，深度进入生产业务过程中；通过代采、垫资、品牌代理等多种业务模式大力推动供应链服务业务。同时，公司纵向深耕供应商业务：扩大供应商的授信政策，拓展到二级、三级供应商。本着源自联想、服务伙伴的理念，公司持续聚焦深入产业链，在物流、跨境、消费电子等领域不断深耕，为客户提供优质高效的产业链综合服务，与更多中小企业协同成长。

二、案例内容

（一）背景介绍

风险防控是商业保理业务环节的重中之重，而人行征信系统可提供最具有价值的参考信息，因而备受商业保理公司青睐。随着征信法律法规的不断完善，商业保理公司被纳为新型授信机构，联想金服旗下联想保理积极响应征信中心号召接入企业征信系统。随着征信查询的成功接入，公司合理利用征信数据、税务数据、发票数据、司法信息、工商信息等多维度数据进行采集分析、深入挖掘和加工，衍生构建风控指标变量体系，为行业供应链金融机构提供智能化风控决策分析服务。

（二）产品介绍

"乐企信"聚合服务系统利用大数据、人工智能技术和科学决策方法，通过自动化预测、评级和决策等方式，为客户评价、风险评估、差异化等价等模型提供统一、标准化征信数据衍生变量计算规则，构建出一套聚合风控模型体系，实现系统自动化评估企业的经营情况，帮助企业提高风控效果和效率、降低多方位成本支出，增加风控能力的全面性、准确性和灵活性，为企业的业务发展保驾护航。

智能聚合风控系统包含四层架构（见图7-10），分别为数据层、特征层、模型层和决策层，横向划分包括关键内容、流程步骤、算法方法、工具平台等。

数据层是智能聚合风控体系的基础，通过大量的数据优化风控模型、构建特征，并将数据作为新决策的判断输入。

特征层是智能聚合风控体系的砖瓦，通过从数据中抽取有效的、针对特定目标的关键信息，形成适用于模型和决策的特征。

模型层是智能聚合风控体系的主体，通过历史样本数据和目标数据，基于丰富的案例特征，利用各类机器学习算法训练出满足各类业务场景的风控模型。

策略层是智能聚合风控体系的门面，特征和模型最终将服务于业务的特定场景。在不同的业务场景参与决策，策略层通过模型和规则的各种组合完成决策过程，自动化输出企业风控评估报告。

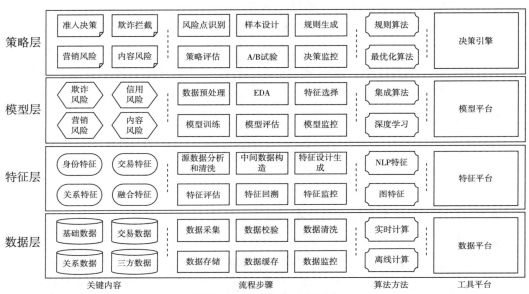

图 7-10　智能聚合风控系统

（三）技术和平台

"乐企信"聚合服务系统的最大亮点是采用一手征信数据进行风控分析，同时引入税务数据、发票数据、物流数据、司法信息、工商信息等极具参考价值的第三方数据，利用大数据、人工智能技术和科学决策方法，通过自动化预测、评级和决策等方式，结合供应链金融行业风控特征进行自动化评估企业的经营情况，为保理行业其他供应链金融机构提供智能化风控决策分析服务。智能聚合风控体系包括智能风控方法，智能风控算法，工程技术的实现以及深入业务场景的应用。

（四）业务流程与风险管理

1. 数据层（见图 7-11）

数据层中包含识别风险的关键信息，汇集了企业内部数据，企业基本信息，企业关联信息，借贷交易数据，授信记录数据、担保记录数据等；同时接入了第三方数据，征信数据、税务数据、发票数据、物流数据、司法信息、工商信息等。

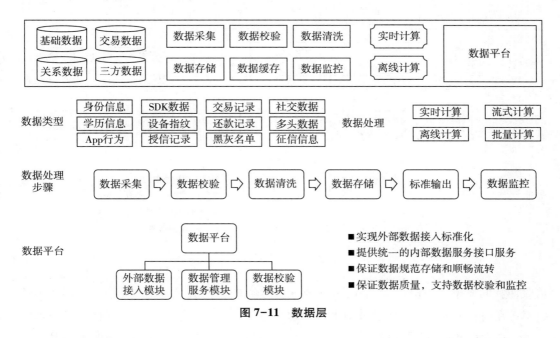

图 7-11　数据层

数据处理的步骤通常分为数据采集、数据校验、数据清洗、数据存储、标准输出和数据监控。数据平台是数据层的支撑工具，通过数据平台来实现数据层的管理。通常数据平台包含内外部数据接入整合的功能，数据管理和服务的功能，数据校验和监控的功能，是智能聚合风控系统的底层数据仓库。

2. 特征层（见图 7-12）

特征是从数据中抽取有效的、针对特定目标的关键信息，形成可以用于模型和决策的特征，从数据产生特征的过程就是特征挖掘。数据质量决定了特征质量的上限，好的特征挖掘过程是尽可能从数据中挖掘出最有价值的信息。特征平台是为了支撑特征从开发到应用的工具平台。通常特征平台包括特征挖掘模块、特征计算模块和特征管理模块。

3. 模型层

模型算法层可以实现智能化的风险预测评估。风控中典型的场景就是预测风险，计算发生风险的概率，再复杂的算法本质上可以理解为概率问题。金融风控场景中我们构建模型计算评分来预测用户的欺诈概率、违约概率、贷中风险发生的概率、贷后

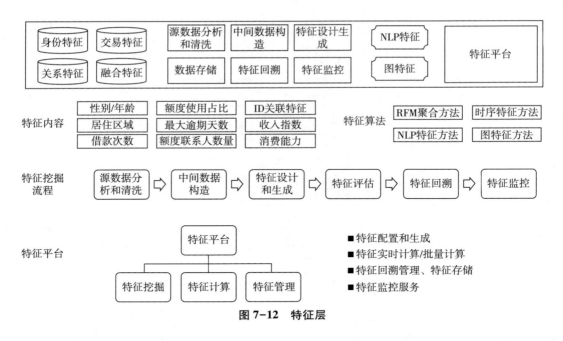

图 7-12　特征层

催收回款的概率。公司在营销场景中构建模型来判断营销成交转化的概率、识别作弊的概率；在内容风控场景中构建模型来判定内容违规的概率。模型平台是支持模型管理的工具。通常模型平台包括自动建模功能模块、模型计算功能模块、模型管理功能模块。

4. 策略层（见图 7-13）

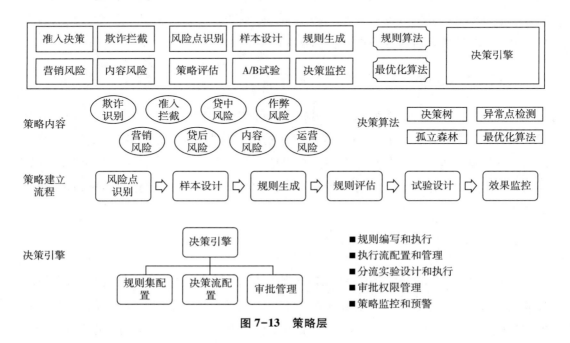

图 7-13　策略层

决策层是整个智能风控体系的最后环节。这一层针对业务场景，基于特征和模型结果制订决策方案，对最终的业务决策和流程产生影响。

策略环节通常需要设计一套决策流程，在流程中的每一个环节设置决策规则；通过规则实现业务流程的通过或者拒绝、差异化的分流等动作。在金融风控贷前场景中，通常决策包括欺诈识别、信用风险识别以及其他一些准入拦截；对于通过的客户进行差异化的审核操作、差异化的授信额度决策、差异化的定价政策等。风控策略制定中最常见的是风控规则策略制定，流程如下：识别业务场景中常见的风险点；选择合适的分析样本；基于历史数据选择算法生成规则；对规则的有效性和稳定性进行评估；设计规则测试的方案；通常进行 AB 实验来验证规则的效果；对规则的有效性和稳定性进行持续监控。

决策引擎是支持策略部署执行的一个工具。决策引擎通常包括规则配置、决策流的配置、审批管理等功能模块。

三、经验分享

合理利用征信数据对客户信息进行深入挖掘和加工，衍生构建指标变量体系，利用大数据、人工智能技术和科学决策方法，通过自动化预测、评级和决策等方式，为客户评价、风险评估、差异化定价等模型提供统一、标准化征信数据衍生变量计算规则，构建出一套聚合风控模型体系，帮助企业提高风控能力的全面性、准确性和灵活性，提升风控质量。

联想金服对接人行二代征信系统以后，大幅提升了风控安全防护能力，实现征信数据对接查询的同时，能够快速、便捷地对应收账款转让及质押等信息进行征信上报登记和实时监测，有效提高风险管控效率、防范金融风险，更高效快捷地为中小企业服务，更好地服务实体经济发展。

（北京联想科技服务有限公司）

案例（24）中铁物贸："订单融"产品在中铁鲁班金服平台运用

摘要： 近年来，受内外部环境多重因素影响，工程建设行业不稳定、不确定因素持续增多，尤其资金链紧张成为制约众多企业健康发展的突出因素。中铁鲁班金服平台依托集物网实时、真实的交易背景，设计覆盖订单全周期的供应链金融产品方案"订单融"，可有效缓解产业链中小企业"融资难、融资贵"问题，使融资能力不再成为产业链交易的先决条件，促进产业链安全、高效运行。

一、企业介绍

中铁物贸集团有限公司（以下简称"中铁物资"）是世界双 500 强企业中国中铁股份有限公司全资子公司，注册资本金 30 亿元。中铁物贸是中国中铁专业从事供应链管理和物资贸易的大型企业集团，是中国物流与采购联合会副会长单位和中国招标投标协会副会长单位，北京企业（诚信创建）评价协会副理事长单位，中国企业联合会信用评价最优评级 AAA 企业，是中物联认定的 AAAAA 级供应链服务企业，是商务部等八部委公布的首批全国供应链创新与应用示范企业。

集物平台是中铁物贸自主研发打造的建筑业全品类数字化供应链生态平台，建立了大宗物资与工业品下单、统筹、配送、签收、支付、结算、开票的全流程线上化的平台体系，贯穿大宗商品供应链上下游的资源端、运营端、支撑端和终端客户全业务链条，覆盖全品类物资。提供仓储、物流、供应链服务、数据资讯等多种增值服务，通过大数据的智能风控及数智化合规管理，以数字和科技赋能，为建筑业用户提供一站式供应链集成服务解决方案。

中铁鲁班金服平台是内嵌在集物平台中的供应链增值服务模块，作为集物网供应链集成服务的重要一环，开展以"付款代理"为主的供应链金融业务，依托互联网、区块链、电子合同、电子印章等技术，全面贯通供应商入围、核心企业业务审批、关键数据归集推送、银行系统处理与反馈、到期付款跟踪的供应链金融业务线上全流程。平台同步配置"集信宝""集秒贴"等增值服务，打通多元融资渠道，为广大平台用户提供开放、安全、快速、便捷、质优价廉的供应链增值服务。

二、案例内容

（一）背景介绍

建筑业作为国民经济的传统支柱型产业是稳增长、扩内需的重要领域，是发展"新质生产力"的重要阵地。如何通过创新驱动实现建筑业全面转型升级、跨越行业周期成为迫切需要解决的新命题。

2023 年 11 月，《中国人民银行 金融监管总局 中国证监会 国家外汇局 国家发展改革委 工业和信息化部 财政部 全国工商联关于强化金融支持举措 助力民营经济发展壮大的通知》（以下简称"通知"）发布。通知首次提出脱核供应链金融，并指出"银行业金融机构要积极探索供应链脱核模式，支持供应链上民营中小微企业开展订单贷款、仓单质押贷款等业务。"订单融以其高效、灵活、业务期限长的特点，与供应链平台数字化、智能化的建设目标高度契合，将成为未来金融赋能建筑业新质生产力的重要抓手。

有别于传统保理融资，订单融将未来的应收账款转化为即时的现金流，弱化对核心企业确权和数据的依赖，将传统供应链金融业务开展的聚焦点转向数据信用或物的信用。集物网"鲁班金服平台"推出了定制化、场景化的产品解决方案，其生态圈采购模式破除交易过程中的信息壁垒，大幅减少不必要的中介组织和中间环节，使产业链上下游与金融机构间无缝对接，实现产业链上下游及金融机构的紧密协作和资源共享，有效满足了产业链上下游合作伙伴在采购、生产、销售等环节的金融需求。

集物网作为"中铁鲁班金服平台"的载体，以资源、物流、仓储、信用、数据、核算等增值服务，打通上下游产业链，整合采购、生产、交易、运输、仓储等全链条服务，充分发挥场景和数据优势，依托"商流、物流、信息流"为网站商品采购订单打造出全面交易场景，构建起可信数字资产，为平台订单融业务开展提供了必备条件。

（二）产品介绍

中铁鲁班金服平台的"订单融"是指在以赊销为付款方式的交易场景中，针对核心企业上下游企业因履行交易合同所产生的融资需求，采用数字化平台对接抓取交易数据的方式，以订单项下的预期销货款作为主要还款来源，用于满足订单项下原材料采购、组织生产、施工和货物运输等资金需求而提供的短期融资产品。订单融的基本逻辑关系如图 7-14 所示。

（三）业务流程

订单融主要针对交易过程中的三个节点：订单已签订节点、订单已发货验收未结算节点、订单已结算未支付节点，融资所需交易背景材料由鲁班金服平台在集物网通过接口互联方式进行抓取并推送。

1. 订单已签订节点

订单签署完成后，供应商在鲁班金服平台发起申请，选择"订单融—订单已签订"，并选定计划融资的订单，鲁班金服平台通过系统将订单签订相关信息、合同等背景材料推送给银行。银行对订单信息进行审核，并为供应商核定融资额度或根据供应商已有额度，按照订单金额一定比例提供短期融资。买方最晚于应收账款到期日存入指定账户，产生的利息以实际融资天数计算。

2. 订单已发货验收未结算节点

订单融订单已发货验收未结算节点，供应商在鲁班金服平台发起申请，选择"订单融—订单已发货验收未结算"，并选定计划融资的订单，鲁班金服平台将卖家发货、

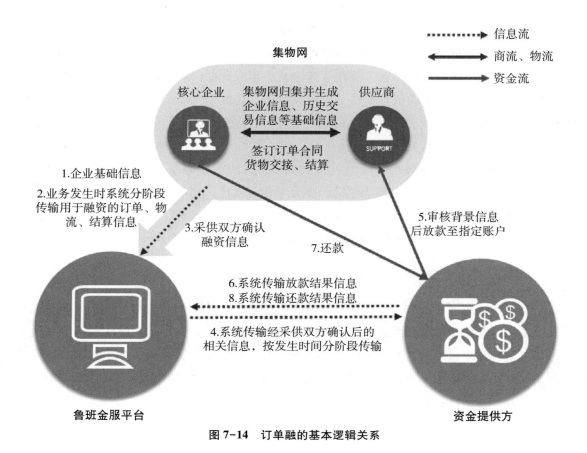

图7-14　订单融的基本逻辑关系

物流运输、买家签收等相关物流轨迹、签收单、合同等背景材料的相关信息推送给银行。银行对相关信息进行审核，并为供应商核定融资额度或根据供应商已有额度，按照订单金额一定比例提供短期融资。买方最晚于应收账款到期日存入指定账户，产生的利息以实际融资天数计算。

3. 订单已结算未支付节点

订单融订单已结算未支付节点，供应商在鲁班金服平台发起申请，选择"订单融—订单已结算未支付"，并选定计划融资的订单，鲁班金服平台将双方签认的结算单、发票、发票等与订单有关的相关信息推送给银行。银行对相关信息进行审核，对供应商核定融资额度或根据供应商已有额度，按照订单金额一定比例提供短期融资。买方最晚于应收账款到期日存入指定账户，产生的利息以实际融资天数计算。

业务流程如图7-15所示。

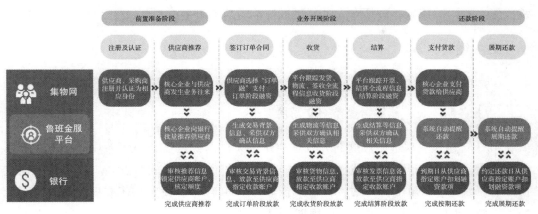

图7-15 业务流程

(四) 风险管理

1. 背景核查

订单融以供应链订单为载体，供应链金融业务开展的起点在于对交易背景的有效审核，银行作为资金方难以仅凭订单对交易背景的真实性进行充分的判断。集物网"鲁班金服平台"订单融的订单来自集物网自身的商品交易订单，同时依托数字技术，核心企业供应链数据对订单的"确权"，提升金融在该环节介入的可能性。同时依托与核心企业招标、合同等系统的互联互通，使对交易背景全方位核查及"验真"具备条件，巩固了订单融业务实施的基础。

2. 平台运营

不同于应收账款电子凭证等确权业务需要核心企业自上而下推动，订单融本质是场景化供应链金融业务，其对平台运营的能力要求更高。基于集物网不同业务模块，构建了包括"产品运营、资产运营、客情运营、数字化运营、供金业务运营"等在内的全方位运营体系，并配置包括业务、风控、IT、客服等在内的综合服务团队。

3. 资金对接

金融机构在推动数字化转型过程中，面临着金融思维模式的转变。相对而言，"脱核"供应链金融产品接受难度比确权类产品更大。基于此，对于订单融来说，如何打造成熟、开放的资金体系，也关系到订单融的长期可持续发展。集物网"鲁班金服平台"经过几年的发展，与五大行、国有股份制银行、城商行均建立了良好的合作关系。在此基础上，针对金融机构的特殊情况，逐一建立金融机构资金画像，按照"先易后难、逐步推广"原则，高效建立各场景下订单融的资金生态。

三、经验分享

（一）订单融的优势

1. 业务期限长，能够覆盖整个交易周期

2023 年建筑业现金循环周期大概是 800 多天，也就是资金两年才周转一次，如不及时优化，将面临很大的挑战。订单融能够将信贷资金的投放节点从应收账款到期支付环节，前移至订单签订环节，在供应商获取订单后的垫资生产环节提前介入，大大拉长了融资期限，覆盖了整个交易周期，最长可以做到 2~3 年，解决供应商融资节点及融资期限的需求。

2. 银行审核便捷，放款高效

订单融产品完全打破常规企业的一般授信流程，银行只对业务模式做一次性审批，对单个企业只做要件审核。单个供应商只需要按照核定的额度进行占用即可，无需再次授信审批。这极大简化了单个企业的审批流程，让供应商企业在拿到合同后就能以最快的速度拿到贷款。既提高了运营效率，又提升了客户体验感。

3. 供应商提用便利，还款高效

供应商只需线上申请，线上传递资料，银行和鲁班金服平台进行信息交互，提取相关的交易数据作为放款依据材料，为供应商简化了放款材料的准备工作。在材料齐备的情况下，银行将在 1~5 个工作日内完成放款。订单资金回笼账户后，非融资订单项下的资金，灵活使用，不受限制。融资订单项下的资金，供应商享有提前还款权，保障资金的运作效率，节省企业的财务成本，付息方式可以灵活设定。

4. 信用放款

订单融产品不强制要求担保和抵押，主要的增信条件是供应商在银行开立结算账户，由核心企业协助将结算账户锁定为订单回款账户。放款后的 5 个工作日内由银行方完成供应商未来应收账款质押登记工作。

（二）订单融的社会效益

1. 对供应商的效益

订单融可以帮助供应商扩大贸易机会，大幅提高接收订单的能力；有效地降低库

存成本，提高物流速度和库存周转率；解决前期启动资金短缺问题，能够顺利完成订单生产。

2. 对核心企业的效益

订单融促进核心企业顺利完成采购，保证其采购渠道通畅，按计划安排生产。通过给上游企业提供信贷融资，减少上游供应商的资金压力，确保购货商自身依托的供应链稳定，消除供应链不稳定带来的负面影响。为企业培育忠实的供应商群，有助于企业长远稳健成长。

3. 对银行的效益

帮助银行批量开发优质客户群体，解决单个客户开发营销成本过高的问题。进一步巩固与企业的合作关系，加深合作范围，有效提高对公业务的市场份额。订单融还款来源为供应商给付的货款，银行通过锁定回款账号，带来活期存款。由于供应商多为中小企业，贷款利率定价有议价空间，综合收益较高。

4. 对产业链的效益

针对上游企业高峰排产，下游企业密集订货期资金压力大的问题，订单融能迅速为企业提供资金支持。"有订单就能融"，使融资能力不再成为产业链交易的先决条件，同时也使赊销成为不可能事件，在一定程度上遏制"三角债"的形成。保障产业链高效稳定运行。

（中铁物贸集团有限公司）

案例（25）三悦科技：基于区块链的产业数字金融科技监管平台

摘要：三悦科技通过运用区块链等技术构建产业数字金融科技监管平台，为各产业企业及金融机构提供综合解决方案。一端为产业搭建数据资产平台，在交易场景中形成工具解构出动态数字资产，形成数字债项。另一端为金融机构架构基于动产数据的创新模型，实时评估、隔离数字债项，使金融机构可以为交易链条中各类企业提供基于数字资产增信的融资服务。尤其是中小微企业，降低银行对其主体信用和资产信用的依赖，仅通过交易信用为其提供融资服务。

一、企业介绍

三悦科技成立于 2015 年，是一家拥有行业领先的产业场景数字化转型创新能力以及在线运营优势的科技信息服务公司，专注于以科技为驱动，场景为核心的产业数字供应链金融科技服务平台。公司深入产业场景，为各产业链上的核心企业及上下游中小企业提供一站式数字供应链金融产品解决方案，并为金融机构提供场景解构、可信数据模型、资产管理等供应链金融科技服务支持。

8 年来，三悦科技在数字科技领域已经与多家银行总行展开了全面的业务合作，在工业、旅游、差旅、农业、跨境贸易、政府采购等多个行业落地。截至目前，平台协助金融机构为超过 5000 家企业累计放款超过百亿元，推动金融机构从传统银行到智能银行的转变，也推动了产业数字化的发展。

三悦科技为朝阳区建立了文旅金融综合服务平台、农产品数字供应链场景融资平台，自贸区国际商务服务平台、CBD 产业链供应链数字服务平台等多个平台。平台解构数字资产形成数字信用，聚合银行金融工具，形成银行对外输出的金融产品，服务于具体企业，以便解决数字供应链金融和中小微企业普惠融资难题的方案。

三悦科技连续 4 年被评为朝阳区高科技高成长 20 强企业，北京市未来独角兽企业，2020 全球金融科技 50 强企业，2021 年被评为中国创新品牌 500 强，被中国电子银行网评为 2021 年金融数字科技创新大赛全场荣耀奖，2022 年金融信创金奖，2022 毕马威中国金融科技 TOP50 企业。其中文旅平台被文旅部评为"2021 年科技创新十大案例"，被商务部授予国家扩大服务业开放复制推广的"全国十大创新案例"；北京 CBD 国际商务服务平台于 2022 年服贸会入选"两区"建设改革创新实践案例，将面向全国复制推广。

二、案例内容

（一）背景介绍

中小微企业贷款难、银行放款难，已是大家共识的问题。中小微企业行为数据质量差，导致银行普惠金融信贷成本高且效率很低。中小微企业贷款普遍需要抵押物，或者增加第三方担保，这使得贷款综合成本很高且贷款额度低，纯信用贷款普遍在 100 万元左右，对于中小微企业的生产和贸易的支持有限。

中小微企业贷款，一是要"普"，需要让更多的中小微企业获得融资的机会；二是要"惠"，银行的直接融资肯定是最便宜的。传统的融资解决方案已经被证实不能解决根本问题，还带来了很多隐患。传统银行用行为数据针对中小微企业建立白名单的方式无法解决企业融资综合成本高，银行信贷效率低的问题；围绕核心企业为上下游小微企业提供融资的供应链金融1.0，和由第三方金融科技企业通过保理或反保理的方式把核心企业的信用额度在供应链中进行传递的供应链金融2.0，依然无法解决占用核心企业信用额度，以及核心企业套利转贷和金融贸易的根本问题。

三悦科技为不同行业和产业场景构建高质量交易撮合场景，并对场景数据进行解构，锁定交易数据形成数字资产，并与银行线上风控系统直连，形成不可篡改的交易数据链和信贷资金闭环管理，协助银行实现在线智能融资服务。自成立以来，三悦科技与多家大型银行总行，如中国工商银行、华夏银行等开展了全面的业务合作，在旅游、差旅、采购、跨境贸易等多个行业落地。已累计为上千家企业提供普惠金融服务。

（二）产品介绍

以"产业数据+科技监管+数字金融"的产融结合模式，输出产品服务具体企业，以便解决数字供应链金融和中小微企业普惠融资难题的方案。其核心是通过数字资产增信融资企业，即针对企业的动产形成数字资产增加企业的融资能力。与"主体信用"不同，"交易信用"从交易分析、数据基础、指标特征、敞口风险的控制、押品和权利都发生了变化，并且强调交易项下的自我清偿性，以该笔交易项下的应收账款、货物、权益等作为押品和权利，更加适用于主体信用信息不充分、难验真且缺乏传统抵押物的中小企业。交易数据来自交易过程中产生的商流、物流、资金流和信息流等数据，突破核心企业增信确权的传统供应链金融风控模式，把焦点放在产业链中企业间的真实交易，从而将金融服务下沉至产业链中的二级、三级乃至N级供应商和经销商。

整合数据资源，确保数据真实、安全、可视化。利用区块链技术将商流、物流、信息流、资金流等数据整合上链，实现"四流"合一，保证数据安全性的同时实现数据业务的透明可视化。供应链各个参与主体依托区块链技术构建联盟生态链，各参与方能够共享一个透明可靠的信息平台和追溯流程，使用分布式、共享式账本，区块链技术可提供高度安全和不可篡改的数据。

依托智能合约，实现业务风险可控、高效交易。区块链技术通过设置自动交易规则和执行机制，在满足条件时，实现货物、货权、资金、债权等资产的自动强制转移，降低人工干预，解决传统技术中存在的证据链不完整、交易成本高、出错率高、效率低的问题，提升供应链金融数字化、自动化水平。

通过各方在分布式账本上的共享合约信息，智能合约可以确保在预定的时间和条件达成后自动进行支付，将合同及执行条款通过编程的方式写入区块，通过智能合约实现自动化清算，快速完成回款路径上的资金转移和账本信息同步更新，实现强有力的回款保障。

（三）技术和平台

数字资产增信的前提是数据能够被视同为资产。要想解决这一难题，公司需要协助金融机构实现智能银行的转变，需要解决三个核心问题。①如何形成数字资产。动产金融的关键是形成可控的数字资产。数字资产的形成要依赖于交易数据，交易数据要确保唯一性、合法性和公允性，就需要可溯源的数据、可封闭的交易场景，以及保证数据的不可篡改。②如何形成智能合约。只有形成智能合约，才能保证资金流与信息流和物流的匹配，才能保证交易账户的闭环管理。③如何形成智能风控。要想实现普惠金融，就得实现智能风控，机器人审批，智能化贷前、贷中、贷后管理。

为了解决上述三个问题，三悦科技研发中心涉及了 4 项关键技术。①物联网。解决基础数据的可靠采集，不同场景的平台产生数据资产。②大数据。对采集的数据进行分析和加工，对数字资产进行价值挖掘。③区块链。保障场景中的数据不可篡改，对交易场景进行封闭管理，形成智能合约。对数字资产进行债项隔离，并实现可交易性。④人工智能。不断对数据和场景逻辑进行学习，形成智能风控。

（四）业务流程

平台业务全流程线上操作，对于借款中小微企业而言方便快捷。以文旅场景为例，具体企业操作流程如下。

（1）借款企业登录银链通平台注册。

（2）借款企业在工行开户，建档建信。

（3）借款企业在线提交已签订景区包销合同、《景区门票融资项目信息表》相关信息和准备资料。

（4）与平台签订《技术服务协议》。

（5）确定本次融资项目的放款金额。

（6）线上提交贸易以及融资申请。

（7）平台方基于贸易关系做景区通关系统对接，景区控票处理。

（8）借款企业存入保证金，银行放款。

（9）保证金与银行贷款受托支付到景区账户，借款企业进行门票销售，销售款项进行还款。

（五）风险管理

公司就平台不同行业场景产融项目，成立风险控制小组，小组就各业务场景分别设置风险管理办法制度，内容包含从客户信息采集、信息使用、主体准入、贸易审核、贷款发放、贷款到期处理、不良资产处置、贷后检查基础管理、费用收取、风险识别等方面，通过制定各条线风险控制措施，以规范因融资业务存在的信用风险、操作风险或其他不可抗力导致的信贷风险等对公司及银行可能造成的损失。

在贷后监管方面，以文旅场景为例，一是通过连接多个第三方OTA平台，联动多方资源，助力借款旅游企业承销；二是由核心景区、酒店与借款企业签署回购协议，为融资项目兜底；三是要求借款承销商制订科学、合理的包销计划，明确门票销售渠道、销售方式，按月/季监督承销商计划完成情况，对于还款进度不理想等情况，及时介入了解原因，并根据实际情况对承销商包销情况进行管理。

平台方在做好监测项目运营情况的同时，负责做好每日还款监测、每周订单还款汇总、每月销售还款进度汇总等，日常跟进借款人及景区沟通项目情况及贷后监管，不定期抽查还款订单真实性及合理性，积极沟通销售计划执行情况及后续运营方案，对项目整体情况做出评估并反馈银行。

三、经验分享

三悦科技基于区块链的产业数字金融科技监管平台的产融解决方案，通过对交易场景和交易数据的解构，利用区块链等金融科技手段形成不可篡改的交易数据链条，通过数字科技手段深度融入供应链交易环节，确认交易场景中的数据有效性，保障贸易数据的唯一性、公允性和合法性，让交易数据具备金融属性，提升交易场景的风险管理能力，以数字资产增信的方式解决普惠金融和供应链金融的难题。

当前市场反馈良好，截至目前，已和各行业多家大型国央企、核心企业，大型商业银行建立良好合作，覆盖文旅、工业、农业养殖、大宗、进出口贸易等多个行业。平台累计注册企业超万家，对接核心企业超千家，通过平台放款金额超500亿元。其中，接入文旅产业核心景区、酒店、经销商等超5000家，接入工业采购类核心企业及其供应商超过3000家，接入农业类采购供需两端的核心企业以及上下游小微企业超500家，接入物流运输行业头部企业及其承运方、托运方超100家，实现基于工业企业采购、农产品采购及养殖，以及货运质押类的融资服务。此外，平台基于天津港的平行进口车产业链，将进口代理商、仓储公司、物流企业、处置商均与平台进行了对接，给金融机构提供有力的数字风控抓手，提升了金融机构服务实体经济的效率。

（北京优品三悦科技发展有限公司）

案例（26）华筑通：建筑工程行业政采供应链金融方案

摘要：华筑通建筑工程行业供应链金融平台，为建筑工程行业供应链中小企业提供综合金融服务，主要包括信用担保类非融资性金融服务，以及融资性金融服务。围绕着政府采购场景下的建筑工程行业提供全程的金融服务，旨在缓解建筑工程行业企业资金压力，解决融资难题；形成产业金融助推产业数字化，产业数字化促进金融服务深入产业链上下游环节的良性循环。

一、企业介绍

深圳市华筑通科技有限公司（以下简称"华筑通"）成立于2017年9月，是一家以信息技术服务为主导，为企业提供综合信用解决方案的金融科技企业。公司一贯注重新技术、新产品的开发和推广，公司团队主要来自科技、金融、工程建筑行业，有丰富的跨行业经验。华筑通主要围绕建筑工程行业，提供工程信用担保服务、建筑供应链金融服务。

华筑通自行研发出华筑通科技金融服务平台——包含华筑通电子保函平台、华筑通综合金融服务平台、供应链金融平台，服务建筑工程领域客户，为实现建筑行业招投标领域全流程电子化提供整体解决方案。华筑通自成立以来一直围绕着建设工程行业，开展金融科技服务，包括非融资性的工程信用担保服务，以及融资性金融服务。在工程信用担保方面，华筑通主要产品是电子保函平台，通过与出函机构对接，可以提供投标保函、履约保函、农民工工资支付保函、工程质量保函、预付款保函、诉讼保全保函的开具服务。在融资性金融服务方面，华筑通通过对接银行贷款产品，为中小企业提供投标贷、中标贷、商票快贴、融资租赁、保理等供应链融资服务。目前，华筑通与超过20家金融机构保持长期合作关系，实现在全国30多个公共资源交易中心落地。

二、案例内容

（一）背景介绍

建筑工程行业，不管是房建、基建还是政府采购市政工程，都属于资金密集型行业，核心企业上下游中小企业有迫切的资金需求，工程建设行业有着很好的供应链金融实践基础的。因为天气、工程款结算、财政预算制定等原因，建筑工程行业是有淡旺季的，一般第二、第三季度是旺季，第一、第四季度是淡季。淡旺季会直接影响建筑企业的材料库存储备，反映在资金需求上，这使得资金需求有波动，进而衍生金融服务需求。其次是工程项目施工周期长，在款项结算环节，保理、票据等产品运用普遍。建筑工程行业这些特征，都与供应链金融运用场景和开展条件极其契合。

近年来，数字化转型的浪潮席卷各行各业，公共资源交易领域的数字化建设也日趋完善。2015年《国务院办公厅关于印发整合建立统一的公共资源交易平台工作方案的通知》、2019年《国务院办公厅转发国家发展改革委关于深化公共资源交易平台整合共享指导意见的通知》等一系列文件的发布，为公共资源交易平台建设指明了政策方向。目前，在全国范围内基本形成了规则统一、公开透明、服务高效、监督规范的公共资源交易平台体系，实现了公共资源交易全流程电子化和数据标准的统一，为政府工程采购领域开展供应链金融服务打下了良好的数字基础。

（二）产品介绍

政务供应链金融，是相对于企业供应链金融而言的，泛指政府订单融资和政府订单信用担保等融资类和非融资类金融服务的统称。政府订单是指政府部门使用财政性资金采购货物、工程和服务的行为，涵盖了公共资源交易活动中的政府采购和建设工程交易。

华筑通建筑行业供应链金融服务体系为政府采购领域的建筑工程行业企业提供全生命周期的金融产品服务，包括工程信用担保电子保函服务，以及订单融资、订货融资、数字债权凭证、保证金贷款、票据贴现、融资租赁等融资性金融服务。

华筑通建筑行业供应链金融平台，以非融资性工程信用担保服务为切入点，延伸提供融资性供应链金融服务。在政府工程采购招投标领域，华筑通在全国各地30多家公共资源交易中心为工程企业提供投标电子保函服务，切入政采工程交易场景。同时，也为中标企业提供履约保函服务，在履约保函环节，对中标企业进行完善的风险尽调，不仅满足了出具履约保函必要的风险管理，同时也为后续给中标企业提供供应链金融服务打下了风控基础。截至目前，平台累计授信超12亿家，为5000多家工程建设中小企业提供产业链金融服务。

（三）技术和平台

华筑通建筑行业供应链金融平台整体部署于华为云，由华为云提供基础设施服务。服务层，平台整体采用微服务架构，灵活性高、扩展性强；应用层，平台开发了实名认证、准入管理、文件管理、产品管理、融资管理、资金管理、风控管理、运营报表等应用模块，可以支撑不同的场景金融服务；在数据方面，平台一方面与合规第三方合作，接入征信数据服务、风控数据服务；另一方面与各类政采平台、公共资源交易系统、ERP系统等业务场景数据对接，沉淀数据，形成大数据底座；在机构合作方面，平台与金融机构、担保机构、资金管理渠道实现系统直连，对接资金端提供增信服务、风控服务，整合资源打通金融服务的各个节点。

（四）业务流程（见图7-16）

在资金端，华筑通与银行保持深度合作，将自身对市场、行业的了解有效传达给银行，与银行一起设计符合工程行业需求的金融服务产品，包括保函、融资性产品。

随着各大银行不断推进开放银行建设，华筑通也积极参与其中，合作银行通过开放资金清分、资金账户监管、风控管理等方面充分为华筑通赋能，提升平台资金管理能力、风控能力。

在场景端，华筑通持续推进与各类招采平台、交易中心、行业信息平台的对接，拓宽交易信息来源渠道，以保函服务为切入点，触达工程企业及其上游企业，提供供应链金融服务。

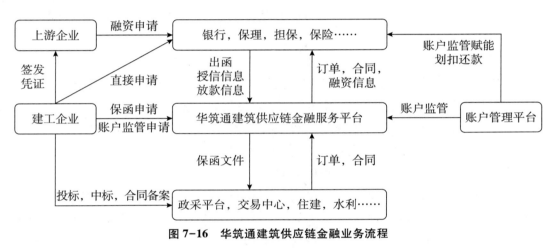

图7-16 华筑通建筑供应链金融业务流程

（五）风险管理

在政务供应链金融里面，交易的真实性确认主要依赖于招投标平台的公开信息，信息更可靠，更具权威性。

政务供应链金融里以工程项目回款为主要还款来源，落实履约合同，评估工程企业履约能力是一个风控重点。在实际融资业务中，华筑通平台联动住建、市政等业主单位部门合同备案数据，对履约合同的真实性、合同回款账户做重点审核。对于建筑工程项目来说，保证合同履约完成，才可能顺利回款，还款来源才有保障。履约能力的风控工作不仅要做在贷前，更要落在贷后的跟踪维护。

华筑通平台除了重点审核落实合同回款账户，还联合资金方，申请对企业合同回款账户进行共管，能够有效监控账户余额，赋能资金方出款审批权，实现回款切实可控，资金闭环。

从长远来看，构建工程领域企业交易信用体系，是华筑通平台在风控环节形成的核心竞争力。通过沉淀招投标、签约履约、付款、工程质量等全流程各环节的业务数据，建立工程企业交易大数据基础，勾画工程企业画像，为企业的准入、授信、贷后管理提供更全面充分的评价依据。同时，描画业主单位的画像也同样重要，有利于我们把控工程付款周期、业主单位付款能力等。

三、经验分享

（一）业务模式

华筑通建筑供应链金融平台围绕着政府采购场景，以工程信用担保服务为切入点，延伸提供供应链金融服务，解决工程建设中小企业标前标后全流程的融资难题，缓解现金流压力。

（二）业务拓展

华筑通平台通过各级政府采购平台、行业平台实现了精准获客、批量化获客。同时，华筑通建筑供应链金融平台是一个对产业链开放的系统平台，支持多场景运营方，通过 SaaS 赋能业务资源方共同展业支持工程建设企业往上游拓展，加强华筑通平台对末端客户的辐射深度。

（三）业务效率

华筑通平台与资金、资产两端直联对接，全面打通交易、签约、履约、产品、融资等数据，建立互联互通互信机制，整合商流、信息流、资金流，协同产业链融资多方资源，提高业务办理效率。同时，通过沉淀各环节数据，构建工程交易领域企业信用体系，形成企业画像，提高融资业务效率。

（四）平台开放性

华筑通平台对产业链各环节都是开放的，基于标准 API 应用技术建立开放标准接口，支持各环节的系统直连直通，数据通过加密传输，打造建筑工程行业开放的、安全的供应链金融生态。

（深圳市华筑通科技有限公司）

第八章　数字债权凭证类供应链金融平台

第一节　发展概况

数字化应收账款债权凭证的相关内容在上一期报告中进行了初步论述，基于该模式在近两年取得的显著进展，本章从平台视角再次进行深入探讨。遵从行业习惯，上期报告中的应收账款电子债权凭证，本期报告中统一表述为数字债权凭证。

数字债权凭证已在包括建筑施工、能源化工、钢铁有色、新能源、汽车制造、装备制造、港口物流、商贸零售等数十个行业得到广泛应用。据行业专家估算，目前数字债权凭证业务的年融资规模或已突破 4 万亿元，已成为目前行业应用范围最广、标准化程度最高、发展速度最快的供应链金融产品之一。2015—2024 年全国数字债权凭证产品数量变化趋势如图 8-1 所示。

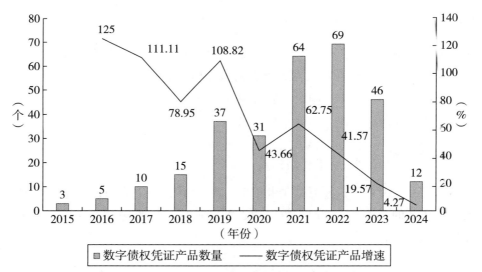

图 8-1　2015—2024 年全国数字债权凭证产品数量变化趋势
资料来源：广东省供应链金融创新合规实验室。

据广东省供应链金融创新合规实验室的不完全统计，截至 2024 年 4 月末，全国数字债权凭证平台共 290 个，其中在建 3 家；共运营 293 个数字债权凭证产品，打破了一平台—产品的惯例，2023 年首次出现了一个平台运营多个产品的情况。

从地区分布来看，数字债权凭证平台较为集中，北京平台数量最多达 49 个，其次为广东省 43 个，这两个地区的平台数量占全国平台总数的 31.72%。除此之外，分别为山东省（28 个）、江苏省（22 个）、天津市（20 个）、上海市（19 个），头部 6 地区平台数量占全国平台总数的 62.41%。

从产品上线情况来看，2021 年和 2022 年是产品集中上线的鼎盛时期，其中 2022 年达到最大值 69 个，2023 年有所回落。从发展趋势来看，2024 年上线产品数量将进一步回落。

从平台运营机构的性质来看，非金融企业占比过半，达到 57.64%，其中绝大部分是核心企业，尤其是大型国企、央企和上市公司；金融机构占比 24%，其中银行机构占比近九成；地方金融组织占比 18.4%，其中商业保理公司占比达九成。

城市商业银行成为近年来平台上线的生力军，不少城商行都在积极探索供应链金融业务，研发上线数字债权凭证业务对其而言是一种常见的选择，目前在银行机构中，城商行平台已经占比过半，达到 54.1%。

从核心企业所有平台的分布来看，有 71% 的平台主要聚焦服务于集团内业务。平台企业关联的集团近 200 家，其中央企 43 家、地方国企 103 家、民营企业集团 36 家，其余为外企或混合所有制企业。

受监管政策影响，央国企平台更加聚焦主责主业，更加注重合规要求，坚持内部金融服务属性，部分平台业务增长缓慢，甚至下滑；而市场化平台的业务仍呈稳步增长态势。

第二节　发展特点

一、合规运营更显紧迫和重要

数字债权凭证事关中小企业支付，容易引起"高息套利"等社会诟病。同时如何有效管理商业信用的流转、不造成商业信用的"无限制"扩张等也是事关平台长期、健康发展的重要命题。2022 年印发的《商业保理公司专项检查工作方案》（银保监会普惠金融函〔2022〕174 号），以及 2023 年印发的《关于切实做好化解拖欠中小企业账款工作的提示函》（银保监会普惠金融函〔2023〕195 号），都对保理类产品提出了严格检查和监管的要求。因此，各类平台要严格守住基础贸易真实合法的底线，在监管及合规框架内持续规范数字债权凭证业务的收费、期限等。行业机构应加快出台相关业务规则、规范，引领行业长期健康发展。

二、数字技术应用更为广泛

大数据、云计算、人工智能、区块链、物联网等前沿技术推动了产业数字化、数字经济的发展，也持续推动着数字债权凭证平台基础设施的转型升级。目前，在数字债权凭证领域，数字化手段已基本形成了"第三方技术引领、金融机构推动、核心企业应用"的局面。同时，在不同参与机构之间，数字化技术理念、数字化技术思维和数字化技术能力交汇融合，共同推动着数字债权凭证领域保持持续领先的数字化应用能力。特别地，人工智能（AI）技术在该领域深度应用，已形成了包括智能审单、智能登记、RPA 流程化管理等成熟应用，部分机构也逐步开始推出该领域的大模型服务。

三、平台生态更为开放和共享

开放、共享是供应链金融服务平台建设的内在要求，也是平台长期、可持续发展的保障。对核心企业的自建平台而言，应积极引入外部优质金融资源，不将资金方限定于内部（类）金融机构，不执着于高息套利。对第三方平台而言，以产业互联网方式，实现与多核心企业、多金融机构的直连互通，方能发挥数字债权凭证领域基础设施的功能。对金融机构运营的平台而言，通过与第三方平台、核心企业平台进行直接对接，能有效助力平台普惠获客，推动平台持续开放。

四、平台产品体系更加丰富

数字债权凭证已成为各类核心企业搭建供应链金融平台的基础性产品，借助该产品可以快速吸引平台用户、构建服务生态。在此基础上，深度挖掘供应链金融场景中的需求，加载其他供应链金融产品已成为各类平台发展的必由之路。如上海银行，持续推动"泛核心"供应链服务模式，拓宽产业链服务覆盖，已完成搭建标准化"产—供—销"泛核心企业产品体系。从核心企业平台看，多个平台已上线包括订单融资、到货融资等弱确权产品，并加载票据闪贴、供应链票据等票据类供应链金融产品。从第三方平台看，头部平台开始持续发力弱确权场景，在经销商融资、订单融资、中标融资等领域作出突破。

第三节　案例分享

案例（27）简单汇：数字供应链金融打造产业链共赢生态圈

摘要：金融活则实体旺，在国家政策指引和地方各级政府的关心支持下，TCL 集团凭借多年的实业经验，从产业生态的视角出发，简单汇于 2017 年 6 月成立，以解决产业链中小微企业"融资难、融资贵"的问题。简单汇以"金融+科技+产业"的组合拳，探索出一条普惠小微、生态共赢的道路，业务量与融资规模双双居国内前列，综合融资成本平均年化不超过 5%，在破题小微融资难、稳固凝聚产业链、促进实体抱团取暖方面发挥了独到的优势和作用。

一、企业介绍

简单汇成立于 2015 年，主要从事供应链金融科技业务。2017 年，简单汇业务发展到外部市场，以服务实体企业的供应链上下游为使命，帮助他们降本增效。目前，简单汇在广东、江苏、山东等 20 个省区市设立分部，截至 2023 年 4 月末，累计已服务900 家核心企业，助力中小微企业获得融资超 2000 亿元，涵盖电子制造、化工、基建、制药、汽车、农业等多个行业。

简单汇拥有 CMMI3 等保护证书、信息安全管理体系认证证书（ISO27001）、隐私信息管理体系证书（ISO27701）、质量管理体系证书（ISO9001）、信息技术服务管理体系认证证书（ISO20000）、2 项已授权专利及 43 项软件著作权，在大数据、区块链、机器学习、企业信用识别等领域具有较强的技术优势。

简单汇是首批加入"监管沙盒"的试点企业，也是首批加入广东省中小融平台的企业，连续荣获 2018 年度、2019 年度欧洲金融陶朱奖、2020 年中物联区块链分会最佳创新奖、全国高新企业、广州种子独角兽、广州高科技高成长 20 强，2021 年信用创新案例等多项奖项，从供应链场景入手，以金融科技赋能，运用大数据、人工智能、生物识别、发票采集与查验、区块链、OCR 等技术，为产业链属企业提供全线上一体化的供应链金融综合解决方案。

二、案例内容

（一）背景介绍

在产业链生态中的中小微企业受到抵押品不足和信息不对称的影响，普遍存在融资成本居高不下，甚至获取贷款困难的问题。产业痛点主要体现在两个方面：一方面是企业本身，除头部供应商外，大部分供应商特别是离核心企业较远的供应商综合资质普遍不高，应对市场波动的风险能力不足；另一方面是数据本身，和贸易背景相关的资料如贸易合同，发票等的验证过程相当麻烦，银行需投入大量人力在走访企业，风控成本极高，阻碍银行普惠推广，这也是中小企业融资难、融资慢、融资贵的原因。

为降低产业生态圈内合作企业资金成本，优化生态圈融资环境，构建合作共赢、互利互惠的伙伴关系，2015 年 6 月，简单汇供应链金融服务平台——"简单汇"上线，并于同期在全国开出第一张电子应收账款确权凭证"金单"，精准满足边远小微供应商的融资需求。简单汇的服务领域涵盖电子制造、化工、LED、电力电气等多个实体行业，服务核心客户包括央国企、大型民企、上市公司等，以"金融+科技+产业"的组合路线，以金融科技赋能，解决企业融资痛点，为企业提供一体化的供应链金融综合解决方案。

简单汇作为国内领先的供应链金融专业服务平台，打造了多条技能产品线，以帮助实体产业搭建信息互联互通、信用共建共享的良性供应链金融生态。

（二）主要产品

1. 金单及跨境金单

金单及跨境金单是公司首创的应收账款债权电子凭证，于2015年获得国家网信办备案，目前已与50余家全国性商业银行、政策性银行合作，与超500家分子银行及金融机构合作，助力中小微企业从金融机构获得融资超1500亿元。目前市场排名第二。

2. 供应链票据

供应链票据是中国人民银行主管的票据交易所推出的创新票据支付工具。2020年4月，简单汇作为首批接入上海票交所的三家科技平台之一，落地了全国首笔供应链票据。自接入上海票交所以来，截至2023年4月，累计签发供应链票据241亿元，贴现220亿元，位列市场第一。

3. 产品创新

（1）积极推动供应链票据+担保的业务落地。

2021年9月，芜湖市中集瑞江有限公司在简单汇平台开出100万元供应链票据，由芜湖市中集瑞江有限公司进行承兑，为其链属的小微企业提供资金支持。为实现金融链与产业链有机协同，助力安徽省汽车产业的高质量发展，芜湖市民强担保公司担保，在不占用核心企业额度下，徽商银行提供2.88%的优惠贴现资金。下一步，简单汇将积极联动国内担保公司、金融机构为中小微企业提供供应链票据融资服务。

（2）推动"绿色供应链票据"业务落地。

简单汇秉持"持续发展，绿色高效"的理念，于2021年11月11日落地"绿色碳链通"业务。这是在人行惠州中支的指导下，在惠州市金融工作局支持下，积极探索创新绿色金融模式，助力上下游中小微企业健康发展，以供应链票据为载体，以广州碳排放权交易评级报告为依据，串联核心企业和供应商，协调TCL财务公司为资金提供方，设立差异化优惠利率定价，在支持节能减排方面表现出色的供应商提供优惠融资利率，带动核心企业和供应链上企业协同减碳。

（3）供应链票据结算新模式—下游经销商业务。

深圳某国际供应链管理有限公司因业务条线众多，下游客户账期长短不一，财务部门无智能平台进行统一管理，人力沟通成本较高，且容易出现偏差。2022 年 4 月末，通过简单汇平台接收首笔下游客户开具 230 万元供应链票据，成功切换结算模式，由先行垫款转变为接收供应链票据，有效地加强了企业对下游应收账款的管理，提前锁定了回款，规范下游客户应收账款管理，让整个产业链条资金管理更便捷。

（4）票据秒贴—价格优、资金秒到账。

简单汇通过与合作银行的系统直连，为平台上的持票人提供银票秒贴、供票快贴等全线上化融资服务。首笔业务于 2022 年 5 月 24 日落地，目前签约超 60 户，共 35 笔，总金额 3000 万元，平均每笔 93 万元，平均放款时间 10 分钟。

（三）技术创新

1. 区块链应用与创新

简单汇是国内首批采用区块链底层架构的供应链金融平台，简单汇平台的区块链金单项目选择适合金融业务场景的联盟链，技术底层选择了 Hyperledger Fabric，在此基础上进行自研，由核心企业、金融机构、监管机构以及简单汇形成一个联盟组织，共同维护区块链账本，未来将加入各行业协会，司法机构等可信主体，每个核心主体都独立部署区块链节点并自己保管密钥，各节点间背书验证通过后上链，所有节点上的数据都是相同的副本，不同主体间的数据通过加密方式隔离。

2019 年，简单汇金单区块链获国家网信办备案，同年获评中物联"区块链十佳应用企业"，综合研发能力达到 CMMI3 认证；通过国家信息安全等级保护三级认证，启用阿里云服务器存储服务，数据异地灾备，以全方面加强数据安全性及运行稳定性。

2. SaaS 定制化服务

简单汇采用先进成熟的 springcloud 微服务 + 微前端架构，并搭建了完善的服务治理能力（服务注册、服务路由、配置中心、链路追踪、日志、监控、慢 SQL 分析），在构建了完善的 DevOps 平台，整个 IT 研发规范、高效、高质。系统以 DDD 领域模型为中心的驱动开发，实现了系统代码的低耦合，高内聚。通过领域模型，隐藏不必要的细节，有效地降低了复杂的业务之间千丝万缕的耦合关系，降低了应用系统的复杂度，实现业务的快速迭代开发。同时为了应对多样化的企业客户需求，简单汇构建了 SaaS 定制化能力，可以做到界面、流程和产品定制。

简单汇通过引入并整合 pinpoint、elk、prometheus、Grafana 及自研的单机性能工具，让技术团队可以监控机器、中间件、微服务等多维度运行状态，并第一时间发现和处理各种性能和业务问题。

对于自研的日志平台，具备多条件便捷查询、实时日志 Tail 监听、不同日志级别染色显示、日志性能分析工具等功能。

简单汇平台底层科技总体架构如图 8-2 所示。

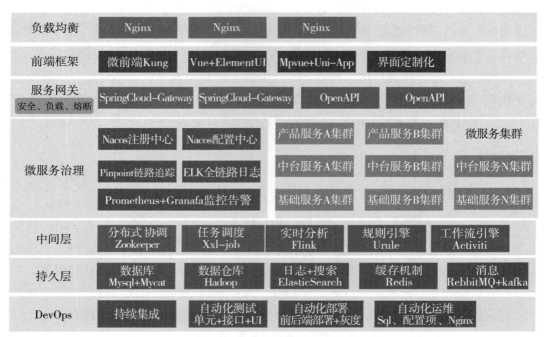

图 8-2　简单汇平台底层科技总体架构

三、经验分享

简单汇作为国内领先的供应链金融科技服务平台，适度性地将大数据、云计算、区块链、人工智能等新兴技术应用到供应链金融领域，探索出新的服务体系、产品模式及资源配置机制，创新价值主要可以归纳为以下五点。

（一）借助金融科技为实体产业链构建出了一个可靠的信用基础

简单汇以供应链中核心企业主体信用为锚点，以企业真实交易形成的债权债务关系为链接，建立出了一套统一、标准的法律文本和业务制度体系，在核心企业与供应商、供应商与供应商以及企业与金融机构之间构建出了一个规范、可靠的信用基础。

（二）借助金融科技在供应链金融生态中解决了信息不对称难题

简单汇通过对企业内部采购、财务、仓储及外部工商、税务、法院等信息的整合和分析，多方校验供应链关系及交易真实性，将主体信用及交易信用信息高效地传递给金融机构，并将金融要素信息及时地反馈给供应链中的企业，有效地破除了核心企业与供应商、供应商与金融机构之间的信息不对称。

（三）借助金融科技提供要素流转轨迹，帮助金融精确灌溉实体

简单汇的应收账款电子债权凭证、供应链票据等产品和技术创新，能够准确地为金融机构展示供应链中的要素流转轨迹，使金融服务能够有效地触达到供应链末端，金融资源也能够精确地投放到中小企业。

（四）借助金融科技有效显示企业实际需求，提高资源配置效率

无论是应收账款电子债权凭证，还是供应链票据，都支持企业便捷地按照实际需求进行支付和融资，不但能够帮助企业降低实际的财务成本，更重要的是减少了整个供应链生态中的金融资源浪费，提高了总体的资源配置效率。

（五）借助金融科技降低了金融服务成本，惠及供应链中小企业

从贷前审查，到贷中业务办理，再到贷后管理，整个供应链金融服务通过供应链金融科技平台搭建的各类业务系统全线上、智能化完成，不但提高了企业的用户体验，更重要的是极大地降低了金融机构的服务成本，为其开辟了小微金融、普惠金融的有效途径。

[简单汇信息科技（广州）有限公司]

案例（28）全链融科技：深耕产业链金融，从供应端到销售端全域赋能，助力制造业产业转型升级

摘要： 深圳全链融围绕美的集团及高端制造产业生态圈，聚焦发展产业金融，运用大数据、互联网、区块链等前沿科技，为生态上下游用户提供金融美易单、电子发票、电子签章的供应链金融产品服务。针对上游供应商，公司2019年自主研发了"美易单"项目，自从2020年试点以来，已入驻企业达9000多家。项目实现对产业链信息的高效汇集，通过有效信息，以较低成本实现风险甄别。

一、企业介绍

深圳全链融科技有限公司（以下简称"深圳全链融"或"公司"）成立于2015

年 7 月，隶属美的集团数字化创新业务板块。企业愿景是成为科技领先的供应链金融企业，成为中小企业信赖的合作伙伴。深圳全链融近年来积极推进供应链金融产业，截至 2023 年第一季度累计服务客户数超过 9000 家。

二、案例内容

（一）背景介绍

随着我国宏观经济进入新常态，经济增速趋缓，尤其是中小微企业融资难的问题更加十分突出。公司通过鼓励金融市场、金融企业等多方面的创新，大力发展面向社会各阶层的普惠金融，有效缓解了我国企业的融资难问题；以应收账款保理为基础的金融服务，成为服务产业链上下游小微企业的有效工具；利用金融科技，实现核心企业信用的多级流转，将服务延伸至二级、三级甚至更上游的中小型供应商，从而实现金融服务的全覆盖，继而支持和带动小微企业的发展。

（二）产品介绍

在此背景下，针对上游供应商，公司于 2019 年自主研发"美易单"项目。核心企业基于与供应商之间真实的贸易，在内部信息系统平台上以数据电文形式开具可拆分转让、可融资变现、可持有到期的电子确权凭证，依托互联网、大数据、区块链等技术，承诺在指定日期无条件支付确定金额的货款给供应商。下属企业向供应商开出美易单，供应商可以对收到的"美易单"进行融资、拆分或流转，如供应商有融资需求，则深圳全链融公司可向该供应商提供最高不超过美易单开单金额的保理款，期限至应收账款到期日止，还款来源为核心企业支付的货款。

（1）开单业务：核定核心企业采购额，开立全部基于真实的贸易，以购销合同与发票为基础。

（2）转单业务："美易单"的流转实质是应收账款债权的转让，可以自由拆转，可以实现一转多，根据实际支付金额精确到分位支付，且转单不需要任何费用。可以作为一种支付方式，向上传递。

（3）融单业务：深圳全链融为"美易单"提供无追索保理融资服务，"美易单"融资利率是每周定价，为供应商提供快捷高效且低成本的资金。每一张"美易单"的开立都基于真实的贸易和发票，经集团成员企业确权，不存在虚开的情况，即使有其他金融机构参与融资，在"美易单"开单总额既定的情况下，不会出现重复授信或过度授信的问题。

（4）到期兑付：不管"美易单"拆分转让多少次，都是由核心企业到期时无条件兑付，并不会导致流动性风险。

（三）技术和平台

基于美的家电产业链的金融需求，为便捷客户的申请及进行省时合规的信息检验与风险管控，同时也方便基于金融大数据，给客户提供更加深入的服务，深圳全链融厚积薄发整合了线上金融科技平台——全链融，服务制造产业链的产业用户，提供企业服务（金融服务、电票电章等）。

所有在全链融平台发生的交易，都有技术保障。全链融平台运用区块链技术为其提供可信的区块链网络，实现企业注册、开单签收、转让签收、融资受理、融资作废、美易单状态查询等上链解决方案，是区块链+供应链金融的较完整的解决方案。

全链融平台在金融交易积累的过程中也将还原产业链图谱，形成金融数字资产，同时该平台提供的电子合同——智汇签，能方便合同管理，方便系统校验、搜索。

（四）业务流程（见图8-3）

（1）核心企业向供应商下订单，供应商按期交货，并通过核心企业的项目验收。

（2）供应商受核心企业邀请或者直接注册全链融平台，开通美易单业务。

（3）核心企业使用美易单开单，按一定金额比例使用美易单支付给供应商。

（4）供应商登录全链融平台，操作签收美易单。

（5）供应商可以选择美易单转单支付给自己的上游企业；或者使用美易单融单，提前变现；或者等核心企业主动到期兑付。

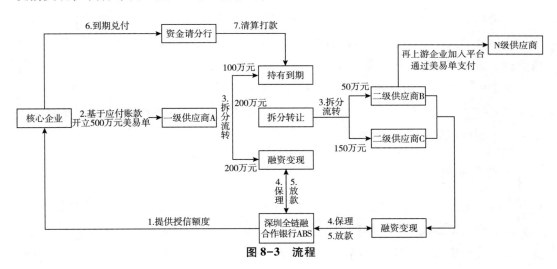

图8-3　流程

（五）风险管理

全链融平台围绕家电产业链提供金融服务的同时，过程中的风险也需要严格把握，才能保证金融服务的正常进行，真正做到对产业链健康赋能。业务的全流程中，风险管理措施包括。

（1）对核心企业回款能力进行尽调评估。

（2）借助官方系统的认证。

（3）保证融资人的信用风险。

（4）加强对融资人的贸易真实性审核。

（5）强化过程风险管理，过程中对接产业系统，随时监控融资客户的应收账款、采购订单、合作情况等数据。

三、经验分享

（一）创新点

1. 模式创新

全链融平台通过核心企业以电子方式确认及承诺对供应商的应付账款，帮助供应商盘活应收账款，解决融资难问题；通过核心企业汇聚1～N级供应商，嵌入商业保理服务，使中小微企业获得优质金融服务，提升经营管理能力，从而构建具备完整生态的线上平台。

2. 技术创新

全链融平台专注于持续的技术进步和创新，提供安全、稳定、高效的技术支持。如区块链技术为供应链金融平台提供可信的区块链网络，实现了企业注册、签收、融资受理、融资查询等上链的解决方案，是"区块链＋供应链金融"的较完整的解决方案。基础安全包括安全区域划分与防护、堡垒机制，网络设备防护、网络入侵检测、DDoS防护等。在数据保密安全方面，设置了数据专区、数据存储分级管理、敏感数据加密、数据区域隔离、操作控制等。

3. 手段创新

实现全线上化、无纸化服务，切实提高了应收账款流转的效率，智慧签约技术，灵活组合企业工商校验、活体检测、人脸匹配、银行卡打款校验等多种技术，实现企业、法人代表远程在线核实，结合文本水印技术、CA证书技术、文件加密技术和区块链存证技术保障在线业务办理真实、安全、合法合规。据不完全统计，全链融平台上线以来，原来中小企业实现资金融通需要1～2天，现在实现秒批，缩短到一小时内到账。

（二）经验分享

（1）依托产业链，提供保理融资服务，最终实现反哺主业健康发展。

（2）利用信息聚集优势，以低成本实现风险甄别

积极利用在产业链中处于具有桥接上下游交易信息、资金流信息及物流信息的关键位置，实现对产业链信息的高效汇集，获取大量交易数据；利用有效信息，以较低成本实现风险甄别。

（3）充分利用互联网、区块链、大数据等互联网创新工具及手段，提供安全、稳定、高效的互联网技术支持。

（4）依托技术优势、信息优势，实现实时风险控制。

（深圳全链融科技有限公司）

案例（29）爱购云链：爱购云—数字供应链产业生态平台

摘要： 爱购云—数字供应链产业生态平台的核心理念是融合物联网、区块链、人工智能等新一代信息技术，为产业链上下游合作伙伴提供"以交易服务为入口、物流服务为基础、知识服务为增值手段、数据和信息化技术应用为核心能力"的一站式综合性服务。从而助力传统供应链数字化、网络化、平台化转型，促进产业链降本增效，构筑更具活力的产业生态圈。

一、企业介绍

山东浪潮爱购云链信息科技有限公司（以下简称"公司"）成立于2019年，是浪潮集团专业从事数字供应链领域的二级产业单位。公司深耕数字供应链领域，构建融交易、物流、加工、知识、数据和技术等综合服务于一体的产业互联网平台，以生产要素数字化为核心，实现产业信息流、商流、物流、资金流、技术流的多流融合，解决供需错配，实现降本增效。公司融合物联网、区块链、人工智能等新一代信息技术，为产业链上下游合作伙伴提供"以交易服务为入口、物流服务为基础、知识服务为增值手段、数据和信息化技术应用为核心能力"的一站式综合性服务，从而助力传统供应链向数字化、网络化、平台化转型，促进产业链降本增效，构筑更具活力的产业生态圈。

爱购云链产业互联网主营业务主要依托公司自主研发的爱购云链综合平台

（www.igoyun.cn）开展，平台融交易、行业资讯、数据分析、行业知识等综合服务于一体，并逐步设立了"爱购商城""爱购物流""供应链金融""商机发现""爱购工具""知识服务"等服务板块，帮助上游企业扩展线上销售渠道，直接面向中小用户，实现具有针对性的精准销售，同时也为下游中小用户提供采购优质一手资源的稳定渠道，实现了供需及时匹配、产品权属的真实性验证、中小企业的需求实时跟踪等功能，满足其多种品类的采购需求。综合平台具备货物管理、采销跟踪、数据服务、智能客服、技术咨询、质量异议处理等服务功能，为买卖双方提供了高效便捷的产品采销体验。

爱购云—数字供应链产业生态平台已拥有会员超 8 万家，商品品类 30 余万种，平台交易额 3700 余亿元，B（企业）端用户场景丰富、业务稳定、黏性高，C（消费者）端用户服务内容丰富、成规模化增长，B2B2C（企对企对客）模式基本成形。

爱购云链以第三方产业互联网平台为战略定位，整合下游用户的采购需求，对上游形成议价能力，整合上游货源实现一站式采购，为企业节省成本，与此同时，通过对全产业链进行数字化赋能，提升企业交易效率、供应链效率、资金周转效率。与产业生态圈各方积极开展多层次合作，积极发挥"链主"企业在产业链中作用，推进资源和能力共享，带动补链延链强链，保障用户权益，促进公平竞争，助力产业生态圈降本增效和高质量发展。

二、案例内容

（一）背景介绍

当前，发展数字经济是把握新一轮科技革命和产业变革新机遇的战略选择。数字经济是数字时代国家综合实力的重要体现，是构建现代化经济体系的重要引擎。数据要素是数字经济深化发展的核心引擎。数据对提高生产效率的乘数作用不断凸显，成为最具时代特征的生产要素。协同推进技术、模式、业态和制度创新，切实用好数据要素，这将为经济社会数字化发展带来强劲动力。受国内外经济环境的影响，中国经济发展进入新常态。如何寻找新的利润增长点，如何挖掘新的市场机会和市场价值，以及在互联网环境下如何满足客户不断增长的个性化需求，成为这些行业龙头企业面临的十分现实的难题。

这时候，在产业供给侧的产业互联网平台型企业应运而生，一方面，通过互联网对传统产业链进行整合优化，打通供销通道，去除不增值冗余环节，通过信息连通，供需匹配，从而建立新模式下的产业价值网络连接；另一方面，以共享经济模式汇聚产业服务资源，对产业链上下游企业进行技术、金融等赋能，带动产业链整体转型升级。这种以互联网技术和思维推动的产业链整体结构优化正在成为各实体产业积极探索的方向。

（二）产品介绍

爱购云—数字供应链产业生态平台的核心理念是融合物联网、区块链、人工智能等新一代信息技术，为产业链上下游合作伙伴提供"以交易服务为入口、物流服务为基础、知识服务为增值手段、数据和信息化技术应用为核心能力"的一站式综合性服务。从而助力传统供应链向数字化、网络化、平台化转型，促进产业链降本增效，构筑更具活力的产业生态圈。

业务模式：爱购云链产业互联网平台创新的关键点是围绕新一代信息技术产业，从核心企业一级供应商、一级经销商向外延伸，从而实现产业链条的全链管理，并将多个垂直产业链条通过大数据建模，实现全产业链条的网状结构构造，从而形成商业模式的创新。爱购云链产业互联网平台基于该创新的商业模式，嫁接更多资金机构的金融产品，不局限于单一核心企业的授信模式，以平台为授信视角，以平台真实数据为授信依据，为产业链所有节点企业提供基于业务场景下的金融服务，建立新一代技术产业的产业链生态圈。

（三）技术和平台

爱购云链产业互联网平台致力于打造成为国内最领先的数字化供应链产业生态平台，以云计算、大数据、物联网、人工智能、区块链、5G等数字技术为引擎，提供以交易为核心，配套支付结算、仓储物流、数据以及供应链金融等服务，以浪潮集团为主体链主企业，以数据为核心价值，驱动全产业链数字化进程，提升产业链协同水平，大企业带动更多供应商入网，中小企业需求自发集聚，双向驱动建立产业链网络质量与服务标准，共建产业协同互联生态。

平台以B2B交易切入产业数字化，提出以"平台、科技、数据、金融"构建产业数字生态，纵向垂直深耕建筑、农业、大宗、橡胶、白糖等行业，包括不限于五金、电缆、水泥、电解铜、肉牛、牛肉、石油焦、沥青等原材料，横向拓展从交易到生产全链路全环节，构建起具备复合型知识结构、规模化推进能力和有效盈利模式的产业数字化实践体系。

产业互联网平台已布局形成以采购业务为基础、交易中心为支柱、数字技术服务平台为支撑的核心业务板块，平台的功能架构如图8-4所示。

1. 电子招采服务

为企业提供限额以上采购项目综合的招投标项目管理功能，包括招标方案、招标

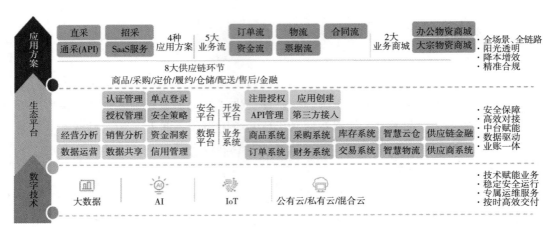

图 8-4　平台的功能架构

计划、招标项目、发标、投标、开标、评标、定标全流程电子化管理。

2. 非招标采购服务

为企业提供限额以下采购或特殊原因不能进行招投标的采购需求，提供多种采购寻源方式，帮助企业快捷在线询比价竞价，实现与供应商的高效协同支持多轮询比价/竞价、价格智能比对分析应对询比价中的复杂场景。

3. 采销协同服务

采购协同模块是为制造商、分销商、供应商提供的价值链协同云服务，基于可视化的交互协作，提高订单执行的效率和准确性，进一步降低库存率，打通供应链企业与上下游在计划/预测与承诺、订单履行、库存等核心信息流，有效控制库存，满足柔性生产的要求，进而提升整体产业链的柔性化水平。

4. 电子商城服务

通过电子商城这种采购方式解决金额较低的采购品类，企业将采购活动中小额多次的标准工业品通过商城采购的方式进行管理，帮助企业一站式汇集自有供应商及电商全品类商品，实现自有供应商和第三方商城同场比价。

5. 供应商管理服务

实现供应商全生命周期管理，包括供应商准入、会员分级、履约评价、供应商评级、供应商淘汰等。从引入认证到退出，帮助企业策略化地进行端到端的供应商全生命周期管理。

6. 智慧云仓服务

实物现场与执行过程管理，连接配送中心与仓库，实时监控仓库运行，从收货到发运，全程 RF 作业，满足多批次、多库位等精细化管理。

7. 智慧物流服务

将货运环节中的制造商、承运商、司机和收货方连接在同一平台，从订单分配到货物签收，实现全流程可视化，借助智能优化引擎，强大运力网络，完成物流计划、调度运行、供需平衡、运力管理的动态管理，降低整体物流运行成本。

8. 供应链金融服务

金融模块是为平台核心企业及其成员单位向上游供应商开具的体现交易双方基础合同之间债权债务关系的电子信用凭证，以真实的贸易背景为前提，并在指定日期无条件兑付确定金额给持有方。云潮久信具有高信用、可拆分、可转让、可融资等特性，云潮久信持有人可将云潮久信拆分流转、在线融资或持有到期收款，这是一种低成本、高效率、低风险的融资新渠道。

（四）风险管理创新点

1. 增强战略协同性和相关耦合性

当平台处于产业链的中间位置，要想使企业更具有竞争力，需要加强产业链上下游的合作，增强上下游企业对平台的依赖性，提高平台的耦合性。充分利用自己的核心资源，并将可共享的部分核心资源进行资源共享，使合作者的开发难度得以降低，保证合作者的利益最大化，同时也增强合作者对于我们的依赖性，有利于合作的巩固和平台地位的强化。

2. 以市场需求为导向持续创新

由于用户的偏好逐渐趋于多元化、个性化，公司会及时进行市场分析和预测，以求准确地判断市场趋势，从而根据市场和用户的需求推出相应的产品和服务来满足用户需求。

三、经验分享

（一）数字化采购+供应链金融降低核心企业的采购成本

核心企业通过供应链金融平台面向上游供应商开展现金折扣业务，使供应商提前获取货款，帮助供应商解决急需的运营资金，达到降低自己的采购成本的目标。另外，通过供应链金融建立的互联网平台，可以延伸企业采购、物流、分销中，从这个角度看也提高供应链效率，降低企业的经营操作和交易成本。

（二）供应链金融提升资金使用效率

核心企业可以将账户中必要的准备资金的一部分通过供应链金融平台，用于对供应商应收账款的融资，这部分没有风险、收益高、期限短、时间固定，提高了公司的资金使用效率。还包括和金融机构合作和资本市场对接，挣取息差、服务费。

（三）稳定核心企业供应链，推动供应链管理

一个企业不可能把所有的从原料、半成品、成品、研发、采购、生产、分销、物流等环节全干了，社会越发展，分工越明确，企业越要发挥自己的核心优势，把非核心业务外包出去，来提高效率、降低成本、增强竞争力。未来，都说不是企业与企业之间的竞争，是供应链与供应链之间的竞争。

企业在经营中经常面临资金短缺，一定会影响提供商品或者服务的品质及其连续性，这种不稳定一定会传导到核心企业。核心企业通过为其上下游提供供应链金融服务，在一定程度上能够稳定自己的供应链。除此之外，核心企业通过开展供应链金融，稳定供应链的同时，加深了对供应链管理的理解，以后会更加注重供应链管理，与其上下游企业的协同。

（山东浪潮爱购云链信息科技有限公司）

案例（30）华融金睿：易融链金融服务平台

摘要： 石河子农合行通过华融金睿为其量身定制的"易融链"平台，成功为核心企业的上下游服务商提供了高效便捷的融资服务。通过电子债权凭证的签发、流转和融资，实现核心企业信用的有效延展，简化融资流程，缓解服务商的资金压力，展现供应链金融的巨大潜力和社会价值。

一、企业介绍

华融金睿（北京）科技有限公司（以下简称"华融金睿"或"公司"）是一家混合所有制企业，是山西金蝉电子商务有限公司控股子公司，中科芯光子（浙江）科技

发展有限公司为国企参股股东。华融金睿以公共资源交易平台、企业数字化智能采购平台等为基础，专注于为政府和企业提供全链条供应链金融综合性服务，业务涵盖供应链管理、金融科技、票据服务、商业保理、运营解决方案等，是全方位、一站式供应链金融科技服务商企业。

华融金睿拥有自主知识产权的自建平台——华融E链供应链金融服务平台，依托区块链不可篡改、可追溯的特性，将企业在贸易过程中产生的应收账款，转换为可拆分、可流转的数字债权凭证，核心企业上游供应商既可以基于该数字债权凭证在平台上进行融资、转让、持有到期等系列操作，也可以为中小企业提供快速、安全、可靠的供应链金融服务；且该系统具备较大的兼容性，可以开展定制化服务和个性化系统输出。

华融金睿坚持以"服务实体经济，助力数字改革"为发展理念，经过近两年的迅速发展，公司自主研发建立的"华融E链"供应链金融平台已实现与邮储银行、中信银行、浦发银行、平安银行、上海银行、浙商银行、百信银行等银行总行层级平台准入与系统对接，为多家央国企上下游小微企业提供普惠金融服务，目前平台签约规模88亿元。公司也与中国交通建设集团、中国铁建股份有限公司、中国煤炭地质总局、太原重型机械集团、汾酒集团、中条山有色金属集团等企业建立了紧密的业务合作关系，为客户提供供应链保理、反向保理、票据保贴、普惠金融等各项服务。

二、案例内容

（一）背景介绍

2023年过半的银行均已开设供应链金融服务业务，将供应链金融作为对公业务战略转型的突破点，加大资源建设供应链金融平台，且这一比例在2027年有望进一步提升至80%。与自主研发供应链金融科技解决方案相比，外采第三方供应链金融科技解决方案能将时间成本和资金投入成本减少85%和76.8%以上。

在此情况下，"易融链"应运而生，该产品是基于华融金睿旗下的"华融E链"平台进行SaaS定制化开发，为石河子农合行解决小型银行数字化投入不足、服务大型企业受客户集中度管理限制等痛点，有效利用核心企业信用，为链属小微企业提供特色化线上普惠金融服务的整体系统解决方案。

（二）产品介绍（见表8-1）

表8-1　　　　　　　　　　易融链产品介绍

融资对象/融资方	核心企业上游小微企业/个体工商户
融资用途	生产经营流动资金需求

续　表

融资额度	应收账款发票实有金额	应收账款发票实有金额×质押比率（质押比率为70%以上）
融资期限	不超过12个月（特殊行业可延长至36个月），随借随还	
风控措施	应收账款转让：核心企业对应付账款在线确权	应收账款质押：核心企业对应付账款在线确权或有动产抵押、泛核心企业差额补足
产品特点	需占用核心企业授信；可拆分、可流转；资金全封闭监管	不占核心企业授信；资金全封闭监管；满足小型银行客户集中度管理要求；小微企业融资难、融资贵问题

（三）业务流程

1. B端应收账款转让（见图8-5）

N+1+N 供应商融资平台是一个全线上专属金融服务平台，它以核心企业为中心，通过签发电子债权凭证，实现信用的有效延展，不仅覆盖一级 N 家供应商，还能延伸至 N 级 N 家供应商。在这个平台上，电子债权凭证可以在核心企业的供应商之间自由持有、融资和流转。此外，该平台还为核心企业产业链上游企业提供便捷的在线服务，包括在线注册、在线签约以及在线放款等全流程操作。通过小程序身份核验确保安全，电子债权凭证的在线流转即可实现自动化管理，包括凭证签发和到期付款的自动清分。同时，平台还支持实时放款、还款以及提供其他金融服务，从而构建一个高效、安全的供应链金融体系。

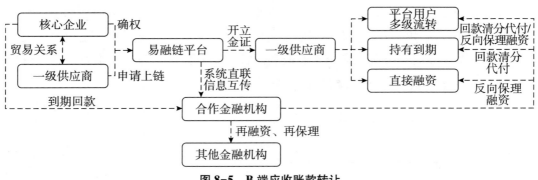

图 8-5　B 端应收账款转让

2. B 端/C 端应收账款质押模式（见图 8-6）

华融金睿"票 E 通"系统为商业汇票持有人提供一个便捷的融资平台，通过该系统，持有人可以将其应收账款质押给华融金睿的合作金融机构，以获得所需资金。同时，华融金睿还为金融机构提供丰富的服务，包括推荐核心企业及中小微企业客户资源，实现在线确权、合同签署，提供助贷服务如数据收集和整理，制订综合授信方案，以及协助金融机构进行贷后管理工作，从而形成一个全方位的金融服务体系。

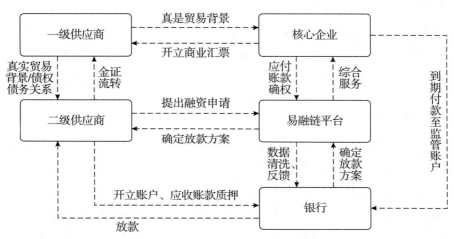

图 8-6　B 端/C 端应收账款质押模式

（四）风险管理

1. 风险管理内容

信用风险：对应收账款的真实性和有效性进行严格审核，确保转让或质押的应收账款是基于真实的交易背景，并且债务人（即核心企业）具备良好的信用记录和偿债能力。

操作风险：建立完善的内控制度和操作流程，降低因人为操作失误或系统故障导致的风险；包括但不限于对操作人员的培训、系统的定期维护和更新等。

法律风险：确保所有交易均符合相关法律法规的要求，避免因合同条款不清晰或违反法律规定而产生的法律纠纷。

市场风险：密切关注市场动态，对应收账款的估值进行合理评估，以应对市场波动可能带来的损失。

流动性风险：确保在需要时能够及时将应收账款变现，以满足资金需求或应对可能的违约事件。

2. 风控体系构成

事前审核机制：在应收账款转让或质押前，进行详尽的尽职调查，核实应收账款的真实性、合法性和有效性。

事中监控机制：通过先进的 IT 系统实时监控应收账款的状态，包括账期、回款情况等，确保一切在掌控之中。

事后追偿机制：一旦发生违约事件，立即启动追偿程序，包括但不限于法律诉讼、资产处置等，以最大限度减少损失。

风险分散策略：通过多元化投资，分散单一应收账款或单一核心企业的风险。

合作方筛选：严格筛选合作的核心企业和供应商，优先选择信用评级高、经营稳定的企业进行合作。

三、经验分享

紧密合作与沟通：与核心企业和供应链企业保持紧密的合作关系和良好的沟通机制是成功的关键。公司通过定期的业务沟通和交流，及时了解并解决客户在融资过程中遇到的问题，从而提升了客户满意度和忠诚度。

持续优化产品体验：公司始终注重产品的用户体验，通过收集并分析客户的反馈意见，优化产品功能和操作流程，使产品更加符合客户需求和期望。

风险管理与业务拓展并重：在追求业务拓展的同时，公司始终将风险管理放在首位。通过建立完善的风控体系和多元化的风控手段，公司成功地将融资风险控制在可接受的范围内。

[华融金睿（北京）科技有限公司]

案例（31）云筑金供：汇翼融供应链金融平台

摘要：汇翼融场景金融平台紧密围绕核心商贸企业的交易活动，将订单、物流、收货、融资、仓储等环节的经营行为转化为信用资产，通过对交易数据的深度提取与分析，实现动态授信与高效融资服务。平台不仅支持应收账款、预付款、存货等多种类型的供应链金融业务，且金融产品灵活适应不同业务场景需求，同时具备智能安全和高效率运行能力，能无缝对接各类平台系统。

一、企业介绍

云筑金供，秉承"以智慧金融供应链驱动产业高质量发展"的战略理念，建立了科技+产业+供应链+金融+跨境的集团化企业族群，并以开放共享的价值理念，凝聚了更大范围、能力全面的生态伙伴体系。

云筑金供坚持做实产业运营——延链、补链；做强金融赋能——优链、固链；做深体系管控——强链、稳链的总体目标，不断深化"产业+科技+金融"融合发展的模式；通过长期积累与不断深化的对各类供应链业务场景与数字金融场景的实践经验，形成了以翼彩供应链科技平台为枢纽，为合作伙伴提供投融资服务、供应链金融服务、生产性服务、数字技术服务、供应链基础设施运营服务、产业运营服务、供应链咨询服务等方面的赋能，全面且开放地为合作伙伴提供人才、金融、管理、风控、业务、科技等能力的综合输出。

云筑金供，致力于在新时代高质量发展背景下，为实体经济发展与金融供给侧结构性改革贡献关键力量。

二、案例内容

（一）背景介绍

在当前商贸物流业蓬勃发展、供应链日益复杂的大环境下，中小企业融资难问题依然突出，尤其是在应收账款的管理和变现方面存在诸多挑战。汇翼融供应链金融科技平台正是在这样的背景下，积极响应市场需求，创新性地推出了云牒电子债权凭证产品。云牒电子债权凭证通过将传统的应收账款转化为易于流转、拆分、追溯的电子凭证，有效解决了供应链金融中的信任传递难题，为中小企业开辟了新的融资渠道。

（二）产品介绍

汇翼融场景金融产品体系以云牒为核心，构建了一种全新的业务模式。云牒是企业通过汇翼融平台系统，以电子签名的方式，承诺在指定日期支付确定金额货款给供应商的，易流转、可拆分、可追溯的应收账款债权凭证。

供应商收到云牒后，可根据需求进行流转，因云牒流转基于线上，流转过程方便、快捷，云牒流转不发生任何费用。

基于真实业务背景，中小企业将下游企业的应收账款向金融机构或商业保理企业进行保理，在提供供货合同、发票、发货单等基础信息后，以其持有的云牒作为保理融资还款保证，完成融资。

供应商可以根据资金需求对云牒进行拆分融资，节约财务费用。

平台功能结构丰富多元，整合云计算、大数据、区块链和人工智能等前沿技术，实现供应链金融的全流程线上化运作。技术创新点主要包括：一是将复杂的线下债权流转转变为线上标准化操作；二是利用大数据风控技术实现对企业信用的精准评估；三是通过区块链技术构建起安全、透明的债权流转环境。

（三）业务流程（见图8-7）

（1）核心企业通过汇翼融平台签发云牒，确认其对供应商的应收账款。

（2）供应商接受云牒，并可以在平台上选择转让或持有到期兑付。

（3）投资者可以在平台上购买云牒，获取债权收益。

（4）到期后，核心企业可以通过平台履行偿付义务，完成债权流转。

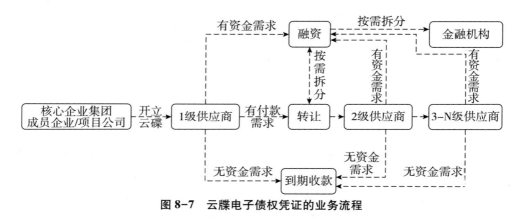

图8-7 云牒电子债权凭证的业务流程

（四）风险管理

在风险管理层面，汇翼融场景金融平台构建严谨的风控体系。首先，通过大数据征信系统，对参与交易的各方进行详尽的风险评估，有效预防信用风险。其次，采用区块链技术，确保每一笔交易的公开透明，防止欺诈风险。再者，平台运用智能风控模型实时监控交易动态，及时发现并应对潜在风险。最后，云牒的可拆分特性也起到分散风险的作用。通过这些创新举措，汇翼融平台在提供高效便捷金融服务的同时，实现了对供应链金融风险的有效防控。

社会价值方面，云牒电子债权凭证的推出，不仅有利于改善中小企业的融资环境，提高资金使用效率，同时也在优化商贸物流产业结构、维护供应链稳定、推动金融科技创新和普惠金融发展等方面作出了贡献。

三、经验分享

技术创新驱动：汇翼融场景金融科技平台以云计算、大数据征信、区块链和人工智能等先进技术为核心驱动力，成功研发云牒电子债权凭证这一创新产品。通过将高新技术与金融业务深度融合，实现供应链金融的数字化、透明化和高效化，有效解决传统供应链金融中的痛点。

精准定位市场：汇翼融敏锐洞察到中小企业在产业金融中的需求与挑战，特别是针对商贸物流领域，针对应收账款难变现、融资难的问题，提供一站式的解决方案。云牒电子债权凭证的推出，填补市场空白，满足企业灵活便捷融资的需求。

严控风险，建立完善风控体系：汇翼融高度重视风险管理，通过构建严谨的风控模型和智能风控系统，确保交易数据的真实性和安全性，降低金融风险。同时，借助区块链技术的去中心化、不可篡改性，有效防止信息篡改和欺诈行为。

优质服务与合作共赢：汇翼融始终坚持以客户为中心，提供便捷、高效的场景金融服务，赢得广大客户的信赖和支持。同时，通过与多方合作，包括核心企业、供应商、金融机构等，共同构建了互利共赢的场景金融生态。

持续优化与迭代：汇翼融始终保持对市场趋势和技术进步的高度敏感，不断优化云牒产品，拓展新功能，适应不断变化的市场需求。同时，制定长远发展规划，逐步扩大服务范围和影响力，持续推动供应链金融科技的创新发展。

汇翼融的成功经验在于始终坚持创新驱动，把握市场需求，构筑强大风控体系，提供优质服务，并保持敏捷迭代与前瞻布局。

（云筑金供深圳科技有限公司）

案例（32）苏高新数融：场景金融+供应链金融平台

摘要： 苏高新数融公司致力于构建供应链金融服务平台，覆盖产业链供应链核心企业、中小微企业和个人消费者，打造"信息共享+数据赋能+融资匹配+政策配套"的金融服务生态，为核心企业上游供应商提供应收应付账款融资的数信服务，为政府采购、国企采购提供政采贷国采贷等金融服务支持，为下游经销商提供信易贷等线上融资服务以及订单融资、发票融资及电子保函等伴随企业成长全生命周期的融资服务。

一、企业介绍

苏州苏高新数融科技产业发展有限公司（以下简称"苏高新数融公司"）位于苏

州高新区，注册资本 2000 万元，是一家国资控股、市场化经营，提供数字化、智能化、系统化、综合化产融服务的数字科技公司。

苏高新数融公司紧跟数字经济发展浪潮，快速成为数字金融板块的核心企业，在数据要素、普惠金融、供应链金融、数字人民币应用等方向进行了卓有成效的前瞻性业务布局：一是加快构建数据链，打通数字金融创新服务，构建了"数字金融创新服务平台"，赋能金融场景服务，市场化运营管理数据资产的创新模式。二是推动做强产业链，打造数字供应链金融服务，建立"数字供应链金融服务平台"，打造"信息共享+数据赋能+融资匹配+政策配套"的金融服务生态，为核心企业上游供应商提供应收应付账款融资的数信服务，为政府采购、国企采购提供政采贷国采贷等金融服务支持，为下游经销商提供信易贷等线上融资服务以及订单融资、发票融资及电子保函等伴随企业成长全生命周期的融资服务。三是注重补齐信用链，建立生态化的发展环境，推出"数字信用+普惠金融信易贷"产品与服务。商户信易贷平台充分整合利用公共信用信息、市场信用信息、自主填报信息等信用数据资源，推动"政、银、企"信息互通和共享应用，结合大数据、智能风控等金融科技手段，进一步发挥地方普惠金融和产业扶持政策优势，为符合条件的商户提供统一授信的融资服务平台，提高市金融服务实体经济质效。四是全面实现数字人民币场景应用。进一步打破部门间数据孤岛和数据烟囱，在安全的前提下，推进数据共享开放，培育公平、诚信的数据要素市场，建立健全数据市场运营体系，最大限度释放数据价值。发挥苏州数字人民币试点优势，聚焦应用场景，探索建设集研发设计、数据训练、中试应用、科技金融于一体的综合服务在线新经济载体平台。加强跨区域、跨部门协同，以大数据为依托，以政策为支撑，建立"信用+金融+产业"生态体系，打造全国一流信用开放服务的数字经济创新高地。

二、案例内容

（一）背景介绍

苏高新数融公司紧跟数字经济发展浪潮，快速成为数字金融板块的核心企业，在数据要素、普惠金融、供应链金融、数字人民币应用等方向进行卓有成效的前瞻性业务布局，利用新型的科学技术，将金融活动主动嵌入已有的服务场景，使金融产品与各种场景进行融合，为企业提供无处不在的个性化、定制化金融服务。

（二）产品介绍

1. 供应链金融数信产品（见图 8-8）

数信产品定义：数信是基于核心企业获得银行授信，以真实交易为背景，向供应商开具的体现交易双方基础合同之间债权债务关系的电子信用凭证。参与数信产品的主体有核心企业（债务方）、资金方（银行）、多级供应商（债权方）、平台运营商（苏高新数融）。

数信产品运营模式：基于核心企业与供应商已确权的有账期的债权、债务关系，核心企业签发数信凭证给供应商，供应商接收数信凭证后，可融资、可转让、可持有。当供应商向平台发起融资，则银行提供资金，通过平台进行放款，供应商支付融资费用。融资费用由银行和平台按协议分成。

数信产品优点：融资方无须提供抵押、担保，审批快捷方便，由真实交易背景和确权债权债务关系作保障。

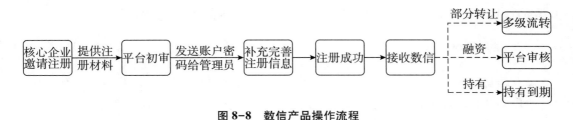

图 8-8　数信产品操作流程

2. 国采/政采贷产品

产品定义：平台协同银行以政府采购或国企采购诚信考核和信用审查为基础，凭借中小企业取得并提供的政府/国企采购合同，无须提供抵押或担保，按优于一般中小企业贷款的利率发放贷款的一种新融资方式，最高可融合同额的 70%。参与产品的主体有资金方（银行）、融资企业、平台运营商（苏高新数融）。融资方支付融资费用，融资费用由银行和平台按协议分成。

产品优点：融资企业无需任何抵押担保，审批快捷方便。

产品流程：融资企业与政府/国企签署订单之后，可登录苏高新数融公司政采/国采贷平台，注册填写对应信息，并上传真实的合同等信息，平台确认后，将融资企业信息推送银行，银行确权后，融资企业开立监管账户，银行批准授信额度并放款。

3. 商户信易贷产品介绍

产品定义：平台（苏高新数融）通过对注册商户利用大数据模型、智能风控等金融科技手段，进行科学评估，向银行获取综合授信，通过平台向获授信的商户发放贷款；参与产品的主体有资金方（银行）、优质商户、平台运营商（苏高新数融）。

产品运营模式：商户注册到平台后，平台进行综合评估，向银行获取授信，发放融资，商户支付融资费用，融资费用由平台与银行分成。

产品的优点：商户无需提供抵押担保，审批快捷方便。

苏高新数融公司围绕数字金融打造供应链金融、政采/国采贷、商户信易贷等普惠金融场景解决方案，切实解决小微企业特别是轻资产企业融资难融资贵的问题。

（三）技术和平台

1. 场景金融平台

平台通过开放银行构建数字化经营模式，重塑客户旅程，提供极致服务体验，以客户、场景、数据和商业模式四个核心要素为切入点，自建平台+外接生态，突破线性发展，构建核心竞争优势，实现"第二曲线"与"换道超车"，以客户为中心，从生态场景出发，运用金融科技，实现客户需求和金融服务的实时、无缝连接。

2. 供应链金融平台

数信是基于核心企业获得银行、保理等金融机构授信，以真实买卖合同为背景，向供应商开具的体现买卖双方基础合同之间债权债务关系的电子信用凭证。参与数信产品的主体有核心企业（债务方）、资金方（银行等金融机构）、多级供应商（债权方）、平台运营方（数融公司）。其运营模式是基于核心企业与供应商已确权的有账期的债权、债务关系，核心企业签发数信凭证给供应商，供应商接收数信凭证后，可融资、可转让、可持有。当供应商向平台发起融资，则银行等金融机构提供资金线上放款，供应商线上支付融资费用。

供应链金融平台的结构一般包括三个主要组成部分：供应链核心企业、金融机构和供应链上下游企业，主要功能包括融资、结算、保险和信息服务。其中，融资是核心的功能，包括应收账款融资、订单融资、存货融资等多种形式。结算是指在供应链上各个环节的结算，包括应付账款、货款等各种结算服务。供应链金融平台的特点主要包括以下几个方面：一是金融服务与实体经济相结合，为供应链上的中小企业提供更加精准的金融服务；二是通过信息化手段实现供应链的快速、高效、透明运转；三是强调共享和协作，促进供应链上各个企业之间的互利合作；四是强调风险管理，通过保险等方式减少风险。

供应链金融平台的技术创新点有以下几点。

（1）采用大数据分析，对供应链上各个环节的风险进行实时监测和控制，从而降低风险，进而提高风险管理的效率和准确性。

（2）建立开放式的生态系统，吸引更多的金融机构、供应链企业和第三方服务商加入，共同参与供应链金融平台的建设和发展，实现更加广泛的资源共享和合作。

（3）通过云计算技术，实现对供应链金融平台的资源和数据进行集中管理和共享，提高平台的数据存储、处理和分析能力。

（4）区块链技术：自主研发区块链技术，真实链接、不可篡改、可追溯。

（5）数据安全隐私：分布式存储、数据隔离，双岗审核，权限管理。

（6）安全认证：国际 PCIDSS 认证、ICP EDI 认证、区块链服务备案。

（四）风险管理

1. 风控体系构成

（1）在数据安全方面。

使用加密技术对敏感数据进行保护。在服务端和客户端之间采用安全通信协议，如 HTTPS 或 SSL/TLS，来保护数据传输过程中的安全。使用身份验证和授权机制来限制对敏感数据的访问权限。例如，采用 OAuth 2.0 或 JWT 等认证授权机制，对用户进行身份验证和授权。实现数据备份和灾难恢复机制，以确保在意外情况下能够迅速恢复数据。

（2）在数据治理方面。

对产品制定数据标准和规范，确保产品数据的一致性和可靠性。例如，统一数据格式、命名规范、数据字典等。对产品建立数据质量管理体系，监控数据的质量和完整性，并及时发现和处理数据质量问题。实现数据访问控制和审计机制，监测对数据的访问情况和操作记录，防止数据被滥用或篡改。

2. 风控创新点

对产品做安全检测机制，监控 Web 应用程序的 HTTP 流量并检测恶意行为，包括 SQL 注入、XSS 攻击、文件包含等。对产品采用数据分析技术来实现风险预测和评估，通过数据分析和挖掘，发现服务产品的潜在风险和漏洞，提前做好风险控制和应对准备。在信息安全方面对产品采用信息安全技术来保障服务产品的数据安全和隐私保护，包括加密技术、认证技术、访问控制等。

三、经验分享

场景在哪里，客户就在哪里，金融服务就延伸到哪里。因行业不同、规模不同、地域差异等因素，客户需求的个性化特点较为普遍，并由此带来场景建设的碎片化，相似的场景出现在不同的系统、不同的分行、不同的部门、不同的客户中。把提供系统变为提供服务，为客户提供快速、安全、简约、可定制的金融服务，是苏高新数融公司的成功经验。

（苏州苏高新数融科技产业发展有限公司）

案例（33）海尔软发：鑫链区块链记录凭证平台

摘要：鑫链区块链记录凭证平台针对大型高端制造业供应链场景背书不透明、数据易篡改、信息难追溯、数据不一致等问题，打造可以实现多币种、多场景、多行业、多区域的线上化、智能化产融服务平台。平台基于人工智能、区块链等技术，搭建全流程供应链产融管理机制。

一、企业介绍

青岛海尔软件发展有限公司（以下简称"鑫海汇"）是海尔集团旗下专注于集团内上下游企业及合作生态企业供应链数字科技服务的平台，成立于 2006 年，注册资本 31000 万元，注册地址位于山东省青岛市崂山区海尔路 1 号海尔工业园内，公司股权穿透后由海尔集团百分百控股，公司实际控制人为海尔集团公司。经营范围包括以下几项：许可项目，第二类增值电信业务（依法须经批准的项目，经相关部门批准后方可开展经营活动，具体经营项目以相关部门批准文件或许可证件为准）：一般项目包括技术服务、技术开发、技术咨询、技术交流、技术转让、技术推广，软件开发，物联网技术研发，物联网应用服务，物联网技术服务，物联网设备制造，物联网设备销售，工业互联网数据服务，计算机软硬件及外围设备制造，计算机软硬件及辅助设备零售，计算机及通信设备租赁，软件销售，信息系统集成服务，信息技术咨询服务，信息系统运行维护服务，云计算装备技术服务，云计算设备制造，云计算设备销售，互联网数据服务，互联网销售（除销售需要许可的商品），信息咨询服务（不含许可类信息咨询服务），企业管理，企业管理咨询，安全咨询服务。（除依法须经批准的项目外，凭营业执照依法自主开展经营活动）

二、案例内容

（一）背景介绍

为解决大型高端制造企业产业链上游供应商及下游经销商在生产制造环节中物流、现金流、订单流、信息流四流无法在时间、空间等维度保持一致性，无法在运输、库存、制造、融资等多个场景下保持信息稳定性和真实性等问题，鑫海汇自主研发搭建云数据中台、人工智能系统、区块链存储系统、规则引擎系统等基础设施，用于解决上述场景中信息不对称、数据安全应用等问题。

鑫海汇通过自主研发拥有自主知识产权的多维度、线上化、智能化设施设备，赋能高端制造业企业及其上下游中小企业在物流、生产、资金、资产等方面的管理，搭建以鑫链区块链记录凭证平台（以下简称"鑫链平台"）为核心的供应链产融服务体系，加速供应链数字化升级迭代，赋能产业高质量发展。

（二）产品介绍

鑫链（见图 8-9）是围绕供应链全流程业务记录合同关系的一种新兴的凭证记录手段，是承载着供应链收付关系的区块链记录凭证。鑫海汇协同链主企业、供应商、银行等，搭建了全线上的鑫链平台，支持在线进行开、转、拆等操作。企业可对鑫链进行无限拆分，满足了企业对上游供应商的灵活支付需求。对比传统票据，鑫链产品融资快，T+1 日就能到账，为中小微企业提供了融资便利。

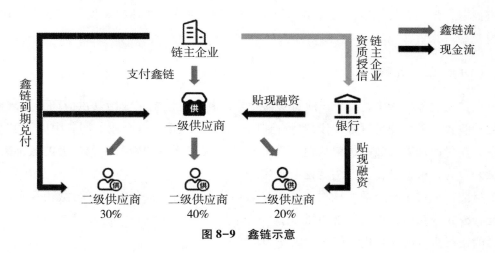

图 8-9 鑫链示意

（三）技术和平台

1. 技术创新

资产数字化：基于科技化智能化的基础设施，将鑫链（基于链主企业和上下游之间真实交易，通过基础合同关系形成的电子债权凭证）贸易交易背景信息以数字化、标准化形式纳入区块链，实现数据防篡改、可溯源；借助区块链技术保障的刚性信任能力，使链主企业资金能够可靠、可信地随着鑫链在区块链上同步流转。

份额化权属登记：基于区块链去中心化/多中心化的共识机制，实现对鑫链的区块链数字资产份额化登记；将交易合同、交易证明等影像件经交易相关方电子签名后在区块链上进行存证，各交易方可查验，消除信息不对称。

智能化自动履约：通过区块链智能合约技术，可将鑫链业务各项规则添加到区块链资产中，实现业务规则智能化自动履约。

分布式记账：区块链技术解决了海尔产业链商圈各个交易参与方的信息安全问题，同时在每个分布式记账节点上都记录了数据和信息，保证交易可追溯。

2. 特色亮点

（1）自主研发与制造业深度融合的科技基础设施，解决了供应链在物流、信息流、资金流、订单流中信息真实性、对称性、安全性等问题，可满足多种数字化、智能化应用场景需求，可赋能高端制造企业及其上下游中小企业在物流、生产、资金及金融资产等方面的管理，帮助大型制造企业及其上下游中小企业数智化转型。

（2）深耕产业支付场景，聚焦数字人民币和工业互联网交叉融合，深度结合数字人民币的可追溯、防篡改特性以及智能合约功能，实现结算资金实时监控、财务信息完整披露，强化支付保障，提升结算效率，助力完成首笔工业互联网领域数字人民币支付交易。

（四）业务流程

在鑫链业务场景中，基于供应链贸易背景，制造业链主企业给其供应商开具鑫链，供应商签收鑫链后便可拆分转让或持有到期。数字人民币在这个业务场景中以"0"手续费、支付即结算的独特优势为链上企业赋能，实现降本增效。在鑫链上的数字人民币交易行为，被记录在了区块链且不能篡改。

目前，平台正与金融机构对接，探索数币场景创新、构建鑫链平台数币伞形钱包功能，模式成功后，鑫链平台注册企业可将伞形钱包与任意一家已经具备数字人民币能力的银行机构的账户进行绑定，固定为标准数币钱包。

总体来说，芯海链是整个交易记录的区块链底层系统，鑫链是承载供应链收付关系的记录凭证，数字人民币是全链的支付货币。鑫海汇平台前瞻布局数字人民币在工业互联网领域的应用，创新地将鑫链深度结合数字人民币的可追溯、防篡改特性以及智能合约功能，实现结算资金实时监控、财务信息完整披露，强化支付保障，提升结算效率。

（五）风险管理

1. 风险管理内容

客户准入与管理：鑫链平台建立风控管理机制对入驻企业身份的真实性和有效性认证，需防范企业在身份认证时通过提交虚假材料获得认可，或者通过不正当手段获取其他企业的登录账户密码并以他人身份进行虚假交易等。因此，各方通过鑫链平台注册并登记信息时，必要时需结合线下核实确认客户身份，完善尽职调查，进一步获取企业真实信息。

操作与信用风险：鑫链平台相关业务涉及主体多、流程长、操作较为复杂、人员业务能力参差不齐，部分企业操作人员对鑫链业务流程、操作要求及状态变化不熟悉，如操作失误将可能引发金融风险或导致客户业务逾期引发信用风险；平台针对易引发风险的业务操作予以校验并反复提醒相关权责义务及其风险，防范化解操作风险；另外，为防范化解操作风险，鑫链平台配套了完备的系统功能和管理机制，合规采集数据信息，并通过有效手段识别、核验企业交易关系及业务意愿真实性，确保信息一致性。

信息安全与监控风险：鑫链平台通过健全风险管理体系，有效手段监测票据业务行为，识别、评估、控制供应链金融风险，并完善纠纷和风险处理机制；鑫链平台梳理了入驻企业供应链业务行为数据，实现业务精准实时监测，通过对鑫链业务中供应链金融各个参与主体和各个交易环节进行精准画像，减少因信息不对称带来的风险外溢。

2. 风控体系构成（见图 8-10）

事前：企业真实性、意愿性，采用 CFCA 第三方验证能力与工商信息校验一致性，核验企业真实性，同时对法定代表人进行短信验证码回填，确认企业参与业务的真实意愿表达；企业授权电子签章托管，大幅提高企业授权操作人员办理鑫链业务流程的效率。

事中：业务流转的各环节，贸易背景核验发票采取验真及 OCR 识别核验与鑫链信息的一致性；合同采取 NLP+OCR 技术核验合同信息与鑫链信息的一致性。

事后：到期前多渠道通知，确保全方面触达兑付企业，及时支付到期鑫链。

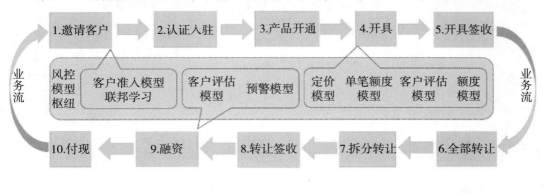

图 8-10　风控体系

三、经验分享

鑫链平台基于自主研发搭建的云数据中台、人工智能系统、区块链存储系统、规则引擎系统等基础设施，通过鑫链区块链记录凭证平台，累计服务海尔各产业板块 20 余家大型制造业企业及 3200 家上下游中小企业，服务交易规模超千亿元，赋能集团内电子制造、商贸、物流等多个行业，保证了企业物流、现金流、订单流、信息流等数据安全性、一致性，加速供应链数字化升级迭代，助力大型制造企业及其上下游中小企业的数智化转型。

鑫链平台积极推动数字人民币的先行先试，率先探索数字人民币在产融场景应用。日前，中国人民银行联合青岛市工信局开展工业互联网领域数字人民币试点工作，鑫链平台依托数字人民币可追溯及防篡改的特性，通过平台所集成的自主研发的智能合约能力，以及国产化、自主化的区块链分布式记账凭证技术，将数字人民币应用于工业互联网平台的保供场景中，助力海尔卡奥斯 COSMOPlat 成为国内第一单基于工业互联网云数据进行区块链支付的数字人民币试点单位，为工业互联网平台的转型升级做出了先行示范。

鑫海汇立足科技基础设施研发，深耕产业支付场景，赋能产业生态助力供应链产融结合。人工智能方面，鑫海汇自主研发"海算云象"一站式人工智能服务系统，构建 AI 方案市场与生态，助力大型制造业企业及其上下游中小企业实现数智化转型；规则引擎方面，鑫海汇自研的"海象云策"规则管理引擎系统，可以满足复杂决策流配置，实时分级分层管理；联邦建模方面，鑫海汇自主研发"海象联邦学习"系统，使用多方安全计算（MPC）以及同态加密（HE）技术构建底层安全计算协议，通过交换加密的机器学习中间结果，实现联邦建模；区块链方面，鑫海汇研发的区块链底层系统"芯海链"，可为企业提供区块链技术平台、数字存证、电子合同等服务。

（青岛海尔软件发展有限公司）

第九章　仓单融资

　　法学研究仓单问题，可分为债权凭证、物权凭证、推定论、占有关系、阶段论、有价证券等观点。仓单具备物权概念，但不等同出具仓单的保管人可以介入动产的物权裁定。我国正在加强交易与质押的登记公示制度建设，从而监督杜绝"空仓单""重复仓单"等不良行为的发生。在法律与制度的加持下，仓单有望在经济产业高质量发展中发挥高效便利作用。

第一节　仓单法律概念解析

一、仓单是提货凭证

　　《中华人民共和国民法典》（以下简称《民法典》）第九百一十条："仓单是提取仓储物的凭证。存货人或者仓单持有人在仓单上背书并经保管人签名或者盖章的，可以转让提取仓储物的权利"。关于仓单的描述，《民法典》与更早生效并得到广泛应用的《中华人民共和国合同法》第三百八十七条是一致的。有关仓单的用途《民法典》第四百四十条中，明确将仓单、提单列为债务人或者第三人可用于出质的权利。

　　仓单、提单共同作为单列项，两者仍有所区别。《民法典》中没有对提单进行特有描述，提单广为接受的定义是《中华人民共和国海商法》（以下简称《海商法》）第七十一条："是指用以证明海上货物运输合同和货物已经由承运人接收或者装船，以及承运人保证据以交付货物的单证"。海运提单深受国际贸易历史传统影响，我国有关提单的法律规定与司法实践必须考虑外贸背景。仓单主要应用领域是内贸交易物流。有些法学研究将仓单与提单作为同一类性质对象，本章也采用此类观点。

二、仓单法律性质争议

　　有关仓单、提单法律性质的争论由来已久，法学研究分为债权凭证、物权凭证、推定论、占有关系、阶段论、有价证券等观点。上述学术争论的主要焦点在仓单、提单是否属于物权凭证。有关学术文献只涉及"提单"概念，有些将"提单""仓单"等同，还有些只涉及"仓单"。2009 年《鹿特丹规则》不再保留"提单"概念，而以

"运输单证"来代替。《民法典》中只明确了仓单的概念，结合最高法的相关司法解释，不难看出在探讨法律本质问题上提单与仓单是相同的。提单概念在国际贸易由来已久，直至《汉堡规则》给出了明确定义。我国在引入使用时，约定俗成地将提单认为是物权凭证，实际我国法律中没有"物权凭证"的概念，也没有动产所有权凭证的相关制度。

三、《民法典》后仓单的物权问题逐步清晰

有关动产物权，《民法典》第二百二十四条"动产物权的设立和转让，自交付时发生效力，但是法律另有规定的除外"，第二百二十七条"动产物权设立和转让前，第三人占有该动产的，负有交付义务的人可以通过转让请求第三人返还原物的权利代替交付"。《最高人民法院关于适用〈中华人民共和国民法典〉物权编的解释（一）》第十七条"当事人以民法典第二百二十七条规定的方式交付动产的，转让人与受让人之间有关转让返还原物请求权的协议生效时为动产交付之时"。

至此，仓单涉及的物权转让问题，明确应通过转让返还原物请求权方式，交付时间清晰，物权推定原则获得支持。

第二节　保管人视角下的仓单

仓单是仓储保管方签发的提货凭证，目的是便于经贸往来。事实上保管人与存货人往来凭证文件除了法定仓单，还有各种约定凭证（如入库单、提货单、放货通知书等）。以往对仓单的研究，多站在法律、商贸、金融机构等角度，对仓单提出要求。随着仓单法律问题逐渐定论，应更多关注保管人实际利益，才能在实际应用中兼容仓单与约定单证，从而更好为经济发展提供基础设施作用。

一、法定仓单与约定单证

虽然《仓单要素与格式规范》（GB/T 30332—2013）第 4.1 条规定通用仓储仓单指用于普通仓储业务中的仓单。仓储物的出库单、入库单都视为仓单。实质仓单与入库单有实质上的区别，入库单是保管人接收货物开具的证明单据。

仓单是专有法律概念，符合法定要求的仓单可以背书转让，见单交付。保管人与存货人约定的各种单证（入库单、出库单、提货单、放货通知等），同样可用于办理放货、提货等，但不可转让，见人交付。

法定仓单涉及物权，约定单证则不涉及。法定仓单持有人享有存货人的权利，约定提货单证的持有人不享有存货人的权利。

我国现实应用中，保管人的管理流程必须兼容法定仓单与约定单证，这造成了仓储单证管理复杂性。保管人要严格区分不同性质单证的法律意义，制定有针对性的管理流程。

二、保管人不能推定物权

对于保管人而言，货物最重要的是入库节点与出库节点。入库节点前，与保管方发生往来行为的是委托人，委托人指定自身或第三方为存货人。货物在入库节点后、出库节点前，与保管人发生往来行为的是存货人。出库节点后与保管人发生往来行为的是提货人。如存在法定仓单，仓单持有人就是提货人；如采用约定单证，多由存货人指定提货人。

保管人不参与入库节点前、出库节点后的经济行为，故无法辨别物权所有人，不是物权推定的裁定主体。交易双方或质权人选择信任的仓储保管人签发有关货物所有权的确认、转移、质押等凭证，这种方式在现实操作中非常普遍。事实上保管人出具的"过户""货权转移"等凭证，实质是变更存货方而已。《民法典》明确相关概念性质后，上述混淆说法应被明确，保管人应规避物权证明相关行为。

仓单本身涉及物权概念，但不等同于出具仓单的保管方具备物权推定权利。

三、保管人明确区分仓单质押与动产质押

由于法治仓单与约定单证并存，往往混淆仓单质押与动产质押。实质上仓单质押是权利质押，不属于动产质押。我国法律对动产质押的规定，需要第三方监管动产。第三监管方的单证又往往被含糊表述为仓单。

作为保管人（有时还需签署监管合同），应让存货人明确经济行为是仓单质押还是动产质押，在有关协议中进行明确约定，并以不同的流程进行控制操作。进入数字化发展阶段后，电子仓单与数字仓库管理的普及，有助于帮助各方明确质押类型及各方相应权利责任。

第三节　仓单登记途径

历史上"假仓单"（事实上更多是造假的约定单证）事件层出不穷，例如"空仓单""重复仓单"等情形。保管人道德风险等仓单信用问题，制约仓单的普及应用。有关动产与仓单，国家陆续出台、调整了相关法律；企业、协会借助先进数字技术应用，利用物联网等设备穿透显示仓单与标的物的内在联系，从而将仓单变为动产的技术凭证。

一、期货交易所的仓单登记交易

对"标准仓单"的规定，原《期货交易管理条例》定义"是指交割仓库开具并经期货交易所认定的标准化提货凭证"；2022年8月1日起施行的《中华人民共和国期货和衍生品法》，"标准仓单"定义修改为"是指交割仓库开具并经期货交易场所登记的标准化提货凭证"。定义从"认定"修改为"登记"，并规定交易者"有权查询其委托记录、交易记录、保证金余额、与其接受服务有关的其他重要信息"。各期货交易所纷纷根据法律要求上线仓单登记服务。

2022年8月，郑州商品交易所上线国内期货市场首个标准仓单登记查询系统。

2022年11月，在上海期货交易所推动下的全国性大宗商品仓单注册登记中心启动（以下简称"全仓登"）；2023年2月全国性大宗商品仓单注册登记中心浙江保税商品登记系统正式上线，标志全仓登走出期交所范畴。

2022年12月，大连商品交易所大宗商品仓单登记中心上线，在全国首次实现期货交易所与央行动产融资统一登记公示系统的对接。

二、其他仓单登记系统

中国仓储与配送协会、中国中小企业协会、中国物资储运协会成立中仓登作为"全国性可流转仓单体系"仓单登记平台。

中国物流与采购联合会在通过的《大宗货物电子仓单》等标准基础上，组建了数字仓库分会，按照"一件一仓单"的新模式全时上传仓单货物信息，突破了仓单登记公示的简单功能。

三、仓单质押的统一登记

中国人民银行发布《动产和权利担保统一登记办法》于2022年2月1日起生效。该办法明确将仓单质押纳入动产和权利担保统一登记范围。存在质押情形的仓单，通过中国人民银行征信中心进行登记，企业可通过网络对仓单的质押信息进行查询。担保统一登记为仓单质押创造了制度基础，解决了仓单重复质押等顽疾问题。

作为行业发展的重要基础设施，统一登记及登记平台的发展现状，前面已经做了论述，这里不再赘述。

[中钢冶金智能物流（唐山）有限公司　张英杰]

第四节　案例分享

案例（34）民农云仓："民农云仓"供应链数字化综合服务平台

摘要：民农云仓主要通过数字科技手段的"实物管控"＋"数字孪生"，实现实物资产向数字资产的转化。粮食企业将收到的粮食货物存入民农智能监管仓，利用物联网技术实现对风险节点和关键指标的自动获取，通过云中控督导平台对数据进行存储、分析，实现对仓内粮食的24小时不间断智能化监管。智能监管仓数据上传至民农云仓供应链数字化综合服务平台，形成数字仓单，并将存储、交易、金融服务等过程全部上链，确保仓单数据真实有效且不可篡改。

一、企业介绍

民农云仓（天津）供应链科技有限公司（以下简称"公司"）成立于2019年05月31日，注册资本为5000万元。业务开展主要基于大宗商品。公司主要针对供应链金融业务中可能会涉及的权属争议、人力依赖、账实不符、处置滞后等问题，研发设计了全流程方案和系统管控方案，解决了传统金融机构确权难、管控难、评估难、处置难等痛点和问题。目前，主要涉及的产品为玉米、水稻等农产品包括但不限于（小麦、麸皮、豆粕等）以及白糖、煤炭、成品油。主要业务模式为：①动产抵质押模式；②平台模式；③交收库模式；④保理模式；⑤流转仓单模式；⑥尾盘处理模式等。至今民农云仓已经为粮食产业中的核心企业实现融资近10亿元，交易规模约30亿元。并与多家银行达成长期合作，获得授信近30亿元。

二、案例内容

（一）背景介绍

"三农"经济是国家经济的基石，产业链有迫切的金融需求，然而在传统供应链金融市场，农业或者粮食行业并不受青睐，行业和企业面临着以下痛点。

1. 缺少专业的货物监管

粮食企业的仓库大多为传统粮仓，储存粮食的时候缺乏严格的管理。一些地方粮库储粮技术落后、信息化水平低、管理粗放，基本依赖人工盯防式的管理。更为严重的是，粮库管理人员"靠粮吃粮"，监守自盗，粮食中掺杂使假、以次充好等问题时有发生，"人情粮""转圈粮"现象屡禁不绝。传统的监管方式无法很好解决仓库内"粮在不在""粮好不好"的问题。

2. 粮食供应链成员间信用意识不足

农业供应链是一个环环相扣的整体，供应链中所有参与成员的关系本应比伙伴式更为紧密，通过稳定的交易来实现整体利益的增值。但目前粮食企业和农户之间更多是短暂、松散的业务合作关系；自由贸易，价格随行就市，双方不签订任何协议。同时，粮食信息的真实性也有待检验，农户提供给核心企业的资信证明也有可能是虚假的。在这样的情况下即使粮食核心龙头企业也较难带动粮食供应链金融的高效运行。

3. 商业银行开展业务意愿不够强烈

随着国家稳健货币政策的实施，商业银行在供给完优质客户后，能够提供给广大农户、中小企业的贷款往往有限。尽管银行看到了农业供应链融资具有广大的市场，但是基于对粮食供应链融资各项风险的管理经验太少、实践不足，粮食被盗、仓单一单多押等风险事件时有发生，使银行对综合评价整体授信对象的信用状况缺乏信心。

（二）平台介绍

民农云仓供应链数字化综合服务平台（以下简称"民农云仓"）是专注于粮食行业的供应链数字化综合服务平台。民农云仓（见图9-1）主要通过物联网、区块链等数字科技手段的"实物管控"+"数字孪生"，帮助粮食行业实现实物资产向数字资产的转化。民农云仓通过物联网、区块链等技术的使用，改变了传统仓储及货押业务对人工管控的依赖，提供了仓单全生命周期监管模式。粮食企业将收到的粮食货物存入民农智能监管仓，民农智能监管仓利用物联网技术，在传统粮仓基础上增加物联网设备，在粮食出入仓、存仓等环节加强安防和品控技术手段，实现对风险节点和关键指标的自动获取，通过云中控督导平台对数据进行存储、分析，实现对仓内粮食的24小时不间断智能化监管。

存货方、监管方、运营平台、资金方等多方签署融资意向协议，然后通过民农智能监管仓、货仓创建，关联仓库智能设备和业务系统，建立仓库监管相关策略等，形成封仓数据，开始仓单的全生命周期管理，打造全流程、可视化的智能风控和监管督导能力，覆盖仓单申请、仓单质押、仓单解押、仓单失效、仓单注销等仓单全生命周期各环节。有了可信、可流转的数字仓单，粮食行业传统货押业务普遍存在的确权难、监管难、评估难、处置难的痛点将迎刃而解。

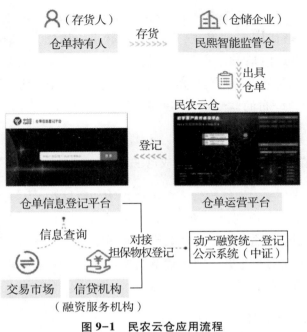

图 9-1　民农云仓应用流程

（三）解决方案

民农云仓应用物联网、区块链等技术，以货物智能监管、设备反欺诈、仓单实时动态评价等系统组成资产数字化管理平台，用物联网生成数据，用区块链管理数据，用视频管理事件，用仓单综合评价管控结果，多终端实现多方互相监督，从而成功实现实物资产到数字资产的转化。民农云仓通过物联网、视频技术对标的物进行多维度全生命周期监控；使用大数据和人工智能与第三方数据平台交叉验证，确保货物真实，可信可见；搭建集中运营、集中监控和及时处置的统一平台，实现风险的实时预警和干预；通过联盟生态和开放资产合约，构建实时承保、在线裁决、电子处置等多种资产管理能力。

1. 智能监管仓实现粮食全方位货物监管

民农智能监管仓基于数量自动监测、品控自动监测、车辆识别，做到 24 小时不间断的智能化盯防，从控货的本质出发，解决一物多押、货不对板、货物丢失等多重问题。

货物出入库监管：在园区添设 AI 全景摄像头，对出入库车辆车牌进行自动识别，匹配系统车辆白名单，对异常车辆进行预警；配置电子汽车衡及粮食数量扫描仪等物联网设备，对出入库粮食的重量及体积进行测量，记录数据并上传至中控平台。

货物在仓监管：其一，仓库设置电子围栏、道闸人脸识别系统，监测陌生人闯入、仓门开启等仓库异常行为风险；其二，配备粮食数量扫描仪、高清摄像头等设备，实时监控粮食数量及仓库内是否有雪、雨水渗漏及虫鼠情况等；其三，根据粮食的储存特点，库内铺设粮温传感器、水分监测传感器、温度传感器、湿度传感器等设备，形成多个、连续、均匀分布的监测点，实时监测粮温、水分，仓内温度、湿度等数据，监管在仓粮食的品质。

2. 基于智能监管仓动态评价数据形成电子仓单

基于区块链技术，民农智能监管仓内粮食货物的数据在民农云仓平台中多维度进行交叉安防验证并加密传输到由存货方、监管方、运营平台、资金方构成的联盟链各节点的账本中，通过智能合约规则形成数字化仓单。同时，仓单、提货凭证等资产上链登记，可作为资产通证的形式，即区块链仓单形式，在链上流转，从而实现了从粮食资产到可信数字资产的转变。

3. 多屏互动云中控督导

从民农智能监管仓采集到的数据实时上传至民农云仓，由民农云仓进行统一管理。平台对数据进行整合、分析，通过风控督导屏及库区作业监控屏进行可视化展现，同时将风险预警提示发送至库管操作端民农云仓小程序，及时跟进各类预警事件。以风险告警事件为中心，采用多屏互动模式实现全天候可视化不间断集中监管与督导，包括对电子仓单整体情况动态跟踪与评价，货物全方位监控与风险预警提示，数据监控以及风险事件管理人员管理决策，等等。

以1（一朵云）+2（操作屏）+3（指挥屏）为核心，实现供应链全流程的"权属可知""货物可视""操作可控""系统可为"。物联网和模型算法代替传统的"人管货"方式，实现7×24小时不间断巡检和评价。利用区块链实现资产数字化，为今后提供更大的发展空间。

4. 对接全国仓单登记平台保证仓单可流转

以民农智能监管仓为基础形成的粮食电子仓单在民农云仓平台上生成，民农云仓在供应链融资过程中作为仓单运营和监管平台，用科技监管保证了仓单的真实有效。同时，民农云仓对接"仓单信息登记平台"，生成统一编码的"全国性可流转仓单"，保证了仓单的流通性，促进仓单担保融资等功能。

三、经验分享

民农云仓通过"科技+金融"，在粮食供应链和银行资金之间构建起一座桥，提升了传统农业供应链上下游企业的融资效率，让供应链的科技化、数字化惠及整个链条的企业。截至目前，民农云仓已与东方集团、新希望六和、正大、中粮贸、通粮等数十家粮食产业核心企业、多家中小粮食收储企业开展合作，在内蒙古、黑龙江、辽宁、河南等地建设超 70 个粮食智能监管仓，仓储面积超 30 万平方米，累计获得九江银行、中原银行、北京银行、厦门国际银行、江苏银行等 10 多家银行超 70 亿元的授信。

在助力粮食上下游中小企业融资的同时，民农云仓大幅提升农业供应链的管理效率。单点民农智能监管仓的数据汇聚到民农云仓平台，形成智能监管仓数据网络，企业就能从平台中直观了解到自己所有粮仓的具体情况，并全盘掌握仓库粮食的粮情、区域及交通便利性等多个维度信息，从而进行调拨盘点、库存统计等相关操作，便于快速调配相应资源。通过大数据技术，融合粮情监控系统、外部市场行情信息及其他内外部信息系统数据，民农云仓可将分散的数据进行集中整合，实现多维度数据分析挖掘，为粮食企业生产、销售决策的制定提供基础数据的支持，以减少存货及资金压力。核心企业及上下游企业的良性运转将保障粮食的稳定供应，从而推动粮食产业的健康发展。

民农云仓联合中国仓储与配送协会共同发布的《全国性可流转仓单体系运营管理规范第 2 部分：玉米仓单》，以民农云仓的实践经验为借鉴，在团标的基础上规定了全国性可流转仓单体系玉米仓单中，开具仓单的玉米要求，玉米仓库的要求，增值协同服务的要求等。该标准是国内农业领域第一个可流转数字仓单标准，标准的发布将加快整个农业供应链资产数字化进程。截至 2023 年年底，民农云仓在中仓登平台累计公示数字仓单超 200 笔。

[民农云仓（天津）供应链科技有限公司]

案例（35）易牛供应链：智慧物流贷

摘要： 易牛供应链为客户提供供应链金融+服务的综合平台，进口肉类贸易、货押等全流程金融服务，银行资金直接授信放款到客户，银行信贷，随用随还，稳定安全，全国主要港口代理报关、清关服务，配套冷库及物流服务。公司紧跟市场动态，深入了解客户需求，通过不断地探索和改进，对产品和服务进行升级和优化，提高客户的体验感和满意度。

一、企业介绍

易牛（天津）供应链服务有限公司（以下简称"公司"）成立于 2019 年 10 月，

由光谷金信（武汉）科技有限公司和呼伦贝尔肉业集团强强联手打造。主营业务包括：①资金服务；②物流服务；③海运清关服务；④代采服务；⑤仓储服务；⑥咨询服务；⑦软件服务等。

企业目标是秉承公平公正、客户至上的经营理念，以"让肉类生意更简单，为产业经营者创造更大价值"为使命，立志打造并成为肉类产业链的第一综合服务商。

二、案例内容

（一）背景介绍

随着经济速度的不断发展，互联网、物联网、云计算等新技术迭代更新，未来全链路、一站式、高稳定性的服务一定是企业所需要的服务，所以供应链管理变得越来越重要，资金的使用、清关、物流、仓储的管理和优化，市场分析、风险控制等各种资源的整合能够给企业提供更加安全、智能和便捷的服务。

（二）产品介绍

易牛供应链围绕进口肉类产业链打造新型产业服务平台（见图9-2），为进口肉类产业客户提供综合"一站式"产业服务，"资金解决方案 +货物代采+ 通关代理 + 仓储物流 + 信息系统服务"。

供应链金融：进口肉类全流程代支付/垫资、质押融资服务，银行资金直放到客户端，实力雄厚，随借随还，便捷稳定。

供应链服务：全国主要港口代理报关，清关服务，配套冷库及物流服务。

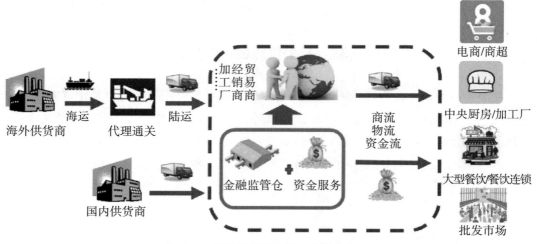

图9-2 进口肉类产业链产业服务平台

（三）业务流程

1. 物流贷（见图9-3）

物流贷是公司基于国际贸易真实背景的进口货款支付金融产品，产品主要提供进口代付配资、代理清关、仓储物流等集合服务。

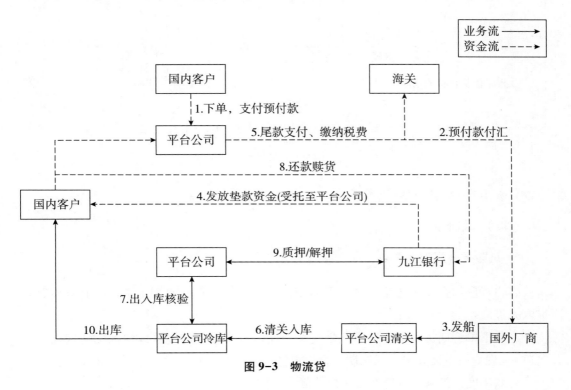

图9-3 物流贷

2. 仓储贷（见图9-4）

仓储贷是进口肉类入仓质押金融产品，产品主要提供进口到岸入仓质押融资、物流仓储、货物监管等集合服务。

3. 产品优势

（1）进口代付货款及税金服务。

（2）代理清关及物流运输服务。

（3）国内主要口岸冷库服务。

（4）按日计息，随借随还。

（5）线上化操作，省时省心省力。

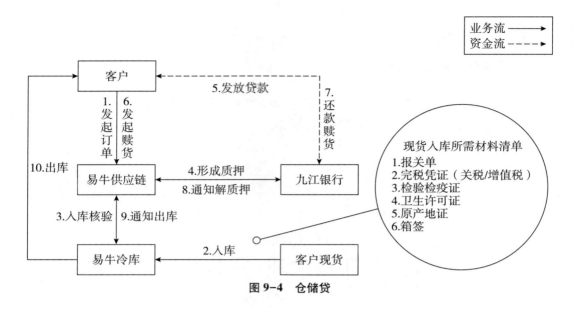

图 9-4　仓储贷

（6）在线极速放款、当天付汇。

（四）风险管理

1. 风险及合规控制要点

客户资质：企业无违法记录、无强制执行信息、无贷款逾期记录，所有资质符合准入条件。

客户下单：期货国别厂号须符合《符合评估审查要求的国家或地区输华肉类产品名单》；现货须单证齐全、保质期符合规定。

有效额度：借款金额应在可用授信额度及期限内。

单据审核：放款、还款信息应与客户信息、贷款信息对应。

货物保险：保险保额须全额覆盖各冷库在库货值。

货物保质期：现货质押最短质押期限 3 个月，须预留 6 个月时间以备货物处置，因此货物最低保质期要求大于 9 个月。

货权：现货业务客户须拥有货权。

抵押物的释放：客户根据自身需求申请赎货并归还抵押货物对应的贷款本金及利息后，易牛在确保释放抵押物后抵押率在合理范围内释放抵押物。若计算释放抵押物后抵押率大于制定的范围，则先通知客户归还部分贷款、补充抵押货物或保证金。

风险预警的处置：建立风险预警机制，将可能存在较高风险的客户及可能存在较高风险影响资金方贷款按期归还的事项，纳入预警目录管理。

重点监测客户现金流情况，通过日常放还款观察客户现金流，与银行业务经理了解贷后数据，提前做好风险研判。

精细化的客户调研，持续通过业务人员、行业客户、行业座谈会、微信群等多渠道了解客户动态，风险早知道。

通过分级建模粗算整体质押率，对异常或重点客户单独核算，降低了质押率监控复杂性，有效管控了整体质押率。

2. 监督检查机制

易牛风控部全程审核客户准入、下单、放款、还款、出库等流程。及时发现流程中出现的问题，及时进行调整和修正，保证业务合规性。

每日监控客户质押率，设置预警线/平仓线，发现问题制订方案，及时处置。

每周查询客户额度使用情况、额度有效期等，及时反馈。

三、经验分享

公司自 2020 年业务开展以来，客户规模不断拓展，目前总授信额度已超 30 亿元。年收入逐年递增。截至 2023 年累计订单同比增长 41.5%，累计放款同比增长 143%，授信客户同比增长 128%。

公司资金雄厚稳定、随借随还、线上极速放款、线上还款赎货等方便快捷的特点与客户的金融需求十分契合，同时提供专业跟单、清关仓储，向客户提供全方位的产品和服务，实现"一个平台，多维支撑；一次申请，多维服务"，为客户的业务进行精准辅助，收到了良好的市场反馈。

[易牛（天津）供应链服务有限公司]

案例（36）微分格科技：冷链场景存货（仓单）平台

摘要： 基于物联网、区块链、大数据、人工智能、北斗与 5G 技术，联合科技方、仓储方、监管方、贸易方、资金方等，打造冷链场景存货（仓单）融资平台，构建"物信合一"的仓单数字信用，提升存货（仓单）融资的信用水平，并通过人工智能与大数据技术，实现"人、货、工具"的智能识别，以及各类反欺诈技术，保证存货的真实性、透明性、可溯源性，提高存货（仓单）融资的智能风控水平，实现物理仓单与电子仓单的确权、评估、监管、安全与交易服务，支撑冷链商品的高效、安全、可信存储及融资。

一、企业介绍

北京微分格科技有限公司（以下简称"微分格"）是一家物联网金融公司，致力成为数字信用科技的引领者，为金融机构、企业、港口/园区、产业链等客户提供数字金融科技服务，助力数字经济转型。

微分格聚焦"智能设备能力、安全应用能力、AI 应用能力"三个核心能力的发展与应用。在智能设备能力上，微分格拥有 80 多个设备生态服务商，覆盖资产标识、资产定位、资产计量、资产安防、资产巡检、边缘计算、环境检测等各类设备；同时在全国各省市拥有 30 多个设备安装与维修网络，实现设备安装、维修与抢修、日常巡检等；在安全应用能力上，微分格专注于建立安全体系，实现各层次的安全，硬件安全、系统安全、数据安全、运营安全等，并积极参与并应用相关安全标准，助力平台自主可控运行；在 AI 应用能力上，微分格不断为客户提供场景化 AI 智能服务，实现存货价格预测、目标识别、数量识别等服务。

微分格根据监管货物的不同，提供不同的智能风控设备，研发和集成"评估类、品质类、确权类、安全类"智能风控硬件，实现设备边缘风控能力，并通过物联网金融云接入能力，构建产融大数据，实现云端智能风控和信用画像能力。

微分格通过加强监管物的实体感知、精确定位、实时监测、动态计量、自动预警、反欺诈等，实现多场景存货（仓单）融资的智能化感知、全流程追踪管理、标准化监管与作业；通过运用物信合一的授信模式，加速金融风控变革，使线下金融线上化、主观信用变为客观信用、事后追踪为事先预防，创新实时可控的金融与实体融合的生态模式。

二、案例内容

（一）背景介绍

生鲜、冻品、冷藏香料坚果、冷链医药等冷链贸易，在贸易过程中，受季节性及疫情的影响，产品的存储周期更长，冷链贸易核心企业的上下游贸易链资金缺口巨大，需要大量的资金周转，希望能够利用冷链资产进行仓单质押融资服务，获得流动资金、进行采购和存货，获取批量采购和交易利差。

冷链非标准仓单质押业务，具有仓单融资的多种特性。周期性，受疫情影响，国家对进口冷链货物及国内冷链货物的防疫消杀要求大幅提高，销售节奏受政府防疫政策影响较大；冷链货物是非常优质的质押物，质押数量大，一个仓库就可以质押几万吨，价格稳定，国家价格调控，价格波动小；易于处置，应用广泛，民生必需品；品质稳定，易储存，不容易变质等特点。

冷链流通企业在冷链货物采购及存储阶段对于资金的需求是很大的。冷链贸易类型的企业利润水平较低，大多依靠快速的流通性和运作上的规模化获得最大的利润。因此，这类项目，企业对于资金的需求往往是越多越好。申请担保的金额往往都过千万元。冷链仓单质押融资业务市场空间很大，但受我国动产融资成熟度限制，作为质押资产的仓单，在融资过程中却困难重重，监管难、处置难、资金方信任难等一系列问题导致冷链仓单质押业务难以快速发展。其一是批量采购利差，其二是大量囤货引发的资金短缺，其三是银行无法监管的借贷，致使仓单质押业务几成困局。

随着 IOT 和 NB-IOT 物联网技术的发展、北斗逐步普及、5G 时代的到来，传感器硬件的价格、通信成本、物联网平台越来越便宜，技术越来越稳定成熟，这一切让使用 IOT 物联网监控冷链货仓、货物、仓单变得"落地可行"。

（二）产品介绍

微分格的存货（仓单）融资监管平台是服务于存货（仓单）融资监管业务的银行、供应链企业、仓储企业的作业系统，可以实现技术控货、仓储监管、货物监管、风控规则、仓单评价、工单督导的仓单全生命周期管理，并实现仓单融资，从而提升存货的数字化监管水平。

1. 平台关键服务

（1）金融监管仓智能化改造。

冷链货物采购和存储过程，包括质检、过秤、消杀、存储、温湿度监控等多个环节。基于仓配业务场景，以客户库存和交易数据为基础，引入金融机构，为客户提供基于数据的征信评估、信用评估及风险评估，提供实时的、快捷及多种形式的以科技控货为核心风险管理措施的供应链金融服务。

（2）仓货全过程监管。

实现仓单全生命周期管理，实现多品类、多仓库、多监管设备的管理，多维度数据监管，作业全流程监管（入库、过磅、质检、盘点、出库等），针对过程中产生的各类事件工单，进行工单跟踪处理。

（3）风险预警与风险事件督导。

根据金融机构风控要求，微分格运用"物联网，区块链、人工智能、大数据"等技术对资产安全、品质、数量、价值、确权、真实性进行全方位实时监控，发现异常立即告警，生成对应事件工单，跟踪、督导风险事件的处理过程。

（4）仓单授信融资。

实现金融产品管理，仓单授信、借款用款、资金管理、融资管理等。

仓单全生命周期管理如图9-5所示。

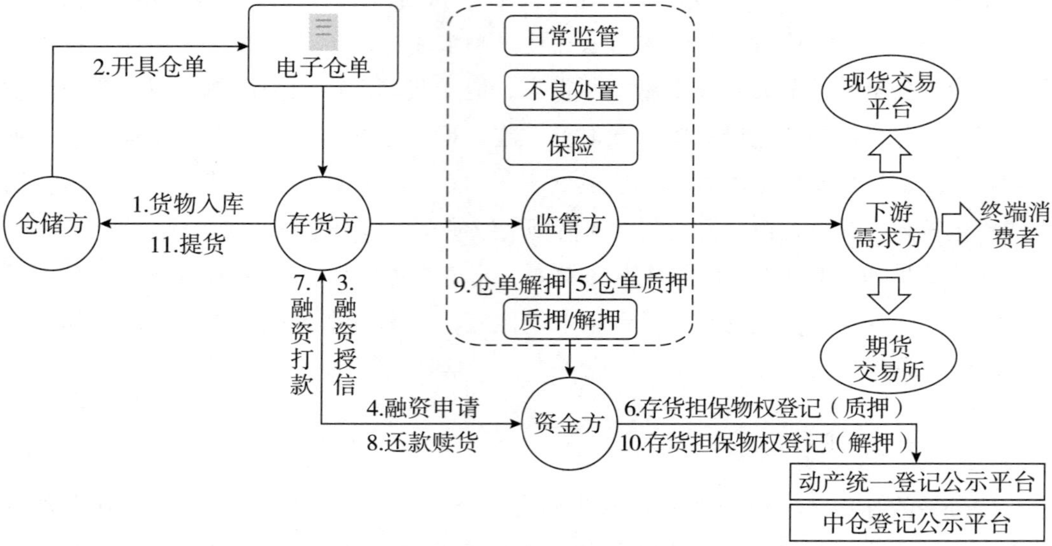

图9-5 仓单全生命周期管理

（5）区块链+司法存证。

根据司法存证要求，微分格将为客户提供"区块链+司法"综合服务，连接全国各地可公开服务的互联网存证机构、互联网法院。

2. 平台系统架构

（1）物联网系统：基于物联网技术，提供设备管理、AI边缘计算、人工智能等服务，实现AI智能化能力。

（2）仓单监管系统：基于大数据、规则引擎技术，实现存货监管、风控告警预警、工单督导、互联网法院存证等服务，实现存货全流程监管能力。

（3）仓单融资系统：基于区块链技术，实现存货授信、借款用款、资金管理、融资管理等能力。

（4）大屏展示系统：提供存货作业风控大屏，数字仓单风控大屏的数据展示能力。

（5）移动端：提供小程序端的移动接入能力。

（三）业务流程（见图9-6）

整个仓单质押业务流程：首先贸易方、监管方、资金方等多方线下签署融资意向协议，然后通过平台创建虚拟货仓，关联仓库智能设备和业务系统，建立仓库监管策略，再关联相关合同和策略，形成货物封仓数据，最后进行仓单全生命周期管理，打

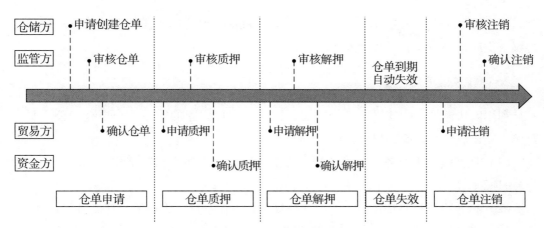

图 9-6　仓单质押业务流程

造全流程、可视化的智能风控和监管督导能力。

在实际的冷链业务场景中，注意众多参与主体的统筹、人力与技术的配合、线上与线下的交互，采用"技防＋人防"的运营策略进行业务管理，达到良好的监管效果（见图 9-7）。

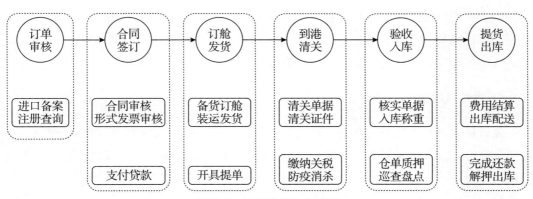

图 9-7　进口冷链业务流程

（四）风险管理

1. 法务风险应对

（1）存货（仓单）业务相关法律规定主要包含在《中华人民共和国民法典》中，主要涉及物权编、合同编和侵权责任编，同时还涉及金融监管类法律法规、供应链管理类法律法规、保险类法律法规等。

（2）参与主体包括质权人、出质人、保管方、监管方、运营方、兜底方、技术方等多个方面。

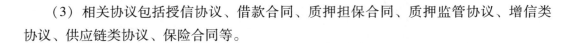

（3）相关协议包括授信协议、借款合同、质押担保合同、质押监管协议、增信类协议、供应链类协议、保险合同等。

2. 确权风险应对

利用区块链技术的数据不可篡改特性，与全国性独立的第三方仓单登记公示平台合作，完成监管全流程的权属确认。

（1）从开展监管业务的仓库开始，为全国仓库建立档案和数字化标识，制作仓库"身份证"。

（2）行业级风控存证系统，推动业务规范化、体系化，为存货监管提供"他证"。

（3）存货监管项目公示+仓单信息登记，成为面向各品类的存货信息、仓单信息及状态信息的登记节点。

（4）建立企业自律体系，呈现参与相关业务的各类主体企业的基本情况以及其在生态中的职责、能力、资质等。

3. 监管风险应对

以金融视角将业务划分为贷前、贷中和贷后三个阶段管理，通过对仓库的数字化改造、搭建存货（仓单）融资监管平台并与存证公示平台合作，采取技术与运营的结合，完成各个风控要点的管理，保证全流程的风控监管。

4. 质量风险应对

通过区块链技术将收集到的货物质量证明文件进行货物质量溯源、仓储过程存证、质量信息存证，保证从采购—入库全流程的质量管理和数据真实、准确、唯一、不可篡改。

5. 价格风险应对

（1）价格盯市：通过与市场的行业价格渠道对接，如交易类、资讯类网站、行业协会，获取货物市场价格；每日盯市，与质押价格比对，预测价格走势，做好盯市管理。

（2）警戒线管理：通过每日价格盯市结果，达到警戒线时向银行、监管方、存货方发送预警，提醒进行补货、补保证金操作或及时回收贷款、启动平仓处置。

6. 处置风险应对

（1）明确责任：确定承担货物处置责任的主体，签署处置协议，明确相关参与方的责权利。

（2）建立流程：制定货物处置预案，选择体系内的核心企业或第三方交易平台作为处置渠道，建立处置流程，完成处置协议签署和系统对接，引入货物保险，做好资产保值。

（3）对接系统：对接统一仓单登记平台、内部处置系统、第三方 B2B 交易平台，实现货物的快速处置。

三、经验分享

微分格存货（仓单）融资平台已覆盖工业品、有色金属、贵金属、农产品、煤炭矿石、冷链、汽车等领域，实现"多品多仓"，在国家级自贸区、经开区等多场景下实现仓单风控能力和融资能力，致力于打造满足资金方风控要求的金融监管仓，面向资产监管的云仓服务，提供一站式存货（仓单）融资技术解决方案。后续将持续以大型示范项目为契机，积累存货（仓单）融资领域运营经验，加强产融大数据运营能力，探索科技方、资产方、资金方、监管方等联合运营模式。

微分格通过建设金融监管仓，实现对"物理仓单"的智能化监管督导，以及"电子仓单"数字化、标准化交易管理，打造了基于物联网与区块链的贵金属存货（仓单）融资平台。

微分格在运营成果方面，逐步建立了产融大数据库，评估/重量/安全/价格/作业等指标库，上百种风控策略和模型库，完善了仓库准入和仓库监管标准、仓单评分和画像标准。

微分格在创新成果方面，充分运用物联网、区块链、大数据、智能风控等新技术，打造金融监管仓，使"人、设备、系统"互联互通，物理和电子仓单数据上链、存证和交易流转，并实现仓单画像和评价、风控策略和风控模型等功能。

微分格在经济效益方面，通过目前的成本测算，科技成本在总收益中占比 10% 左右，风控水平得到显著改善，未来随着业务的扩大，智能硬件的广泛运用，实时监控能力不断完善，风控水平将继续提高，有利于降低融资成本，提升存货（仓单）融资能力。

（北京微分格科技有限公司）

案例（37）上海有色网：科技金融——四方应用新模式

摘要：依托交易中心自有的大量客户基数、海量真实交易数据、独立创新的货物

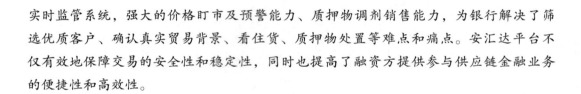

实时监管系统，强大的价格盯市及预警能力、质押物调剂销售能力，为银行解决了筛选优质客户、确认真实贸易背景、看住货、质押物处置等难点和痛点。安汇达平台不仅有效地保障交易的安全性和稳定性，同时也提高了融资方提供参与供应链金融业务的便捷性和高效性。

一、企业介绍

上海有色网金属交易中心是响应国家及上海市关于发展现代服务业的规划，依据国发〔2011〕38号、国办发〔2012〕37号、中（沪）自贸管〔2014〕266号、沪商市场〔2014〕595号等政策文件的要求规划设计的新型全线上现货交易市场。2015年，通过由上海市商务委员会、上海市委金融办、上海自贸试验区管委会组成的中国（上海）自由贸易试验区大宗商品现货市场评审委员会的开业验收，上海有色网金属交易中心获准上线运行。上海有色网金属交易中心（以下简称"交易中心"）是上海市贸易总部企业、民营总部企业，供应链创新与应用示范企业、市级互联网重点企业。已自主研发多套系统工具，登记认定了26项知识产权。

"安汇达"是交易中心自主研发的现货交易平台，基于区块链、物联网、AI智能识别等技术，提供去中心化、高透明度的一站式企业间现货交易及供应链金融、数据数字应用等综合服务。安汇达平台对接上海清算所"清算通"系统提供大额实时、规范高效的资金清算结算服务。主要产品有电解铜锭、锌锭、铝锭。累计支付超15万笔，交易额超9000亿元。安汇达平台为企业提供全程在线的交易确立、合同签订、货款收付、货物交收等数字创新服务，已服务3300多家用户，涵盖金属行业国内大型冶炼企业、贸易商、加工企业，包括央企、国企、上市公司及行业龙头；大幅提高交易的效率，从而帮助商贸类企业降本提效。

二、案例内容

（一）背景介绍

在供应链贸易中，从原材料的采购、加工、组装到销售的各企业间都涉及资金的支出和收入，而企业的资金支出和收入是有时间差的，这就形成了资金缺口，多数需要进行融资生产。

核心企业或大企业：规模大、信用好，议价能力强，通过先拿货后付款，延长账期将资金压力传导给后续供应商；此外，其融资能力也是最强的。

一级供应商：通过核心企业的债权转让，可以获得银行的融资。

其他供应商（多数是中小微企业）：规模小、发展不稳定、信用低，风险高，难以获得银行的贷款；中小微企业也无法像核心企业一样有很长的账期；一般越小的企业其账期越短，小微企业还需现金拿货。

针对中小微企业，更加低门槛、高效、便宜的融资贷款模式势在必行。这些企业通常缺乏稳定的资产作为担保，难以满足传统信贷要求，因此需要创新型的融资工具，以降低融资门槛，提高融资效率。对于大型企业而言，传统的长期贷款模式可能不再适用于快节奏、变化迅速的市场环境。因此，他们希望银行等融资机构能够提供更加灵活、短期、低成本的融资服务产品。

综上所述，供应链贸易需要更加灵活、高效、低成本的融资产品和服务，以满足不同规模企业的需求，促进企业的可持续发展和经济的繁荣。市场需求不仅迫切而且潜力巨大。

（二）产品介绍

上海有色网金属交易中心，凭借上海有色网庞大的客户基础和多年市场探索，经过多种业务模式的尝试和实践后，于2023年与多家银行展开合作，构建了一种新型科技金融模式，即"银行、平台、仓库、融资人"四方模式，为企业、银行等融资机构搭建优质、高效、便捷的金融服务通道。主要功能如下。

1. 筛选优质客户和优质资产

依托上海有色网在有色行业20多年，掌握大量企业独家数据，熟悉同一类型企业（目标客户）不同的业务模式以及对应的潜在风险、风控措施。

上海有色网拥有有色行业全球第一的互联网流量，每年评选并公示"价格采标单位""优质生产企业""优秀贸易企业"等，在行业内形成权威影响力，无形中提高融资企业违约成本。

上海有色网金属交易中心可以帮助追溯拟质押现货来源，通过货物在平台历史交易记录，协助保障货权无瑕疵。

上海有色网金属交易中心可以建议可接受的质押物（精确到品牌），以及合理的质押率，可做到实时调整（根据历史价格以及全球成本曲线综合判断）。

2. 提升动产监管能力

为推荐优质的监管仓库，与仓库进行电子仓单系统底层直连，数据实时同步，交易中心自主研发独立的物联网+视频识别监管系统，拥有专利，在国内几十个仓库厂库落地实践，对价值数亿的各类动产实施监管；可以视需求架设，实现全天候24×7去人工化动产监管+异常情况即时报警+实时远程查看；作为独立第三方，弥补仓库监管弱项（如因人为因素导致的潜在漏洞），协助银行进行辅助监管，多方比对，提升监管能力。

3. 价格盯市及预警

交易中心每日发布的国内外金属现货价格（SMM 价格）涵盖基本金属、钢铁、铁矿石、贵金属、小金属、再生金属、金属粉末、金属化合物、加工材料、合金、稀土等上千种金属产品，已成为权威的现货基准价格，并通过国际证监会组织（IOSCO）认证。国内超过 20 万家企业采用交易中心现货价格结算（签入长单或零单贸易合同）；交易中心可为银行提供最权威最准确的价格盯市服务，甚至提前半小时至一周预警可能出现的巨大价格波动，为银行留出充足时间要求融资企业补充保证金。

4. 质押物处置

交易中心可以为银行推荐行业龙头企业作为处置商。上海有色网金属交易中心是上海市持牌现货交易所，对接上海清算所清算通系统，是国内规格最高、交易规模最大的金属现货交易平台，历史交易总额超过 9000 亿元。可以协助银行对需处置的质押物在平台挂牌进行处置，处置价格不低于当日上海有色网价格 98%，处置时间不超过 2 个工作日。

（三）业务流程

（1）融资企业向上海有色网金属交易中心发起申请。

（2）上海有色网金属交易中心向银行提交融资企业贸易背景材料。

（3）银行审核材料并建额。

（4）融资企业、上海有色网金属交易中心、银行、仓库签署四方协议。

（5）融资企业挑选押品入监管仓库。

（6）上海有色网金属交易中心开启押品监控。

（7）融资企业提交贸易合同并发起融资申请。

（8）监管仓库确认押品。

（9）银行审批放款。

（四）风险管理

在有色金属贸易中，仓单作为一种重要的交易凭证，起到了承载商品所有权和确保交易安全的作用。近年来，虚假仓单诈骗事件频繁发生，仓储监管不力的情况给商业信任和金融体系带来了严重风险。这进一步加剧了中小微企业融资难度。

上海有色网金属交易中心为了帮助中小微企业摆脱困境，依托 AI 大模型技术，推出创新应用平台。通过在仓库内部安装摄像头和使用图像识别技术，交易中心实现了对大宗商品货物的实时监控。AI 大模型可以识别并监测货物的存放位置、数量、状态以及周围环境，从而帮助仓库管理人员及时发现异常情况，如货物丢失、损坏或其他异常操作，提高货物的安全管理水平。核心功能：基于 AI 图像识别的货物识别系统；监控库区管理系统；电子库存单监控管理系统。

依托全新的货物监控系统，结合上海有色网金属交易中心强大的价格盯市及预警能力以及质押物处置能力，成功将质押融资风险降至最低。全面的监控和预警系统有效地保障了交易的安全性和稳定性，同时为融资方提供了可靠的担保和保障，大幅提高金融服务的便捷性和高效性。

三、经验分享

上海有色网金属交易中心已经与多家银行合作构建了"银行、平台、仓库、融资人"四方新模式，银行可以面向普通民营企业，以仓库非标仓单（即现货库存）为质押，提供融资服务，首单在 2024 年 5 月内即可落地。此模式一旦普及，可以帮助大量融资难融资贵的民营企业获得银行的融资服务，相当于商业银行替代过去的"大型服务型贸易商"承担库存和提供供应链融资服务的角色。

上海有色网金属交易中心目前正积极推进这一金融服务模式，并计划新增 3~4 家合作银行和 2~3 家合作仓库。同时，交易中心也在积极推进区块链仓单和区块链金融服务平台建设等工作，旨在进一步提高优质企业信用和企业贸易数据的公信力，降低企业与银行等融资机构之间的信任门槛。交易中心不断努力，持续为企业提供更高效、安全、低成本的金融服务。

（上海有色网金属交易中心有限公司）

案例（38）中祺嘉成：大宗商品供应链及供应链金融的综合服务模式

摘要： 中祺嘉成大宗商品交易平台是集大宗商品交易系统、供应链金融服务系统和智能仓储服务系统于一体的供应链综合服务平台。其中，中祺嘉成独立设计并统筹完善的供应链金融服务系统，连通大宗商品交易平台、智能云仓平台，让客户信息、交易数据、货物保管与交割、运输管理、支付结算、违约记录等全过程数据透明化，构建信用评级体系，为产业链上下游客户提供采购、生产、库存、销售、融资等金融服务，解决中小企业的各种融资难题。

一、企业介绍

中祺嘉成（厦门）能源有限公司（以下简称"中祺企业"）成立于 2015 年，主营业务为石化能源类产品、农产品、水产品等。中祺企业坚持"资源共享，合作共赢"的经营理念，致力于为客户提供优质的供应链增值服务。以"物流""信息""金融""商务"四类服务要素为基础，为客户整合运营过程中所需的资源，规划产品贸易运营解决方案，并提供运营服务。中祺企业集产品代理、产品销售、供应链运营、产业金融等多项服务于一体，公司核心人员均来自厦门供应链板块的国有上市公司，具备成熟的管理经验，其创新的经营管理模式，能不断地适应市场竞争的需要，团队架构完善合理，协同程度深入高效。中祺企业自成立以来，积极布局全国业务版图，目前已在全国多个省市成立子公司，营业额超百亿，位列厦门民营百强企业第 89 位。

中祺企业的供应链金融服务系统作为连通大宗商品交易平台、智能云仓平台的一个重要应用场景，让商户信息、交易数据、货物保管与交割、运输管理、支付结算、违约记录全过程数据透明化，并同时构建信用评级体系，为产业链上下游客户提供融资、保理等金融服务，解决中小企业融资难题。作为大宗商品交易平台，重点聚焦大宗商品领域，帮助各相关行业内产业链上下游客户提供定制化、一站式供应链专业服务。服务内容除融资、保理等供应链金融需求外，同时提供商品信息、线下交易、仓储物流等其他供应链服务。

二、案例内容

（一）背景介绍

针对大宗商品供应链传统业务交易耗时较长、商品状态难确认与管控、业务数据不透明、资金结算难以监管、线下交收流程不畅通、影响资金回收与使用效率等问题，中祺企业打造了集交易管理、仓储管理、金融管理的全程化实体联营业务管理平台。

平台以大宗商品交易为核心，实现传统大宗商品业务全流程的智能化风控管理，从商品的买卖交易过程管理、生产管理、商品仓储管理、运输物流管理，到交易过程涉及供应链金融管理，实现全流程化的交易管理模式。平台依托互联网思维与创新金融思维，应用现代科技与信息服务技术，致力打造以大宗商品交易为主，集商流、物流、资金流、信息流，"四流一体"的大宗商品商务交易平台。平台聚焦大宗商品领域，实现全流程化系统管理，为客户提供功能强大、安全性高、覆盖面广、灵活高效的大宗商品供应链综合服务模式。

（二）业务介绍

远洋渔业是福建省农业产业的重要经济支撑之一。中祺企业作为厦门的民企百强企业，在政府的支持下十分重视远洋渔业的合作与发展。

2018 年以来，中祺企业与多家远洋渔业集团达成合作关系，平潭远洋渔业集团作为该行业的头部企业。拥有远洋捕捞渔船共 177 艘，总吨位接近 18 万吨；在国外拥有阿丰那、金马安、瑟兰岛三大渔业养殖基地。在国内以闽三角、长三角、珠三角区域为发力点，建立物流园、加工基地、产业园、科创园，总投资 20 多亿元，总占地面积 289 亩，总建筑面积 30 多万平方米，冷库库容近 25 万吨，年加工能力约 15 万吨。涉及的产品主要有金枪鱼、鱿鱼、沙丁鱼、虾等。

在合作模式上，平潭远洋负责出海捕捞，运输回国后由专业的冷链物流，将产品分类运输至我方合作的冷链基地；下游合作企业（安井食品、海霸王、海欣食品及大型贸易商等）与我方签订购销合同，并支付规定的保证金（在一定周期内赎单），行情出现波动及时追加下游工厂保证金；再由买方安排车辆自提或由我方指定承运人做物流配送。

（三）实施过程

平台由大宗商品商务交易、智能云仓、供应链金融服务三大系统构成，各系统特色鲜明，流程操作简易完善。其中，自主创新的供应链金融系统，连通商务交易平台、智能云仓平台，让商户信息、交易数据、货物保管与交割、运输管理、支付结算、违约记录全过程数据透明化，构建信用评级体系，为产业链上下游客户盘活库存、锁定成本、稳定销售渠道起到重要作用。

供应链金融服务模式：通过供应链管理，依托物流、商流、资金流和信息流多流合一；围绕核心企业，为其上下游企业提供真实交易背景下的融资服务，从而在帮助企业盘活非现金流动资产的同时，提高整个产业链的效率，降低系统成本，创造多方价值。

水产品业务流程如图 9-8 所示。

（1）上游采购产品：海洋水产品。

（2）结算方式：中祺企业对下游工厂收取保证金并向上游支付全额货款。

（3）经营流程：①由远洋捕捞企业定期向国内冷链基地输送产品；②中祺企业负责冷链库存管理及水产品的货物安全和进出库事宜，确保货权的清晰和存货的安全性；③要求食品加工工厂在一定周期内赎单，完成提货出库回款的手续；④行情出现波动及时追加下游工厂保证金。

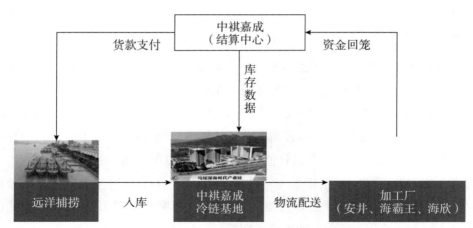

图9-8 水产品业务供应链金融业务实施流程

三、经验分享

通过系统的共享共通，平台上所有业务从报价、业务流程、风险控制三方面着手，帮助上下游客户解决货源、定价、资金需求等难题。同时也帮助上游供应商解决中小企业客户交易流程难以精细化管理、货款回收风险及下游企业违约造成货物滞留等难题，实现数据共享、风险可控、资金快速流通的供应链服务模式。以2021年为例，平台总营业额100多亿元，其中，代采服务55亿元，商贸服务30多亿元，其他增值服务36亿元。

（一）以实体为基础

中祺企业立足实体企业效益及持续发展的基本需求，在实际业务稳定牢固的基础上，实现数据共享共通、全流程管理，使合作双方效益最大化，同时保证供应链金融及线上、线下交易业务的畅通运行。

（二）用金融为杠杆

中祺企业依托金融科技工具，规避风险，将贸易模式运用到大宗商品产业链。供应链金融产品作为企业发展的杠杆，解决中小企业融资难的问题，从而提高核心企业的资金运转效率，实现供应链快速通达。

（三）坚持市场导向，严控风险

中祺企业按照供需关系的动态变化，以市场及企业实际需求为导向，在严格把控上下游各方实际资金需求的基础上，提供可控的资金服务，帮助企业顺利达成交易。

在实际业务交易中，除了线上风险监控以外，中祺企业针对每一笔交易，还会做好线下交易前后风险管理和预案，确保各个交易环节安全可靠。

［中祺嘉成（厦门）能源有限公司］

案例（39）洛阳华晟：华晟供应链—龙鼎铝业合作项目

摘要：2022 年年末，华晟供应链优选洛阳龙鼎铝业作为首家合作企业，该公司行业排名靠前，下游客户稳定，销售情况良好，但因重资产投资和新业务的启动，导致流动性资金紧张，产能无法充分释放，每月减产约 8000 吨。通过华晟供应链首批 2000 万资金的投入，龙鼎铝业每月可恢复释放约 1000 吨产能，后续双方的合作将会持续进行，资金将分批到位，充分解决龙鼎铝业的资金流动性问题。

一、企业介绍

洛阳华晟物流有限公司（以下简称"洛阳华晟"）成立于 2016 年 4 月，注册资本 2 亿元人民币，是一家以科技为驱动的国有控股供应链综合物流服务企业，总占地面积 697 亩，2022 年营业收入 2.36 亿元。洛阳华晟供应链科技有限公司（以下简称"华晟供应链"或"公司"）成立于 2022 年 8 月，为洛阳华晟物流有限公司全资子公司。公司主营业务为供应链管理服务，金属制品、化工产品销售，信息技术咨询服务等；华晟供应链的长期定位为：聚焦有色金属产业，构建"商流、物流、资金流、信息流"四流合一的供应链综合服务平台，为生产企业提供全方位供应链解决方案；公司始终坚持："风控第一，利润第二，规模第三"的经营理念。

公司的业务模式为：以金融为龙头切入目标核心企业的供应链业务，带动贸易、仓储、运输（公铁联运）等供应链全过程服务；目标客户主要为经营基本面稳定、管理水平较好、产品具有市场竞争力或发展前景的核心工业企业。

公司开展的供应链全过程服务，一方面提高了自身相对于传统贸易金融公司或物流公司的综合竞争力，有利于自身在金融、贸易、仓储、运输（公铁联运）、销售等方面的全面发展，经营过程中提高站位，综合布局，计算全周期总账，而不是斤斤计较去计算每一个环节的小账；另一方面，通过供应链全过程的综合服务，大大提高经营过程中对于自身业务的风险管控能力，在采购、运输、存储、销售等各个环节，能全过程保证货物（原材料及产成品）的所有权和控制权始终在自己手上。对于银行而言，银行与供应链公司合作，解决了银行虽有信贷资金投放规模，但因为制度或风险等各

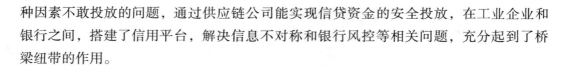

种因素不敢投放的问题，通过供应链公司能实现信贷资金的安全投放，在工业企业和银行之间，搭建了信用平台，解决信息不对称和银行风控等相关问题，充分起到了桥梁纽带的作用。

二、案例内容

（一）背景介绍

公司的母公司洛阳华晟物流有限公司，自成立之初就一直服务铝加工行业的相关企业，和洛阳及周边的铝加工企业建立长期稳定的合作关系，在合作过程中深知铝加工企业面临的困境，以及掣肘铝加工企业发展的各种因素，当前铝加工企业普遍存在机器设备、生产线等重资产投入较多，日常生产经营过程中缺乏流动资金，经常因为流动资金短缺，导致生产线停产的事情发生，严重影响企业的正常发展。但是，企业向金融机构申请融资时，又因为银行融资门槛高、缺少担保等各种原因，无法顺利获批贷款资金。在这样的情况下，华晟物流审时度势，于2022年6月果断成立洛阳华晟供应链科技有限公司，旨在通过金融为切入点，搭建综合服务平台，联动贸易、仓储、运输（公铁联运）等各板块资源，助力当地企业业务发展。

（二）产品介绍

1. 将传统货物抵押贷款的债权转变为对货物的所有权控制

传统的供应链公司很多是将核心企业的原材料或产成品通过抵押担保的方式实现融资，这是基于债权的一种融资；但这种方式一旦核心企业出现问题，债权就不能获得很好的保证。华晟供应链通过"自己采购原材料+核心企业代加工+直销核心企业下游客户"的方式，始终把控原材料或产成品的所有权，即使合作企业出现经营风险，能够及时对具有所有权的原材料或产成品进行变现处理。

2. 基于自有的基础物流服务实现全过程控制

传统的供应链公司，以贸易业务为主，在仓储和运输环节基本依赖第三方，但是行业内仓单重复质押、丢失和运输过程不可控的事件时有发生，一旦出现一次问题损失将十分惨重，行业内此类案例屡见不鲜。华晟供应链自有金融、贸易、仓储、运输（公铁联运）等全链条板块业务，对于货物（原材料及产成品）的监管也是全过程的，这样可以最大限度减少货物在仓储、运输等环节的风险，从而减少货物流通过程中的灭失风险。

3. 极端情况下货物的变现能力

公司在业务发展过程中聚焦铝行业，与多家上下游企业建立较好的合作，对于行业情况能够非常及时、准确地把握，一旦合作企业出现极端情况，公司可以针对原材料或产成品的上下游企业，及时与相关厂家洽谈销售事宜，及时销售止损，避免损失进一步扩大。

（三）业务流程

公司已与洛阳当地的知名铝加工企业洛阳龙鼎铝业（以下简称"龙鼎"）开展业务合作，目前合作进展顺利，依据现有模式简单阐述与龙鼎开展业务的操作流程。

步骤1：合作双方经协商沟通后，确定合作具体内容，签订合作框架协议，约定合作期限、权利义务等要素。

步骤2：基于步骤1的框架协议，采用华晟供应链采购铝锭等原材料委托龙鼎进行代加工的合作模式，华晟公司保持对原材料和对应产成品在法律意义上的所有权；后续每一批次的代加工业务，双方均需签订代加工协议。

步骤3：约定原材料采购的渠道，并明确渠道不同双方各自应承担的责任。

（1）关于铝锭等原材料的采购，如果采用龙鼎指定渠道采购，则双方共同确认采购协议内容，龙鼎需对采购协议的所有条款进行兜底，且需对协议签订后原材料的质量、履约周期等具体操作事项承担全部风险。

（2）如果通过华晟供应链的采购渠道进行原材料采购，华晟供应链依据共同确认的采购协议内容采购，并将原材料送达龙鼎后进行验收，无异议视为该步骤完成。

步骤4、步骤5：华晟供应链履约将代加工所需的铝锭等原材料运送至龙鼎厂区交付生产，同时龙鼎需将同等重量的产成品交付至华晟供应链指定的仓库，并由华晟供应链指定专人保管；步骤4与步骤5必须同时进行，此举是华晟供应链为了实现对原材料及代加工后的产成品的所有权，视同华晟供应链对于物权的不间断所有，确保华晟供应链的资金安全。

步骤6、步骤7：龙鼎完成代加工后，依据双方协商内容确定下游买家，由华晟供应链与买家签订销售合同，并由关联公司华晟运输负责货物的运输配送；实现销售回款后，双方在约定期限内进行结算，华晟供应链向龙鼎支付代加工费用，龙鼎开立对应金额的发票，整个流程（采购、代加工、仓储、销售、运输）完成。

后续第二批次开始进入（第2—第7步骤）业务循环流程（见图9-9）。

（四）风险管理

（1）原材料进厂前的风险把控，虽然本质上是供应链公司提供资金，帮助龙鼎采

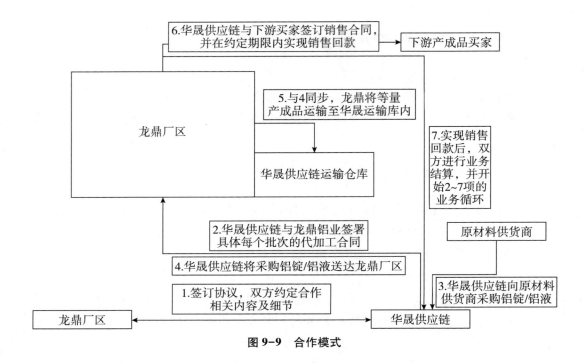

图 9-9　合作模式

购生产所需原材料，但为了防范风险，避免和龙鼎自有原材料混淆，产生法律纠纷，原材料进厂前，供应链公司必须与上游原材料供货商签订采购协议，再由供应链公司与龙鼎签订委托加工合同，以委托龙鼎代加工的模式实现原材料进厂，这样明确供应链公司对该批原材料拥有所有权，避免第三方对该批委托加工物资主张债权。

（2）原材料进厂后的风险把控，原材料上线生产后，谁也无法分清哪些成品属于龙鼎，哪些成品属于华晟供应链，为了保障对原材料及依据原材料加工形成的产成品的所有权，在原材料进厂同时，要求龙鼎将同等重量产成品移交华晟供应链指定的仓库保管，视同产成品的即刻交付，产成品在华晟供应链保管期间，龙鼎可以正常销售，仓库内保管产品出库销售时，龙鼎需入库同等重量的成品替换，在华晟供应链实现产成品销售前，仓库内保管成品重量始终不能低于华晟供应链进厂原材料的重量。

（3）销售成品前的风险把控，原材料在约定时间内完成生产，准备实现销售时，必须由华晟供应链与下游买家签订商品购销合同，并委托自有运输公司承运，这样可以保证成品在送达下游买家指定位置前，一直处于华晟供应链的监控之下，实现原材料及产成品的全过程监控。

（4）产成品销售时的风险把控，因购销合同由华晟供应链与下游买家签订，所以销售回款应回至供应链公司账户。为了避免货物完成出库，而销售回款资金不能及时到账，签订商品购销合同时必须明确约定，结算方式为款到发货，保证销售回款资金的安全性。

上述风控要点的核心是对货物（原材料及产成品）物权的一种重点风控，只要能实现对货物的所有权，就能保证投入资金的安全性。

三、经验分享

公司的供应链全过程服务，自 2023 年年初开始首笔业务合作以来，经过近两个月的业务磨合，已完美释放龙鼎约 1000 吨产能，合作企业的员工自上而下对供应链全过程服务给予充分肯定，龙鼎管理层也深刻体会到供应链全过程服务的优势，已主动联系我公司，寻求更深度的业务合作。

自首笔供应链全过程服务开展以来，华晟供应链深刻体会到产品（合作模式）开发的重要性，后续公司将重点关注铝加工企业当前面临的经营问题，针对不同的铝加工企业，制订不同的服务方案，以目标企业的实际需求制定切实可靠的业务合作模式，达到合作双赢的理想局面。

（洛阳华晟供应链科技有限公司）

第十章　公路货运运费融资

第一节　运费融资需求

一、公路货运业务结构

我国公路货运业普遍存在垫资运营现象，托运人一般在业务完成 3~6 个月后再支付运费，而物流企业支付司机运费需要现结或周结，中间的账期差是中小物流企业资金压力的主要来源。

从货主端来看，货主方通常也是货物运输的托运方，一般是生产商或贸易商。优质货主在整个业务链条中处于强势地位，在运输市场普遍供大于求的状态下，货主一般不会主动配合物流企业解决运费结算账期问题。

从运输端来看，由于货运的层层代理，链条冗长，运输端包括货运代理、第三方物流公司、中小物流企业等角色。货运代理作为信息中介，轻资产运营，融资需求较少。第三方物流公司一般具备一定的物流资产，相对重资产投入；因此都具有丰富的银行授信和多样化的融资渠道（部分已在国外上市）。处于业务链条末端的中小物流企业是实质的承运方，同时也是主要的资金需求方。

二、融资需求调研分析

根据中国物流与采购联合会 2022 年 5 月发布的《中小微物流企业经营状况调查报告》，调查显示，62.9% 的物流企业反映账期垫资压力与 2021 年相比有所增大，企业的资金压力没有缓解的迹象。另外，近一半的被调查企业反映与 2021 年相比上游拖欠费用带来的压力增大，还有超过四成的企业反映持平，上游拖欠运费导致了中小物流企业资金压力进一步增大。据调查统计，61% 的企业主要通过银行来获取资金，11.9% 的企业通过信用社获取资金，通过亲朋好友借贷、民间融资以及信用卡等方式获取资金的合计占 1/3，通过股权融资方式获取资金的占比仅为 4.3%，显示中小物流企业融资渠道较少。同时企业普遍反映信用贷款还面临额度较小、利率偏高等问题。

由于物流企业缺少抵押物难以直接从银行贷款，应收账款保理等信用贷款又面临上游企业不愿意确权、银行征信难以保障等问题，导致了物流企业融资难，影响了企业的发展和业务开发。运费融资市场空间大、企业需求强烈，银行、科技企业等纷纷下场，通过数字技术的应用，创新运费融资模式，为中小物流企业提供融资服务。

第二节　运费融资模式

一、运费保理融资

运费保理融资是目前市场上的主流运费融资产品，其主导方一般是金融机构或科技平台企业，围绕优质货主与物流企业之间发生的运费应收款，以应收账款质押或保理的形式，将应收账款项下实际发生的运单或结算发票作为放款基础额度。如图 10-1 所示。

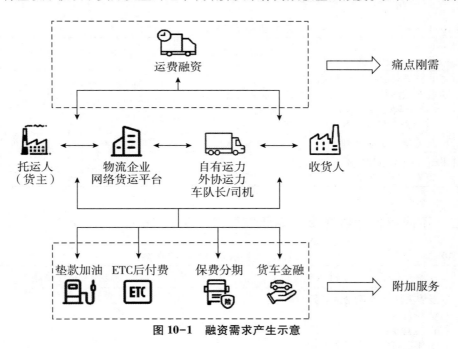

图 10-1　融资需求产生示意

二、数据信用模式

网络货运平台的快速发展，逐步夯实了行业数据应用为基础，为创新融资模式提供可行性。以网络货运平台为基础，对货运链条上物流企业进行数字化改造，实现了业务流、信息流、资金流、票据流、货物轨迹流的"五流合一"，保证了"五流数据"的完整性、真实性、可视化、可交叉核验。通过物流运输管理平台，企业实现了对运输全过程的有效监管，保证了运输服务及上传数据的真实性、实时性。供应链金融服务平台连接上下游各方，沉淀"五流数据"，打破数据孤岛，实现数据协同和交叉验真。数据信用逐步替代了部分主体信用，在一定程度上摆脱了对核心企业的依赖。

数据信用模式出现时间不长，还没有统一的流程或标准，各业务产品的切入角度、流程规则、数据基础、风控要求均不相同，未来通过一段时间发展，在经过市场的检验后，有望逐步走向标准化和规范化。

第三节　运费融资产品

通过专题调研，课题组对不同机构推出的运费贷产品进行梳理和总结，比较不同的模式及风控条件，为产品的进一步完善和发展提供助力。

一、不同机构下运费融资比较（见表 10-1）

表 10-1　　　　　　　　　　　　不同机构下运费融资比较

机构	模式	授信主体	额度	利率	是否增信
银行	账户结算体系+主体授信；应收账款质押（不确权）；应收账款保理（确权）流动资金贷款、普惠	物流企业、网络货运平台司机、车队长	1. 应收账款比例 2. 运单×系数+子账户余额×系数	6%~8%	需要
保理	明保理、暗保理	物流企业	真实运单×X%	10%~13%	需要
科技平台	平台（技术输出）+资方；资方不同，模式不同	物流企业、网络货运平台货主	运单、发票×X%	8%~15%	需要

二、不同机构运费融资产品风控要求（见表 10-2）

表 10-2　　　　　　　　　　　　不同机构运费融资产品风控要求

机构	准入条件	风控及担保措施
银行	授信主体（物流企业、网货平台）： a. 经营资质； b. 经营年限； c. 年运费收入及盈利状况； d. 工商、司法、征信、行政处罚无异常（包括企业、法人、实控人）； e. 股东背景； f. 可系统对接、技术开发能力； g. 自有运输车辆≥1 辆（针对物流企业）； h. 非开票平台及业务（针对网贷平台） 货主： a. 要求在银行白名单体系内； b. 合作稳定，合作期限半年以上； c. 运输合同中结算条款明确（包括账期、结算方式，金额等）	a. 控股公司提供连带担保； b. 实控人、法人提供连带担保； c. 第三方提供连带担保； d. 缴纳一定比例的借款保证金； e. 货主运费回款账户监管； f. 要求部署银行资金账户系统（针对网贷平台）

续 表

机构	准入条件	风控及担保措施
保理	**授信主体（物流企业）：** a. 经营资质； b. 经营年限； c. 年运费收入及盈利状况； d. 工商、司法、征信、行政处罚无异常（包括企业、法人、实控人）； e. 股东背景； f. 可系统对接、技术开发能力； g. 自有运输车辆≥1辆（针对物流企业） **货主：** a. 要求在银行白名单体系内； b. 合作稳定，合作期限半年以上； c. 运输合同中结算条款明确（包括账期、结算方式，金额等）	a. 控股公司提供连带担保； b. 实控人、法人提供连带担保； c. 第三方提供连带担保； d. 缴纳一定比例的借款保证金； e. 货主运费回款账户监管
科技平台	以合作的资金方要求为准，科技平台重点是深入了解业务场景与资金方共同开发金融产品，向资金方输出业务数据及风控能力	

三、不同机构运费融资产品优劣势分析（见表10-3）

表10-3　　　　　　　　　　　不同机构运费融资产品优劣势分析

机构	优势	劣势
银行	1. 资金成本低； 2. 放款资金充足； 3. 还款方式灵活； 4. 无需房产、固定资产抵押等措施； 5. 授信金额符合业务发展需求	1. 准入门槛高； 2. 业务模式灵活度一般； 3. 增信措施要求多； 4. 要求物流运营主体有科技能力； 5. 前提为布设银行账户体系； 6. 对授信主体的科技能力及数据沉淀能力要求高
保理	1. 业务模式灵活； 2. 无需房产、固定资产抵押等措施； 3. 授信金额符合业务发展需求； 4. 还款方式灵活	1. 准入门槛高； 2. 资金成本较高； 3. 增信措施要求多； 4. 要求物流运营主体有科技能力； 5. 做回款账户监控难度大； 6. 对授信主体的科技能力及数据沉淀能力要求高
科技平台	1. 业务模式灵活； 2. 多资金方对接，选择范围广	1. 资金方不同要求不一致； 2. 对授信主体的科技能力及数据沉淀能力要求高

第四节　案例分享

案例（40）中储智运：中储智运数字物流平台

摘要：中储智运以技术创新为驱动，加快企业现有智能物流服务的拓展和升级，发展以智能供应链为核心的现代产业服务体系。通过构建供应链服务数字化转型、智能化升级、集成化创新的智能供应链一体化服务平台与模式，通过智能供应链服务体系及有效的商业运营模式释放出的各种新功能为社会打造大数据支撑、网络化共享、智能化协作的促进供给侧结构性改革的重要抓手。为广大客户提供具有创新、协同、共赢、开放、绿色等属性的智能供应链服务手段与技术，有力提高了客户全要素生产率、企业竞争力和抗风险能力。

一、企业介绍

中储智运科技股份有限公司（以下简称"中储智运"）成立于2014年7月，隶属于中国物流集团，是一家智慧物流及数字供应链科技企业。中储智运依托现代物流理论，集成移动互联网、云计算、大数据、人工智能、物联网、区块链等前沿技术，打造突破时空界限的中储智运网络货运平台；在掌握供应链环节中核心物流数据的基础上，升级打造数字供应链综合服务平台；利用区块链技术，聚合供应链上下游企业商品贸易、货物交割、物流、支付结算、融资等各类数据，实现供应链全过程跟踪监控和可信数据存证，解决供应链运转过程中的关键"信用"问题。为客户提供基于数字信用的融资服务，为我国产业链供应链服务体系与能力现代化提供新动能，为客户美好未来创造卓越的智能供应链新世界。

中储智运作为全国最大的数字物流基础设施平台，在客户服务方面，已覆盖煤炭、钢铁、矿石、建材、化工、水泥、粮食、机械等重要产业，已整合以制造、商贸为主的货主企业2.9万家、公路货车运力302万辆、船舶资源2万艘。2022年全年成交金额362.4亿元，近三年复合增长率达25.5%，平台运作物资达到3.1亿吨，业务覆盖全国，平均为货主企业降低成本10%，累计为货主企业降低物流成本超80亿元，为司机减少找货时间69%。中储智运是交通运输部全国首批无车承运人试点企业，全国首批5A级网络货运平台企业，全国第三批多式联运示范工程项目联合单位，国家发展改革委、工信部、中央网信办认定的全国共享经济典型平台，商务部全国供应链创新与应用示范企业。

二、案例内容

（一）背景介绍

物流业是国民经济发展的基础性、战略性、先导性产业，是构建双循环新发展格局、建设现代流通体系、提升产业链供应链韧性和安全水平的重要保障。我国物流业尽管市场规模较大，但总体仍"大而不强"，我国社会物流总费用与 GDP 的比率达到 14.6%，远高于美国、日本等发达国家 9% 以下的水平，物流业总体发展水平不高。

（二）产品介绍

1. 中储智运网络货运平台

智能配对实现车、货资源的精准匹配：中储智运网络货运平台通过核心智能配对数学算法模型，将货源与返程线路、返程时间、车型等最为契合的货车司机车源进行精准匹配，快速实现"以货找车"和"以车找货"，最大限度减少车辆空驶率，提升车辆运行效率，减少司机配载找货和等货的时间及成本。

"智运罗盘"实现全物流过程的数字化管理："智运罗盘"系统将每笔物流业务分成九个关键节点，每个节点都记录业务行为、时间节点等关键信息，蓝色表示已完成，橙色表示正在进行，灰色表示尚未完成，确保每笔业务可追溯与透明化；该系统还与平台客服人员的客服系统实现打通，可查看、调取平台会员与客服人员的电话记录与处理意见，实现对物流运输业务的运输过程、管理过程的全程可视化、精细化、数字化管理。

互联互通实现数据资源数据赋能：中储智运网络货运平台提供超过 60 个标准接口，可与制造、商贸企业客户的 ERP、财务、库存管理等系统实现互联互通，与客户的采购、销售、运输、仓储、场内调度、结算等环节无缝衔接，将物流运输过程的各类数据，如发货数据、收货数据、运费价格数据、运价指数等与客户系统实现同步，为客户采购、销售、库存管理提供决策依据，全面提升客户的供应链管理效率与质量，降低物流成本，该平台上线以来，帮助货主企业降低人工操作成本 30%，提升作业效率超过 25%，为客户实现数据资源赋能。

2. "智慧多式联运系统"提供物流方案的"一键生成"

中储智运作为全国第三批多式联运示范工程项目联合单位，打造"智慧多式联运系统 M-TMS（SaaS 版）"，整合汽运、铁运、船运、空运、场站、仓库、港口等物流资源，依托平台全国物流运力资源，通过"智慧组网路由器"物流大数据算法，为客户提供考虑"时效优先""价格优先"的多套物流解决方案，实现物流方案的"一键生成"；通过"一次委托、一单到底、一次收费"，为客户提供门到门的国内、国际多式联运物流服务与解决方案。

3. "鹰眼系统"推进北斗卫星导航系统应用

"鹰眼系统"是中储智运打造的集成关键北斗卫星导航系统技术的物流全程可视化定位系统，该系统可实现平台货运车辆、船舶的全程可视化轨迹定位、追踪与回放；监测车辆、船舶等交通运输工具的行驶速度；通过电子围栏监测车辆、船舶的位置及是否异常停留、偏离等各类情况，响应国家战略，推进北斗卫星导航系统在物流场景的全面应用。

4. "核桃信用分"为行业信用体系建设提供示范

中储智运依据货主、司机会员在平台的海量数据与画像，构建反映货主、司机会员真实信用水平的"核桃信用分"物流信用体系。货主信用分充分考虑企业属性、资金状况、履约历史等维度，成为金融机构实现科技与金融创新的重要依据；司机信用分充分考虑订单履约情况、驾驶安全等维度，已应用在"运费预付""司机诚意金"等场景，对于信用分优秀及良好的司机会员，可享受便捷操作流程及平台增值服务权益。"核桃信用分"体系的建立对物流行业信用体系建设、科技金融产品创新、物流主体信用数据库建设具有重要意义。

5. "运费贷"为中小微企业纾困解难

"运费贷"是中储智运与金融机构战略合作，针对中小微货运企业开发的基于数字信用的普惠数字物流金融产品。该产品有效缓解了中小企业融资难、融资贵、融资慢等问题。疫情期间，中储智运"运费贷"持续为平台符合条件的中小货主企业发放融资贷款，有效帮助中小货主企业纾困解难。

6. "运费预付"缓解货车司机资金压力

司机在长途业务中，经常需要垫付大量资金，包括路桥费、燃料费等，在卸货后才能收到运费，因此生活压力较大。中储智运为司机打造"运费预付"产品，司机在"确认发货"环节即可提前获得部分运费。2022 年，司机运费预付 110.9 万单，预付总金额 38.9 亿元，极大缓解了货车司机的资金压力。

7. "应急物流系统"为保通保畅提供支撑

中储智运积极承担社会责任，考虑到应急物流系统对国家应急物流保障体系的重大作用与积极意义，于 2019 年 5 月在上海发布"智援"应急物流调度系统，通过互联网模式为国家应急物流保障体系提供新的创新解决思路。

8. "物流指数网"为经济研判提供数据决策依据

"物流指数网"是一款基于海量大数据的数字物流大数据产品，通过实时掌握货物流向、物流运价、运力投放、货运量等各类物流关键数据，有效反映物流与经济运行水平，这些数据具有重要的经济与战略价值。中储智运现为中国物流集团保通保畅工作小组成员单位，通过该系统为国家保通保畅工作贡献力量。

（三）业务流程创新

本项目通过建立数据共享平台，将供应链各个环节数据进行共享，实现了信息的可追溯性，并在此基础上构建了全流程的智能化运营体系和协同管理机制。本项目通过建立供应链可视化系统，将供应链的各个环节进行可视化管理，利用大数据、云计算等技术实现对供应链的高效控制和监测；建立合作伙伴协同平台，实现供应链合作伙伴之间的优势互补和信息共享，从而优化供应链的管理和协作模式。本项目通过引入物联网、人工智能、区块链等技术，实现对供应链各环节的智能化控制和管理，提高供应链的运营效率和安全性。

（四）质量安全管理

中储智运作为国家级服务业标准化试点企业，自成立以来，逐步全面开展质量建设，质量体系完整、质量意识强烈、质量信誉良好。公司目前拥有 ISO9001 质量管理体系、职业健康管理体系、环境管理体系、知识产权贯标管理体系、ISO27001 信息安全管理体系等几大管理体系。近年来，中储智运以优质的产品和服务，获得市场顾客的充分认可及政府部门的高度评价。

三、经验分享

（一）案例一：某制管企业互联互通项目

该制管企业是一家以高频焊管、热镀锌管、螺旋焊管、方矩管、钢塑复合管制造、销售为主导的现代化综合型企业，是中国制造业 500 强、产业集群龙头企业。中储智运基于其物流业务场景及管理需求，通过 API 接口实现与客户 ERP 的互联互通（见图 10-2），实现了订单到运单的无缝衔接，并为其构建智慧物流管理平台，实现各业务线运输管理的系统支持，搭建从订单需求、计划、调度、订单跟踪到结算及配套规则的管理体系，实现其内部 ERP 与物流业务数据的交互及流程管控，实现了全面的供应链数字化，极大提升了客户业务管理效率，降本增效效果显著。2021 年全年，该制管企业在智运平台发运货物，降低物流费用超过 3000 万元，降幅达 8%以上。

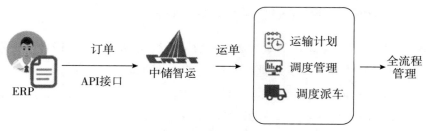

图 10-2　互联互通方案

（二）案例二：某钢铁集团数字物流供应链解决方案

某钢铁集团是知名的钢铁、焦化生产制造实体企业。中储智运平台提供标准接口与制造、商贸企业客户的 ERP、财务、库存管理等系统实现互联互通，与客户的采购、销售、运输、仓储、场内调度、结算等环节无缝连接。中储智运通过数字物流及供应链解决方案，提升了该企业供应链上下游的可视化、智能化和协同水平，帮助其降低综合成本超过 30%，提升效率 47%。

（中储智运科技股份有限公司）

案例（41）万和通物流：网络货运场景的供应链金融数字化解决方案

摘要： 万和通物流集团有限公司深入挖掘网络货运场景中的客户需求，积极推动大数据在物流金融场景中的应用，充分利用网络货运平台运输数据及金融机构的资金风险监管能力，成功开发出"物流供应链金融"产品；通过物联网、大数据、智能风控等技术，解决了托运人、实际承运人融资难的顽疾；通过网络货运平台与金融机构的系统对接，实现了产融结合，建立起服务于托运人、实际承运人、终端客户等物流供应链综合金融服务体系，打造了物流供应链金融生态圈。

一、企业介绍

万和通物流集团有限公司（以下简称"万和通"或"公司"）位于山东省聊城市茌平区。公司起步于 1993 年，注册资金 1 亿元，是一家集危险品运输、普货物流、网络货运、新能源供应链、大宗物资供应链、加油加气、汽车销售、车后市场服务、绿色数字经济园区等于一体的产业链集团。目前，万和通下设 25 个职能部门，拥有分子公司 20 余家，业务遍及全国 26 个省区市，运营网点达到 66 个，织就通达全国的物流网络。

近年来，万和通不断加强数字化转型的顶层设计和实践探索，实施"平台+生态"发展战略。2018 年，公司自主研发"货速运"网络货运平台，利用大数据优势，提供金融保理、加油加气、在线承保等增值服务，根据客户需求，量身定制服务方案，实现综合物流服务的精细化、个性化。公司从 2018 年开始布局物流与供应链金融服务，加快物流金融体系化、数字化、生态化发展步伐。"货速运"平台基于大数据技术，连接起托运人、实际承运人、金融、保险、加油加气、车后市场服务等，将线下业务数据化、场景线上化，形成了一种信用共识，并成功开展供应链金融服务。

二、案例内容

（一）背景介绍

物流领域运费融资需求规模较大。物流业具有劳动密集、跨区域的特性，两年多时间的疫情防控，使物流行业出现收转运派滞缓、经营成本上涨以及资金链断裂等情况，构成了物流企业经营发展的巨大阻力，整个行业尤其中小微企业更是举步维艰。中小微企业普遍存在以下融资问题：融资成本偏高，可抵押资产不足，审批耗时过长，贷款期限较短；信贷保证金比例较高，担保条件过高，有抵押物仍然需要担保；企业贷款额度有限；仍然以抵押贷款为主，认可的抵押物偏少，抵押物评估价格过低，而物流企业多为小微企业，自身价值主要体现在品牌和网络等无形资产上，可用作贷款的抵押物很少，无法向银行进行抵押贷款。同时，其业务和交易的真实性不易被清晰认证，传统的应收款融资方式不被银行等金融机构接受，物流企业融资贵、融资难等问题亟待解决。

网络货运平台重构了物流供应链的交易结构，简化了交易环节，明确了上下游之间的交易关系和责任划分，交易真实性易于确认。同时银行通过引入对核心企业、第三方物流企业的风险控制手段，嵌套物联网、大数据等新技术的应用，为供应链金融的应用提供了落地场景。

（二）产品介绍

1. 产品模式

"货速运"网络货运平台（以下简称"平台"）与中国农业银行、平安银行、中信银行等多家银行达成战略合作，基于平台与托运人（货主）签署的运输合同、托运人资质审查、应收账款等信息，由银行对平台进行授信、额度分配。

平台基于与托运人签署的运输合同、电子单证、运行轨迹、信用评价等信息，通过"物流供应链金融"产品，及时向实际承运人支付运费。

由于平台与托运人、实际承运人的长期业务往来关系，平台不仅对这些企业的经营状况、信用状况、管理水平等方面有较为全面的了解，而且还通过订单和结算渠道实现了紧密、实时联系。金融机构通过平台与托运人签署的运输合同及平台委托实际承运人承运的运输数据，向托运人、实际承运人提供金融服务，能及时向实际承运人支付运费，有效解决了托运人的资金压力。平台通过第三方对实际承运人的证件信息进行验证，确保四要素一致，金融机构基于平台上实际承运人的运输数据，对实际承运人进行授信，让实际承运人以最低的成本获得融资。

2. 产品的优势特点

（1）线上开立账户，方便快捷。通过平台的实名认证信息、四要素信息对比，可以直接进行线上开立账户。

（2）全自动在线数据风控能力：全流程资质审查、数据核查+行业数据对比（轨迹、运价、车辆信息等）+外部数据（税务、征信等）多维度数据的线上化风控能力。

（3）业务操作、审批全程线上化，做到 7×24 小时放贷，满足客户金融需求。

（三）平台及技术

1. 网络货运平台

万和通自主研发"货速运"网络货运平台，基于丰富的物流从业经验和先进的移动互联网、SaaS、大数据云计算技术，使底层数据可视化，实现真实业务流程可信化。平台连接起托运人、实际承运人、金融、保险、加油加气、车后市场服务等，将线下业务数据化、场景线上化，形成了一种信用共识；平台通过优化资源配置，整合社会运力资源，解决运输过程监管难、运费结算风险高、财税不合规等问题，实践证明这种金融解决方案是可信的、高效的、可持续的，获得了金融机构和客户的信任。

2. 金融垫资

万和通"货速运"网络货运平台分别与托运人和实际承运人签订运输合同，基于托运人对平台的应付账款进行金融垫资，从而将托运人的应付账款转移给平台，再由平台提前将运费支付给实际承运人，为托运人解决资金周转难题。

3. 建立信用体系

依托平台的业务数据（包括运单、回单、支付数据等）和外部的增信数据（包括轨迹数据、银行数据等），在保证与实际业务流程一致的情况下，让平台对接金融，保证业务资金流的真实和透明；通过业务底层的过程可视化，为数据增信，建立物流信用体系。

在长期合作中，平台的业务数据积累变成信用积累，再把信用积累转化成金融积累，也就是说信用可以变现，变成客户在业务中需要的金融资源，金融信用又可以反过来为平台提供对于风险的管理，如账期风险管理、支付风险管理和运营风险管理。

（四）业务流程（见图 10-3）

1. 托运人信用贷

基于平台与托运人的合同量、相关资质、历史发货量、资金流结算量、商品信息、轨迹信息、信用评价、风控评分等数据对客户进行授信，为托运人提供资金支持，仅限用于支付实际承运人运费。

2. 实际承运人信用贷

基于平台与实际承运人签署的运输合同、运单、信用评价等信息，通过"物流供应链金融"产品，向实际承运人授信金融额度，实际承运人通过线上完成金融贷款，

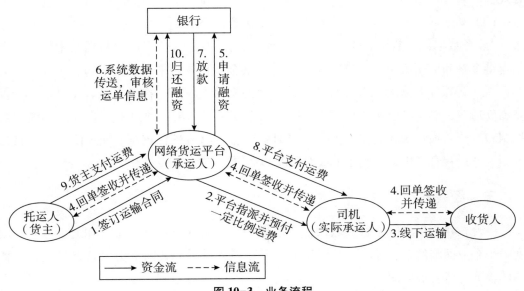

图 10-3　业务流程

可用于采购车辆、个人消费等。

金融垫资的具体实施过程主要包括以下五个步骤。

（1）平台依托对物流场景的把控，结合大数据技术积累业务数据，银行对数据进行核对与确认，为平台上的企业核定授信额度，解决企业融资难的问题。

（2）平台与托运人签订"运输合同"，平台发布运输任务，实际承运人在线抢单，上传发货凭证，开始运输，到达指定位置卸车后上传托运人签收的收货凭证，完成货物运输任务。

（3）平台自动核算运费，审单人员对收发货凭证、运输轨迹、运费等进行审核，确保信息流一致，并将审核通过后的运单推送至托运人进行确认，托运人确认后形成应收运费款。

（4）在完成运输任务后，平台将交易数据推送至金融机构申请授信，金融机构实时审核平台推送的授信申请，审核通过后，将融资款项定向支付到运单指定收款账户，以满足托运人的资金需求。

（5）托运人根据与平台签订的回款周期向平台支付运费，该运费定向用于归还平台在金融机构的融资，业务全流程线上化运行，方便快捷。

（五）风险管理

（1）项目风控：信用额度授信前进行托运人风险管控，控制准入和提额。

（2）运营风控：基于运单及结算情况进行托运人运单风控，保障运单的真实性及合规性。

（3）数据风控：关注托运人在平台的数据是否呈现良性。

"业务数据化、数据资产化、数据可视化、金融场景化"，以大数据技术构建平台供应链金融和信用机制，供应链参与者（包括金融机构、平台、托运人、实际承运人等）统一记账模式来完成金融授信，使平台的交易、单据、物流信息、支付信息等保持高度透明，确保链上所有行为、合同、票据都可以追溯。通过对托运人的物流单据控制和融资款项封闭式运作，平台可以对资金流和物流进行控制，使风险管控直接渗透到业务过程管理中，有利于形成对风险的动态管控。

三、经验分享

平台在物流供应链金融领域的探索已取得了一定的成绩，但是万和通也深知，改变中小企业面临的金融环境、融资压力，需要各方携手，共同努力以营造健康、可持续的物流行业发展空间。

围绕平台托运人和实际承运人开展供应链金融服务过程，包括核心企业和金融机构如何更有效地嵌入供应链网络，与供应链运营相结合，如何在实现有效的供应链资金运行的同时，又能合理地控制风险，万和通积累了一定的经验，网络货运业务数据可转化为企业信用，兑换成商业信用，获取融资。

新兴技术在推动产业结构变革升级的同时，也反向激励技术的革新以适应产业规则。在降低大数据应用门槛上许多公司已进行了尝试，相信随着金融机构与各平台公司的不断探索，会有更多的项目落地，助力金融服务脱虚向实，真正造福产业经济。

（万和通物流集团有限公司）

案例（42）云启正通：云启运费融资项目

摘要： 云启正通基于创建的物流服务平台，为金融机构提供数据支持，能够帮助其建立用户信用等级，为供应链企业提供金融服务，助力煤炭供应链企业融资，提升供应链价值。作为一家煤炭供应链领域信息化技术与服务提供商，云启正通凭借其长期的经验积累与技术沉淀，成功将各种信息技术应用到实际场景中，为煤炭产供销运等方面提供了有力的支持。

一、企业介绍

山西云启正通物流有限责任公司（以下简称"公司"或"云启正通"）是中国（太原）煤炭交易中心（现晋能控股集团旗下太原煤炭交易中心有限公司）与清研资本、清华大学汽车研究院、云启正通（北京）科技有限公司于2016年4月在山西太原成立的公司。公司明确以"互联网+物流"为发展思路，服务物流运输环节。公司通过推行公路运输、铁路运输、金融和互联网的有机结合，不断优化管理，推动物流、商流、信息流、资金流的深度融合；在促进产业链的资源整合，改善商品流通和服务环境的同时，实现以交易促进物流、以物流服务交易的现代物流服务体系。

公司是国家首批"无车承运人"的试点企业，依托互联网及新技术的创新模式，并借鉴了国外"无车承运人"相对成熟的理念，于2016年7月正式推出了"云启物流服务平台"（以下简称"平台"），并于2020年3月成为山西省首批获取"网络货运"牌照的平台之一，目前主要为有整车托运需求的相关企业提供物流承运服务。经过多年运营，平台整合了数万家运输公司及个体工商户，能有效组织调度三十多万车辆，累计为2000多家有托运需求的企业完成了超一亿吨运输订单。

二、案例内容

（一）背景介绍

山西云启正通物流有限责任公司建立的云启物流服务平台在煤炭供应链上发挥着重要的作用。平台连接了货主和实际承运人，并为金融服务提供必要的数据支持，从而帮助供应链企业获取融资服务。这对于中小微企业和个体工商户等物流服务主体来说，解决了资金周转的需求。同时，平台还能解决上游企业（如电厂）压账期导致的运费结算周期长的问题。

云启正通的供应链金融服务也增强了平台的实力，使其能够更高层次地参与和优化整个供应链。通过平台的供应链金融服务，各主体企业能够获得更好的融资支持，提高企业的效率和效益。同时，平台的参与和优化也可以提升整个供应链的实力，增加各主体企业之间的合作和协调，进一步提高物流服务的效率和降低成本。云启正通建立的云启物流服务平台在煤炭供应链上提供了关键的支持。通过连接终端客户、实际承运人和金融机构，并提供供应链金融服务，该平台能够满足物流服务主体的融资需求，优化整个供应链，提高企业的效率和效益。

（二）产品介绍

1. 公司签订的运输总包合同项下的运费融资

公司向金融机构提供与某终端客户的承运协议，协议中约定运输总量，金融机构基于对该终端客户历史数据进行分析，确定授信额度，将贷款打给公司专项用于支付实际承运人运费。公司将应收运输款质押给银行，收到客户费用后，还款给金融机构。

2. 实际承运人运费融资

针对国有电厂及五大电厂集团的业务，云启正通对有需要的承运物流公司进行运费垫资服务，无需承运物流企业进行评级、担保等工作，只要在云启正通公路物流运输平台上上传真实可靠的数据，通过平台对业务进行真实性检验，对符合该平台要求的业务由云启正通直接将运费实时付到司机手中，减少承运企业运费账期压力。同时云启正通依靠自身与电厂集团多年的业务合作经验将运费账期压缩到最短，为承运方减少长账期带来的资金压力。

（三）技术和平台

云启物流服务平台专门针对业务增加了风控系统，该系统主要解决业务中的合规性核验、业务逻辑核验、轨迹核验、资金核验等，核验业务真实性，同时可将核验结果输出给相关行业管理部门、金融机构等。

风控系统在消费金融业务当中扮演了举足轻重的角色。该系统验证行驶证、驾驶证、人车户道路运输资格、企业经营资质合规性、单据类型完整性、业务发生时序合理性、运输载质量合理性、司机身份线上线下一致性、装卸货轨迹合理性、高速通行记录合理性、车辆入网验证、银行流水真实性、开票信息真实性等。

（四）业务流程

1. 公司签订的运输总包合同项下的运费融资（见图10-4）

公司与某终端客户签订了一份运输总包合同，约定月供煤炭量和运费单价，同时规定运费实行一定的账期结算。但实际上，公司需要向承运司机现金支付全部运费并没有结算账期，因此完成运输任务需要垫付运费。平台可以联合金融机构解决融资问题，并通过以下流程实现。

（1）申请流动资金贷款：根据平台与终端客户签订的运输合同，一个结算周期需要的运费金额向金融机构申请流动资金贷款，用于运费周转。

（2）提供历史发运数据：平台将此终端用户历史发运数据提供给金融机构，金融机构根据不同因素，综合评定信用等级，并确定授信额度。

（3）打款至专有账户：金融机构给客户在平台的专有账户打款，指定用于支付司机运费；平台收到后，将运费、服务费用一并返还给金融机构。

（4）持续监测数据情况：金融机构持续监测数据情况，并根据评估结果逐渐增加授信额度。

通过运输总包合同项下的运费融资，平台可以有效为客户进行金融机构间的数据

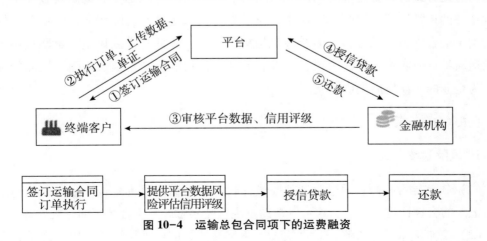

图10-4　运输总包合同项下的运费融资

增信，从而解决缺乏流动资金的问题。同时，金融机构的参与也提高了整个流程的资金安全性和可操作性，为企业的发展提供了更好的保障。

2. 实际承运人运费融资（见图 10-5）

客户需求情况：某公司将业务委托给某运输公司承运，每车安排两个司机，但在未结算运费时，某运输公司需要先支付司机工资、车辆油费、过路费、装卸杂费等成本，导致资金需求量较大。客户可以通过以下方案获得资金周转支持。

（1）申请融资服务：平台依据实际承运人信用评级、业务数据向金融机构申请为承运经纪人提供融资服务。

（2）出具结算单：平台依据实际发生额出具结算单，金融机构与实际承运人签订应收账款转让协议，并付款给实际承运人。

（3）还款方式：支付还款来源为运费结算回款，回款由平台在货主方结算后统一还款给金融机构。

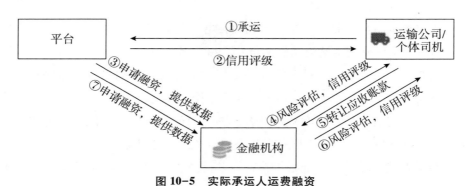

图 10-5　实际承运人运费融资

通过此方式有资金需求的客户可以及时解决资金周转问题，避免因现金流不畅而影响业务的正常运营。同时，平台作为业务参与方，通过对实际承运人的业务数据及上游货主资金支付情况分析，为金融机构提供参考，降低了借款风险。金融机构与实际承运人签订应收账款转让协议，可以有效增加债权的资产价值，增强了还款的保障性，为企业的长期发展提供了支持。

（五）风险管理

1. 风险管理方法

（1）轨迹异常检测：通过验证驾驶员的轨迹与车辆的轨迹是否一致，以及与高速通行记录的合理性进行核验；这可以帮助发现行驶异常或不符合规定的行驶轨迹。

（2）资金流水异常检测：对收款人信息与驾驶员信息进行核验，以发现是否存在异常的资金流动；这有助于检测可能涉及欺诈或不当资金使用的情况。

（3）装卸货轨迹合理性检测：通过比对车辆的轨迹和运输装卸地点的时间节点，判断是否存在不合理的情况；例如，车辆在不符合运输需求的时间或位置进行装卸货操作。

（4）业务发生时序合理性检测：在大宗物流业务中，比对驾驶员和车辆在业务执行过程中的合理性原则；这意味着不允许同一驾驶员或车辆在同一时间段内执行多起运输任务，以确保业务进行的合理性和真实性。

2. 云启物流服务平台的其他风险控制方法

（1）人工实时监测：对运输过程中的关键指标进行抽查监控，如车速、行驶时间、停留时间等。当监测到异常情况时，客服人员会通报该情况，以便及时采取行动。

（2）数据分析和预测：利用数据分析和预测技术，对历史数据和实时数据进行分析，以识别潜在的风险和趋势。这可以帮助判断承运方的情况。

（3）教育和培训：针对经办此业务的员工，尤其是业务人员的教育和培训，增强他们对风险管理的意识和技能。这包括培训他们识别和报告潜在的风险，以及正确应对风险事件的方法。

云启正通通过综合运用上述技术手段和业务实践，可以建立一个强大的风险管理系统，有效识别、评估和应对运费垫资业务中的风险，降低潜在损失，并提高整体运营的安全性和可靠性。

三、经验分享

平台目前有 44 万台注册车辆，全国 20 多万条运输线路，注册司机 60 万人，年拉运量近 9000 万吨，并逐步加强在移动互联网、物联网、大数据、区块链、人工智能等技术提升，结合业务场景，优化网络货运平台的智能化水平。

同时，公司计划与信托公司、区块链可信大数据技术公司、支付公司共同建立信托计划，依托信托公司提供的"服务信托"业务建立物流项目的信托账户体系，实现以下几点：一是终端客户、实际承运方的交易全过程信托保管、结算；二是实现公司灵活、安全、合法收付资金；三是利用信托的法律优势，实现公司资产、上下游相关方资产、平台使用方资产的隔离，规范公司自身管理，提升公司信用；四是增强平台用户、金融机构、政府对企业的信任，为企业发展更多金融产品提供保障。

（山西云启正通物流有限责任公司）

案例（43）西安货达：大宗物流行业运费融资项目

摘要： 在网络货运大宗煤炭运输场景中，上下游企业普遍存在一定程度的账期现状，导致司机卸车后不能及时收到运费。为了确保司机卸货后能及时收到运费，西安货达联合金融机构为平台上货主提供运费融资产品。

一、企业介绍

西安货达网络科技有限公司（以下简称"西安货达"或"公司"）成立于2015年2月15日，是西北地区唯一获得主流投资机构（百度资本）注资的大宗商品"互联网+物流"企业，西北唯一一家5A级网络货运企业，交通运输部首批无车承运人试点企业；公司专注大宗能化产业，致力于提供覆盖大宗商品贸易、物流、车后及金融全流程的数字供应链服务。

西安货达主营业务为黑色大宗物流——煤焦、电力、冶金、化工、建材等大宗工矿企业提供自动化/磅房无人值守/自动装车/在途监管等一体化数字运销解决方案；是入围交通运输部的五家煤炭保供运输企业之一，国家发改委/中物联大宗商品电子运单（电子仓单）八位标准参编委员单位之一。公司自主研发的大宗货物供应链管理平台，拥有专利软件120余项。

西安货达当前业务覆盖全国31个省份及自治区，在西安、榆林、太原、合肥、包头、鄂尔多斯等多地设立全资或控股子公司，员工人数规模达400余人，具有160余项荣誉资质，为全国超过10000家企业提供优质的供应链平台及产品服务。公司旗下"运销宝"数字货运平台，注册司机数量超过100万人，整合运力车辆106万辆，货运总量逾9.8亿吨，是国内西北地区规模最大的网络货运平台。

西安货达针对大宗商品流通中"发运收"核心环节进行软硬件一体化深度数字改造，深入煤炭、电力、化工、建材、铁路货站等业务场景，通过数字货运、数字运销、智能调运、供应链金融、车后市场等板块智能化运营，加速大宗能化行业数据资源获取与积累，利用产权融合助力行业数智化转型升级，实现降本增效、绿色低碳发展。公司主要客户涵盖国家能源集团、国电投集团、华能集团、华电集团、晋能控股、陕煤集团、淮北矿业、淮南矿业等大型央企国企。

二、案例内容

（一）背景介绍

西安货达以大宗物流供应链为业务背景，基于货主企业在平台的运力经营数据，穿透物流供应链的商流、物流、信息流、资金流、发票流闭环业务数据，为货主企业提供运费融资业务。

（二）产品介绍

货主企业的运费融资业务基于在西安货达的网货业务线上经营数据进行信用评分，并据此给定授信，授信资金通过运单定向支付给司机，实现资金定向发放与支付的封闭管理。

业务全线上运营，货主准入、授信、放款、还款实现线上化高效运转，业务数据闭环，支付结算实现信息流、物流、商流、资金流、发票流五流合一。

（三）技术和平台（见图10-6）

西安货达面向大宗物流供应链运输上下游收发端企业，通过数字化解决方案，为供应链降本增效。

图10-6　平台示意

智能运销管理系统为上游煤炭企业提供一个全面的信息管理平台（见图10-7），构建从合同签订、调拨计划到排队叫号、自动识别进矿、无人值守磅房、筒仓装煤、自动识别出矿等环节的标准化"大闭环管理"，规范各业务节点流程，杜绝人为作弊行为，实现运销业务的精细化管理，帮助企业实现降本增效。

西安货达针对下游电厂燃料管理中存在的煤源地监管、在途风险、运输信息滞后等问题，通过智能燃料调运管理系统，结合自主研发智运盒等硬件产品，帮助电厂将燃料发、运、收全流程建立在一个平台上，建设调运计划、运输监管、厂收接卸一体化管控架构，实现燃料调运计划、矿发数据采集、运输过程监管、厂收接卸的全业务流程管理。

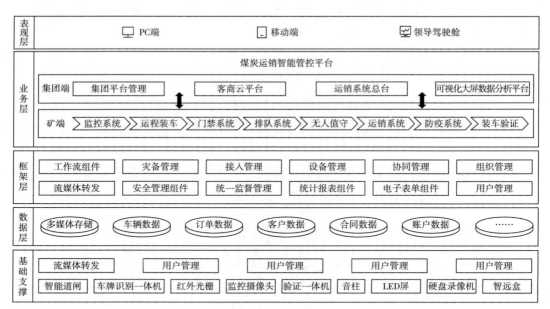

图 10-7　信息管理平台

（四）业务流程

1. 模式一（见图 10-8）

面向中、小型货主，金融机构针对货主在西安货达的网货业务数据情况给货主授信，单个货主授信额度最高 300 万元。授信资金定向发放到金融机构给货主开通的"运费贷"账户，资金只能通过西安货达的运单定向支付给司机。

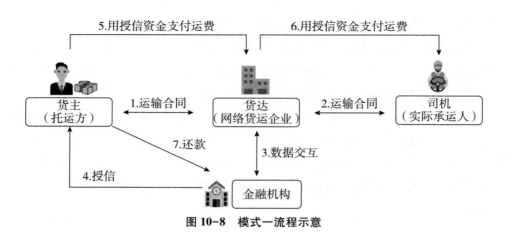

图 10-8　模式一流程示意

2. 模式二（见图 10-9）

面向国企、上市公司，金融机构针对优质货主的应付账款数据给予车队长授信额度，西安货达提供担保（车队长将优质货主的应收账款转让给金融机构进行融资）。授信资金定向发放到西安货达给车队长开通的钱包账户，资金只能通过运单定向支付给司机。

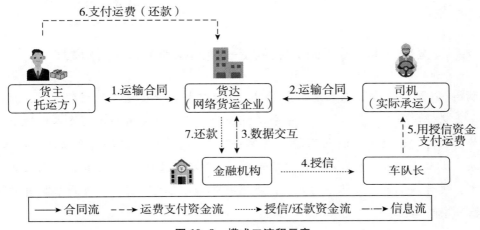

图 10-9　模式二流程示意

（五）风险管理

（1）通过软硬件+大数据手段，管控车辆运输过程，确保每笔运输的真实性。

（2）根据线上化的经营数据为平台货主企业建立信用评分体系，有效管控信用风险和交易风险。

（3）融资款专项用于支付平台司机运费，确保资金用途专款专用，资金流闭环，物流、信息流、发票流、资金流、合同流五流合一保证业务真实性。

（4）授信、放款、还款实现线上化高效运转，业务数据闭环，支付结算实现信息流、物流、商流、资金流、发票流五流合一。

三、经验分享

在业务层面，西安货达基于数字货运场景，梳理业务链条中各参与角色结算需求，建立账户体系，交易穿透运输过程的每个运单，确保发生交易的真实性。根据线上化的经营数据为平台客户建立信用评分体系，有效管控了信用风险和交易风险，解决了数字货运业务运行的资金需求，赋能中小企业，促进行业持续发展。

项目 2022 年开始导入业务，截至目前累计放款 1.78 亿元，累计服务近百家相关货主企业，使近万名司机及时收到运费。截至 2023 年年底，累计放款超过 5 亿元，服务相关货主企业超过 500 家。

西安货达将继续深挖业务场景，密切关注市场动态，不断完善产品，更好地服务客户，助力大宗物流行业高质量发展。

（西安货达网络科技有限公司）

案例（44）金润保理：云交—金润保理 ETC 合作项目

摘要： 2023 年年初，在国家助企纾困、精准扶持交通运输业的大背景下，金润保理联合云交保理和相关合作银行，充分发挥民营商业保理公司和国有资本保理公司各自优势，共建"云交—金润 ETC 通行保障平台"，通过综合运用商业保理、双保理、再保理、法人透支账户等工具，推出了云交—金润保理 ETC 合作项目，可满足货车司机自主、快速办理 ETC 记账卡的需求，为解决货车 ETC 发行难、货车司机融资难问题探索出一条新路径。

一、企业介绍

金润商业保理（上海）有限公司（以下简称"金润保理"或"公司"）成立于 2013 年，是商务部首批试点的商业保理企业之一，全国首创为货车提供 ETC 记账卡后付费保理业务，现与鲁、苏、浙、粤、黔、湘、赣等十多个省份高速集团合作 ETC 保理业务，累计提供超过 600 亿元的高速通行费后付费服务。金润保理是上海首批被人民银行批准加入央行征信系统的保理公司，拥有丰富的货运金融风控经验，参与中物联金融委编制《公路货运企业融资能力评价指标》团体标准，并参与起草上海《商业保理服务合同规范》地标，曾荣获中国首届商业保理行业创新奖、商业保理上海样本、上海商业保理重点企业、2020 年度上海市商业保理八大创新案例等荣誉。

金润保理深耕交通行业，为 ETC 发行方提供 ETC 综合服务解决方案；融合人、车、路等多维数据，运用区块链、隐私计算等前沿技术深挖数据价值，打造一个交通行业可信的数据要素流通空间，实现数据的可信流通和价值流转，促进数实融合，服务于交通生态，跨界赋能其他行业。到目前为止，累计为 1 万多家货运企业、50 多万货车司机、100 多万辆车主提供超 600 亿元的 ETC 后付费服务，业务辐射全国，为车主节省超过 30 亿元的通行成本。

二、案例内容

（一）背景介绍

近年来，为提高高速公路物流通行效率，交通运输部门大力推行 ETC 记账卡，如要求 2019 年年末汽车 ETC 卡安装率达到 80% 以上。据统计，至 2022 年全国约有 3000万辆货车，全年货车通行费达到 3575 亿元，但目前 ETC 卡使用率仅 66% 左右，而司机对于安装 ETC 卡有强烈刚需（可享受不低于 5% 的车辆通行费折扣优惠）。但由于 ETC记账卡先通行、后付费，天然带有一定融资的金融属性，货车司机申办 ETC 卡普遍存在以下难点：①从业者缺少资产、收入证明等，金融机构缺乏成熟高效的授信风控模式；②使用 ETC 卡可当场扣款、直接过关通行，各高速方需要承担事后无法收到通行费的风险；③货车 ETC 金融产品归属于经营类贷款，信用卡等银行个人信贷产品不适用等。

金润保理很早就意识到货车 ETC 发行和金融业务的难点、痛点，并进行了小范围的 ETC 金融项目创新尝试。但由于金润保理为非国有背景企业，资金盘总量有限，银行授信渠道不畅，此项目难以大规模推广复制。2023 年年初，在国家助企纾困、精准扶持交通运输业的大背景下，金润保理联合云交投商业保理（上海）有限公司（以下简称"云交保理"）与相关合作银行，充分发挥民营商业保理公司和国有资本保理公司各自优势，共建"云交—金润 ETC 通行保障平台"。

（二）产品介绍

项目在 ETC 发行领域首次试行两家保理公司联合运作（见图 10-10），共同推广发行货车 ETC 卡并提供一定账期的高速通行费应收账款融资产品，满足货车司机人人可申办的通行融资产品需求。该产品前端通过保理业务提供通行费账期，解决了司机银行授信额度限制的问题；后端则是通过保理全额兜底用户还款风险，解决了 ETC 发行方（各省高速）的坏账风险。同时，采取双保理与再保理模式并行，兼容不同发卡主体的保理业务需求，实现了模式对场景的全覆盖。

两家保理公司与各省 ETC 卡发行机构合作，通过无追索权融资性保理业务的形式买断通行费应收债权，并通过系统对接实时同步业务申办和使用数据。具体操作流程为：金润保理独自或与云交保理联合向 ETC 发行方（各省高速）买断其未来产生的所有应收通行费，并以该车辆每天产生的通行费作为买断的应收通行费具体金额，在 T+1 日通过对接的系统接收 ETC 发行方推送的用户 T 日通行费账单并进行全额垫付，用户可在下一个账单日付清通行费，并支付保理服务费。如果用户到期未付清账单，则云交保理、金润保理可对其名下全部车辆进行停卡拉黑、开展催收。

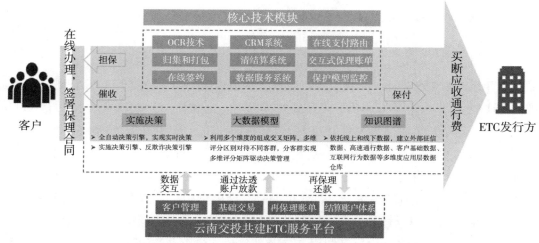

图 10-10　云交—金润保理 ETC 合作项目业务模式

（三）业务流程

1. 全程在线快捷申办 ETC 卡

车辆用户通过云交—金润 ETC 保障平台申请办理 ETC 卡，平台数智风控系统对申请人在线身份识别认证、评估信用等级后，根据评估结果确定用户申办 ETC 记账卡产品的保证金条件、可申办车辆数等，用户审核通过后在线电子签署用户服务合同，完成后通过系统接口把保付的用户车辆信息推送给高速发行机构办卡，寄送 OBU，用户收到后自行安装、在线激活后就可使用，享受不停车 95 折优惠折扣。ETC 申办人可在五分钟内办完申请手续，速度快、效率高，有助于交通运输部和 ETC 发行方顺利完成货车 ETC 发行任务。

2. 再保理/双保理实现规模化推广

云交保理通过双保理（见图 10-11）和再保理（见图 10-12）两种方式与金润保理开展合作，共同搭建云交—金润 ETC 保障平台，实现 ETC 金融产品的复制化、规模化拓展。双保理方式下，云交保理整合交通内生资源，依托合作银行法定账户支撑平台展业；再保理方式下，云交保理承接金润保理受让的 ETC 发行方所有应收通行费，金润保理在 T+1 日将接收到的 ETC 发行方推送的用户 T 日通行费账单推送至云交—金润 ETC 通行保障平台，云交保理依据接收到的通行费账单，通过合作银行的法定账户于 T+1 向金润保理进行再保理放款，金润保理收到后于 T+1 日完成向 ETC 发行方的全额垫付。

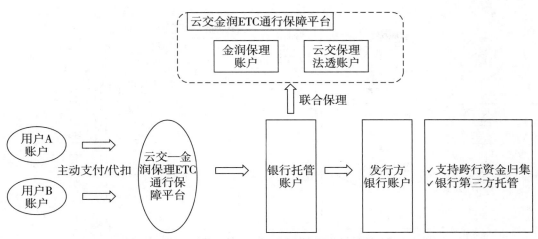

图 10-11　云交—金润保理 ETC 合作项目资金管理方案——双保理模式

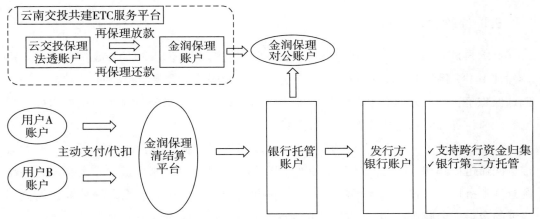

图 10-12　云交—金润保理 ETC 合作项目资金管理方案——再保理模式

（四）风险管理

云交保理和金润保理双方通过对接高速通行数据、人行征信数据、第三方信用数据等大数据自建货车用户数据智能风控系统，根据不同车型及用户画像，对 ETC 用户进行科学风险分类、分层管理。同时，两家保理公司基于 Saas 云服务技术，通过 MD5 算法和 API 技术接口，实现和各省高速的 ETC 使用数据实时同步、项目闭环运行，最大限度地避免了外部欺诈风险。最后，两家保理公司利用 ETC 卡全网拉黑限行等风控措施，把风险降到最低。目前，金润保理同类产品逾期未付率控制在万分之五左右，不良资产保持在较低水平。

项目风险防控机制——人车卡三位一体的风控体系如图 10-13 所示。

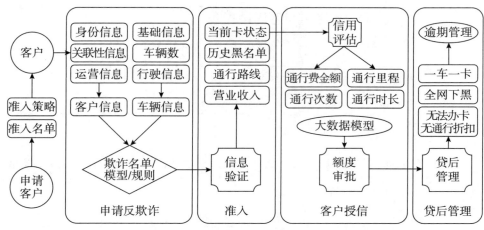

图10-13　项目风险防控机制——人车卡三位一体的风控体系

三、经验分享

自项目启动以来，在短短两个月内云交保理已经为金润保理的256户物流企业用户、共14112辆货车提供了总额4198万元的再保理服务，取得了较好的企业经济效益。ETC保障平台——云通卡申办系统也即将全面上线，可发挥全流程在线快速申办、数据智能风控等优势快速拓展ETC发行业务。

项目已获得云南、广东、山东、浙江、江苏等多个省份发行方的认可，能够大力推进交通运输部和ETC发行方完成货车ETC的发行任务，将来可进一步为高速公路泛场景（服务区、加油站、停车场等）的智能化建设、车路协同、无人驾驶等提供更加完善的金融配套服务。

为客货车普及办理ETC记账卡、提供通行费融资服务，还能够大幅降低高速公路收费口的拥堵情况，提升物流行业的运行效率。同时，普及ETC发行使全国高速公路一张网形成人车路的数据关联，为建设智慧交通打下了坚实基础，成为国家大基建的强力后盾。

[金润商业保理（上海）有限公司]

案例（45）新赤湾与宝湾资本：融汇时代潮流
开启智能物流与供应链金融的黄金时代

摘要： 新赤湾与宝湾资本致力于"物流+金融+科技"结合，以融促产，为物流产业赋能，针对平台现有的业务场景，联合多方金融机构，为平台的上游货主、业务合

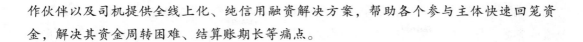

作伙伴以及司机提供全线上化、纯信用融资解决方案，帮助各个参与主体快速回笼资金，解决其资金周转困难、结算账期长等痛点。

一、企业介绍

新赤湾网络货运平台（以下简称"新赤湾"）是中国南山集团旗下赤湾东方智慧物联科技（深圳）有限公司（以下简称"赤湾东方"）的子品牌，专注于公路运输的数字货运平台，该平台于2021年4月通过自主技术研发团队搭建而成，自2021年上线以来业务规模不断增长，目前该平台已建立数字货运、合同物流两大业务主线以及金融保理、赤湾能源、物流科技产品等业务生态支撑，并与赤湾东方旗下自有车队、园区公路港、二手商用车交易平台、甩挂租赁平台等业务形成有效联动。未来，新赤湾将持续以"让公路运输更高效"为使命，展现国企担当，为物流行业的数字化转型发展贡献力量。

宝湾资本管理有限公司（以下简称"宝湾资本"）成立于2018年，是中国南山集团旗下产业金融服务平台，以金融科技为抓手，深耕产业生态圈，聚焦物流、地产、制造、新能源等产业场景，结合产业发展需求提供包括金单、运票、融资租赁、再保理、联合保理在内的金融服务，实现以融促产，助力产业健康发展。截至2023年6月30日，累计放款超80亿元，盘活存量资产超10亿元。

目前，新赤湾联合宝湾资本已推出"运易贷""运票"两大拳头金融产品，主要融资主体为平台上的货主以及业务伙伴，以线上化融资工具为手段，切入网络货运产业链上下游运费支付场景，缓解上下游参与主体的运营资金压力的同时，促进网络货运平台综合服务能力提升，实现网络货运平台业务规模快速增长。产品上线至今1年多时间，市场融资规模已超6亿元人民币。

二、案例内容

（一）背景介绍

当前，物流运输行业缺乏金融机构认可抵、质押资产，网货平台应收账款具有"小、散、短"（金额小、融资主体分散、账期短）的特征，缺乏有效的"四流合一"交易数据等问题，大大限制物流行业客户的融资能力。在物流运输行业中，上游货主和下游司机，较为强势，对物流企业形成明显的结算压力。物流运输行业一直以来受到金融机构关注，但缺乏很好的切入点，客观上造成物流运输行业融资难，融资贵的现象。

2020年宝湾资本与赤湾东方合资成立网络货运平台，"产业+互联网+金融"的格局形成，朝着产业数字化、数字金融化的方向发展。该网络货运平台将线下的运输物流业务数字化，提升物流运输的透明度，为金融产品规模化地接入物流场景打下良好的基础。新赤湾与宝湾资本通过整合平台资产端和资金端，将线下的运输物流业务数字化，对接多个金融机构，共同研发各种适配业务场景的金融产品模型，为金融产品规模化地接入物流场景打下良好的基础，从而满足各方多样性的需求。鉴于此，与数字化物流运输场景配套的金融产品——运票、运易贷应运而生，成为产业与金融机构的连接纽带。

（二）产品介绍

1. 运易贷

该产品适用于上游货主将物流运输业务外包给中小三方物流公司或车队（运营商），由运营商自主调车运营，完成运输之后运营商需先行垫付司机运费，待货主与运营商约定的结算账期到期，货主再支付运费给运营商的业务场景。在此种情况下，运营商需要先行垫付运费，垫付的运费部分可通过新赤湾平台无缝连接银行线上融资后即时支付，该产品具有如下特点。

（1）专属客群：拥有优质货主资源的车队长。

（2）个人额度最高 200 万元，定向用于通过新赤湾支付司机运费。

（3）优势：放款条件宽松，凭完结运单即可；7×24 小时实时放款；单笔借款期限长达 6 个月；按日计息、随借随还。

2. 运票

新赤湾向金融机构承诺在指定日期支付确定金额运费给司机的应收账款债权凭证，是电子付款凭证与数字化物流运输场景高度结合的场景金融产品，可理解为物流场景下的"电子承兑汇票"。具有如下特点。

（1）专属客群：优质制造业或者大型 3PL 上游货主。

（2）额度高达 2000 万元，定向用于新赤湾平台上支付司机运费。

（3）按运单付款、不限单量；按日计息、按月集中还款，很好地匹配了物流业务月结特性。

（三）业务流程

1. 运易贷（见图 10-14）

司机完成运输后，运营商可按单笔运费一定比例向银行申请融资，贷款资金定向支付给司机,待上游货主支付运费至平台后,新赤湾按照约定结算至运营商,并通知银行进行还款处理。

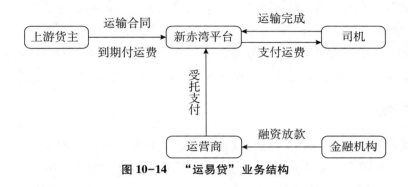

图 10-14 "运易贷"业务结构

2. 运票(见图 10-15)

通过宝湾资本一路通与网货平台系统对接,融合运输场景中的交易数据,实时追踪单笔运单的交易轨迹,为平台上物流企业提供运费垫资,解决上下游结算账期错配难题。运票金额小、数量大,为此宝湾资本自建运票自动化风控模型,从运单真实性、运费合理性、防诈骗等维度进行风险甄别,实现司机从提现到收款的即时处理。

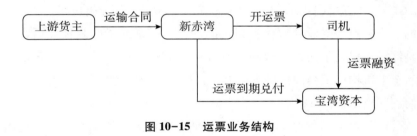

图 10-15 运票业务结构

(四)风险管理

1. 主要内容

(1)制定融资主体准入标准。标准分为行业维度和主体维度,其中行业维度包括产业政策、行业规模等方面;主体维度包括股东背景、经营优势以及财务敏感度等方面。

(2)出具信用风险评估意见书。主要评估融资主体的股东背景、负面舆情、经营发展能力、财务风险等。

(3)严格按照业务准入标准进行客户资格审查,业务部门定期对业务进行真实性检查。严格执行授信客户月度检查工作,及时关注融资主体是否存在或潜在付款能力变差的影响因素。

（4）业务单位的运营管控部门加强日常运营管理和监督，及时发现和化解风险。按季度对融资主体进行动态风险跟踪，做好风险预警，对影响履约能力的重大异常情形发起风险提示。

（5）针对职业道德风险，结合业务形态，确认现有制度流程是否达到有效管控作用，若存在漏洞及时填补，通过公司现有制度，加强职业道德风险意识灌输。

2. 创新要点

对融资主体的履约还款能力进行穿透管理，借助新赤湾现有的业务真实性风险筛查模型。创设规则引擎系统，将规则引擎结果应用于业务审核中，提高运票审核效率达70%以上。规则引擎的使用大幅提高了运票审核的效率及真实问题快速解决，实现了货运司机运费24小时提现自动到账的目标。全线上化的融资流程和还款流程，资金流向闭合管理，控制支付用途和还款路径，资金专款专用。

三、经验分享

业务通过融合运输场景中的真实交易数据，实时追踪单笔运单的交易轨迹，为平台上物流企业提供运费垫资，截至2023年6月30日，解决了107名货主运费垫付问题，为36264名司机放款84242笔，放款金额总计超过6亿元人民币。

业务的三个特点最受业务伙伴和司机的欢迎，一是卸货收款极大缓解了司机资金压力，二是纯线上保证了司机提现的便利性和时效性，三是无追索指无论货主是否付款，平台和金融机构都不会向司机进行追索，打消司机顾虑。

业务的创新点如下。

（1）"运票"产品将保理的融资优势与平台的物流场景相结合，实现组合创新效应。运票将运输物流标准化、规范化，形成了运费支付、融资的闭环。

（2）运易贷产品不仅可以满足运营商自主融资的需求，且无需平台对货主信用风险提供担保或对运营商融资逾期承担代偿责任，强化运营商与平台之间的利益绑定关系，在促进平台业务增长的同时还为平台创造利差空间增加业务收益，通过下游运营商融资方式促进了整条物流供应链的良好运行。

（3）两个产品具有完全的自主可控性，深入连接各种业务场景，运用场景丰富，用户可以在新赤湾上一站式体验网贷业务及金融服务，真正实现监管部门要求的"产融结合、以融促产"的金融服务理念。

[赤湾东方智慧物联科技（深圳）有限公司，宝湾资本管理有限公司]

第十一章 绿色供应链金融

第一节 内涵和模式

一、背景

《关于构建绿色金融体系的指导意见》《中国人民银行 工业和信息化部 司法部 商务部 国资委 市场监管总局 银保监会 外汇局关于规范发展供应链金融 支持供应链产业链稳定循环和优化升级的意见》《金融标准化"十四五"发展规划》以及碳达峰碳中和1+N政策体系等相继出台旨在推进绿色低碳转型，促进产业结构绿色升级，实现节能降碳和可持续发展。2024年，《中国人民银行 国家发展改革委 工业和信息化部 财政部 生态环境部 金融监管总局 中国证监会关于进一步强化金融支持绿色低碳发展的指导意见》出台，通过金融手段大力支持绿色供应链的发展，在加强供应链金融配套基础设施建设、推动绿色供应链创新与应用等方面提出支持政策。

二、内涵和模式

关于绿色供应链金融的内涵，尚未形成统一界定，但学术界普遍认为绿色供应链金融是绿色金融、供应链金融、绿色供应链的有机融合，存在"绿色供应链+供应链金融""绿色供应链+绿色金融""绿色金融+供应链金融"三种发展模式。

（1）"绿色供应链+供应链金融"模式的运用需要构建标准明确的绿色评价指标，银行等金融机构以核心企业或第三方机构建立的指标体系为参考依据确定贷款金额。由于我国供应链的绿色评价标准建立时间短、尚未获得大规模推广和广泛接纳，难以对供应链上可能存在的风险进行有效、及时识别。因此"绿色供应链+供应链金融"融资模式的基础不足，这种模式的大发展有待绿色供应链评价体系的建立和完善。

（2）"绿色供应链+绿色金融"融资的核心理念是将环境保护与资源利用进行有效结合，将环保理念贯穿产品设计、生产、流通全过程，关注供应链上下所有企业的运营管理活动的资金投入及使用是否满足绿色导向；通过供应链上核心企业对其上游企业的环境约束与原材料监督实现整条链上的企业共赢。该模式需要金融机构参与到融资全过程，操作过程较为烦琐，主要聚焦于大型企业融资。由于现阶段我国运用绿色供应链金融进行融资的主体是中小企业，因此该模式在我国普及率较低。

（3）"绿色金融+供应链金融"模式通过银行等金融机构发行绿色金融产品并鼓励企业进行绿色生产，基于传统供应链金融模式对企业绿色生产及绿色转型提供金融支持服务。因此，其主要关注点为融资企业的资金投放是否与绿色发展理念相契合导向，即在原有的供应链金融基础上融入绿色环保因素，在最大限度上降低企业污染、提高社会效益的同时，为供应链上各参与主体创造经济效益，实现企业与生态环境的互促发展。目前，该模式较其他两种模式在国内获得了更广泛的应用。

第二节　发展现状

一、评估体系有待完善

目前，从绿色供应链金融涵盖的范围看，绿色供应链、供应链金融、绿色金融三个方面在我国均已形成相对独立的政策结构，但三者之间的融合度严重不足。绿色金融政策在关注上下游企业方面存在不足，难以覆盖整个供应链网络。同时，供应链金融政策在强调资金用途的绿色属性方面略显薄弱。绿色供应链金融的深化发展，需要三方面标准和政策的进一步协同和融合。其中最重要的是形成完善的绿色供应链金融评估体系。

绿色供应链金融评估体系，是协助金融机构识别绿色项目的重要工具，为绿色金融项目中的风险与机遇提供了明晰的指引。评估体系可全方位地评估绿色供应链金融项目的多重效益，如环境、经济以及社会效益等，并确保评估结果具有高度的针对性和实用性。

2019年，工业和信息化部公布了针对电子电器、机械和汽车行业绿色供应链管理的企业评价标准，分别是《机械行业绿色供应链管理企业评价指标体系》《汽车行业绿色供应链管理企业评价指标体系》《电子电器行业绿色供应链管理企业评价指标体系》。这些标准文件详细阐述了各行业在绿色供应链管理方面的具体要求，旨在推动产业绿色发展。绿色金融标准方面，中国人民银行主导建立了绿色金融的评价准则，为绿色债券的评估提供了统一的标准。其中，《中国人民银行 发展改革委 证监会关于印发〈绿色债券支持项目目录（2021年版）〉的通知》不仅统一了我国各类绿色债券标准，还为绿色债券市场提供了明确的指导方向。此外，《银行业金融机构绿色金融评价方案》对绿色金融机构的评价标准和统计标准进行了升级，进一步强化了绿色金融的监管力度。而《金融标准化"十四五"发展规划》则进一步完善了绿色债券的评估认证流程，为绿色金融的健康发展提供了坚实的支撑。

部分地区和行业也进行了绿色供应链金融评价体系的探索。2020 年，粤港澳大湾区绿色金融联盟发布《大湾区绿色供应链金融服务指南（汽车制造业）》，制定了以整车企业为核心的绿色供应链管理评价体系及白名单管理制度，为金融机构支持汽车供应链上下游企业绿色转型发展提供指引。2023 年，中国物流与采购联合会发布《物流企业绿色物流评估指标》（WB/T 1134—2023）行业标准，明确了物流企业绿色物流评估的基本要求、物流企业类型和级别划分、绿色物流评估指标以及评估指标计算方法，该标准从管理、设施设备和包装器具、运营、绿色信息披露与生态共建四个角度设置详细的指标体系，评价物流行业的绿色发展水平。此后，中国物流与采购联合会相继发布：《物流企业温室气体排放核算与报告要求》（WB/T 1135—2023）、《绿色产品评价 物流周转箱》（GB/T 43802—2024）和《物流行业能源管理体系实施指南》（GB/T 44054—2024）为金融机构识别物流行业在碳排放核算、物流周转箱相关绿色产品项目等提供了依据。

二、创新发展有待突破

在国内，"绿色金融+供应链金融"依然是绿色供应链金融的主流模式。为了实现碳达峰和碳中和的宏伟目标，绿色供应链金融积极推动产业向绿色发展，通过引导金融机构将资金精准投向绿色企业和项目，进而将信贷资金延伸至上游供应商，部分金融机构和试点地区的实践亦大体如此。兴业银行作为国内绿色金融的先行者，其发布的绿色供应链金融案例显示，兴业银行为绿色项目相关企业提供了综合性的绿色金融服务方案，缓解了企业资金压力，确保其上游企业的应收账款能够及时回笼，为绿色项目的顺利进行提供了坚实保障。

一些金融机构以地方性的龙头企业作为核心企业，依靠企业的主体信用向金融机构申请授权绿色贷款，金融机构通过审查从监管部门获取的企业信用额度与绿色评级信息等监管数据，来确认核心企业是否有代替供应链上中小企业获批绿色贷款的资格。一旦核准获批，金融机构会将核心企业与供应链企业作为一个整体，由核心企业向下游企业提供资金、技术等支持，进行绿色生产及经营活动。浦发银行也推出了相关绿色供应链金融产品，一是合同能源管理项目，为企业在节能环保交易项下的应收账款提供保理融资；二是清洁发展机制项目，主要为在碳交易系统中进行碳交易的客户提供在线短期融资服务。

我国的"绿色金融+供应链金融"模式，金融机构注重供应链企业与核心企业间的直接采购关系，对一级供应商给予特别关注。绿色资金在全供应链中的普及仍存在障碍，难以实现多级穿透。部分金融机构在贷款后对绿色生产和资金用途的跟踪监测不足，监督责任未得到有效执行。因此，尽管"绿色金融+供应链金融"模式在理论上应全面支持链上绿色企业或项目，但目前仍停留在信贷资金的个别环节投放上，绿色供应链金融的发展仍处于"短链"阶段。

第三节 举措建议

为进一步推动绿色供应链金融的发展，相关从业者应从政府的角度出发，完善与供应链金融相关的法律法规及政策，相关部门应为绿色供应链金融发展培育良好环境，加大政策体系建设；颁布制定发展绿色供应链金融的税收减免、贷款贴息等优惠政策，完善相关配套支持体系；设立绿色供应链金融专项资金，用于支持绿色供应链金融项目的实施和推广；加强绿色供应链监管，优化企业环境和社会责任信息披露制度，建立多维度、公开透明的绿色信息共享环境，为金融机构开展供应链金融业务提供数据支撑，保障绿色供应链金融的可持续发展。

一、完善绿色供应链金融标准体系建设

建设全面、科学的绿色认定标准体系，是识别供应链中的绿色企业并准确评估绿色化程度的基础。加快各行业绿色发展水平评估标准的编制，推动评估工作落地实施，从行业出发，梳理其绿色水平，协助金融机构识别绿色企业、绿色项目等。推动金融机构、行业协会、企业的跨界合作，完善标准的市场推广应用和与金融机构的衔接。依托行业协会、评估机构等快速识别出企业的绿色属性、绿色化程度，构建各行业绿色项目库，防止"漂绿"现象的发生。探索建立统一的分行业评级标准，提高评级结果的准确性、客观性。推动构建绿色供应链 ESG 评级体系，考核企业在环境、社会和公司治理三个方面的表现。鼓励试点企业碳账户体系，量化供应链碳排放强度，引导企业加强碳足迹管理。

二、加强金融科技创新与应用

金融科技是推动绿色供应链金融发展的关键力量。应加大金融科技在绿色供应链金融领域的创新和应用力度，利用大数据、人工智能、区块链等先进技术，提高供应链金融的效率和透明度，提升绿色供应链金融的风险管理、信用评估、融资效率等方面的能力，降低金融风险。同时，可以建立绿色供应链金融信息共享平台，实现信息的互联互通，降低信息不对称带来的风险，提高绿色供应链金融的透明度和可信度。

（物资节能中心　崔丹丹、赵洁玉、刘然、刘哲、曹惠蕾）

第四节　案例分享

案例（46）电建保理公司：数据仓库助力中国电建新能源业务加速发展

摘要：电建保理公司数据仓库上线以来，根据央行、发展改革委、银保监会、证监会等多部委连续出台的支持碳达峰碳中和目标相关政策，加大对绿色低碳企业的融资支持力度。中国电建供应链金融共享服务平台使用人工智能等技术对贸易背景进行审核，并通过数学模型对合同进行新能源相关度分析，若判定为新能源相关业务，将对新能源相关业务执行相应的优惠措施，精准服务新能源相关业务，解决供应链上下游中小企业融资难、融资贵问题。

一、企业介绍

中电建商业保理有限公司（以下简称"电建保理公司"），2018年3月注册成立，是中国电力建设集团有限公司旗下为成员企业与上下游企业提供商业保理等供应链金融服务而组建的专业化金融服务平台。电建保理公司注册资本金10亿元人民币，注册地位于天津东疆港自贸区，经营范围为以受让应收账款的方式提供贸易融资等。北京智慧金源供应链管理有限公司是由中电建商业保理有限公司完全控股的数字科技公司，承载科技与金融双轨运行，更好实现以融扩产，产融结合使命的子企业。数字科技公司着力打造以供应链管理为基础的金融服务平台，以平台连接上下游企业和各家金融机构，以科技服务提升金融服务效能，以技术运营能力输出惠及其他企业；提升电建保理公司科技研发效能，完善金融科技和供应链管理的服务版图，填补对外输出机制的空缺。

目前，中国电建集团约80家成员企业，合作供应商超过10万家，应付账款超过千亿元。电建保理公司依托电建集团优质商业信用资源，秉承不断开拓进取的创新理念，实现传统产业与互联网、与金融的相互融合，在健全的风控体系基础上为成员企业与上下游企业提供可信赖、便捷、专业的供应链金融服务。中国电建供应链金融共享服务平台是电建保理公司基于互联网云计算、大数据、区块链技术打造的供应链金融服务平台，致力于解决中国电建产业链上下游企业结算方式单一、票据拆分难、转让难、融资难等问题，旨在充分发挥大型国企在产业链中的核心作用，全方位服务于产业链上每一个经济体，建立和谐、健康、良性的产业生态圈。公司产品包括：电建融信、电建保、电建数字权证、商票闪贴、银票闪贴、应收账款保理、资产证券化、数据资产等相关业务。

二、案例内容

（一）背景介绍

伴随"互联网+"经济的盛行，各央企主动求变，以更加开放的姿态拥抱互联网金融。电建保理公司通过不断地技术创新，提升企业的竞争力；随着互联网、大数据、云计算、人工智能和区块链等相关技术的普及与应用，供应链金融差异化、定制化服务迫在眉睫。

电建保理公司秉承绿色可持续发展理念，响应我国"双碳"目标，承建了大量光伏、风能、水能等清洁能源发电项目，并享受国家可再生能源电价补贴。鉴于国家可再生能源电价补贴存在规模较大、回收周期较长的特点。在线交易突破了时空限制，扩大了交易范围，实现了交易规模化、信息透明化和过程可视化。这些技术极大地改变了供应链金融的模式和生态，有力地促进了商业保理业务的创新发展。随着电建保理公司业务体量不断增多，相关数据不断增多，为更加高效、快捷、精准服务新能源相关产业链供应链，有针对性、更加精准地落实普惠金融相关政策，特进行相关课题的研究。由于供应链管理的转型升级，为了更好地服务供应链，供应链金融产品也需要不断细化业务场景，从而更精准服务供应链，达到降本增效的成果。

（二）产品介绍

数据仓库，将工程行业的供应链金融相关数据指标、维度和场景的数据口径进行统一，通过数据大屏、对外数据接口等方式统一进行数据的传输；通过数据口径的统一，规范了公司内部沟通及外部交流时因数据口径不一致导致的误解；通过数据仓库，业务人员可以高效率地、准确地获取对外报送的相关数据。对于报表结构固定、报送时间固定的场景，数据仓库通过制式化数据模板定时生成数据，极大地节约了业务人员的时间、提高了工作效率，且保证了数据准确性和统一性。

（三）技术和平台

电建保理公司从 2020 年 8 月正式启动数据仓库项目的内部立项及研究。首先，对业务数据库进行事实、维度的划分梳理，并使用时间拉链表的方式对历史数据进行感知。在基础架构搭建完成之后，数据仓库逐步完成与保理公司相关的信息数据源的数据互通，自此数据仓库成为电建保理公司对外的统一数据出口。

在实际的业务开展过程中，非结构化数据的占比可以占到总数据量的 80% 以上，对于非结构化数据，使用 OCR+NLP 的技术对文档进行处理，从而实现对非结构化数据源的收集，为后续电建保理公司的智能审单系统的开发奠定了数据和技术基础。

为了更好地服务供应链、产业链上下游，并进一步降本增效，电建保理公司不断研究用户的使用习惯，对系统功能进行优化和改善，就需要对系统日志进行分析，但是日志通常因体量过于庞大而无法使用常规的数据处理方式进行处理和分析。所以引入了 Hadoop+Hive 的分布式数据处理框架进行平台日志的处理，并将处理结果进行二次数据加工并存入数据仓库当中。

（四）业务流程

电建保理公司制定详尽的办法，规范数据资产使用的全流程管理。数据资产管理包括数据统计与分析的业务需求管理、基础数据收集管理、基础数据的加工与使用管理、数据分析模型的建立与优化以及数据资产与信息系统的筹建与运营管理。针对绿色能源相关支持的项目，电建保理公司通过数据进行深度挖掘，从而精准服务集团新能源相关业务的发展。该业务模式，助力电建保理公司取得了一项发明专利《基于NLP 语义识别的供应链金融文件管理方法及系统》。

1. 深挖数据价值，助推商业智能

电建保理公司数据仓库利用业界常用的数据分析模型框架，进行已发生业务的数据分析和结果分析。并对模型本身进行分析，在复杂业务中抽离出关键性指标，将模型相关的指标转化为适合建筑类、工程类行业分析的指标。目前，电建保理公司已使用 RFM 模型、帕累托模型等数据分析模型框架进行业务的分析工作。

电建保理公司深度挖掘工程施工行业供应链的客户属性，构建供应链金融业务场景中各客户群体全面且具体的数据标签体系。电建保理公司使用标签属性对用户进行打标操作，进行用户画像初始化建模，并不断对模型进行迭代优化。为满足供应链资产管理的需求，数据仓库同时对投资机构进行画像分析，对各大券商的资产需求进行充分调研，根据券商的需求偏好对资产进行筛选，筛选出优质资产，助力金融部在资产准备阶段的精细化管理。

2. 人工智能助力新能源产业

电建保理公司利用 OCR+NLP 技术对在平台中上传的合同进行关键要素提取。近年来，国家逐步加强对新能源类工程的关注和发展，中国电建集团为深入贯彻习近平生态文明思想，服务国家"双碳"目标实现，加速推动公司转型升级，进一步加快推进新能源与抽水蓄能相关工作。电建保理公司通过建立综合分析模型，对使用供应链金融的贸易场景进行综合分析，判断该贸易场景与新能源业务的相关程度，并配套外部

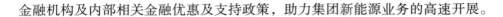

金融机构及内部相关金融优惠及支持政策，助力集团新能源业务的高速开展。

（五）风险管理

电建保理公司依托人工智能和数据智联加强风控能力，打造智能风控体系。提取出的合同关键要素信息，实现融资放款前合规审查项 80% 的覆盖，通过信息技术对相关合规审查点进行审核。通过人工智能技术，减少了人工审核的时间，极大提高了审核的准确性和效率。公司为加强风险防范，2022—2023 年积极推动与人行征信系统的互联互通，系统基本已经建设完毕，等待最后的测试环节。人行征信系统将进一步提升公司业务的风险控制能力。

在电建融信融资放款前、正向保理业务、资产证券化业务的合规审查、发票核验等方面，电建保理公司积极推动 OCR+NLP 技术的应用，对合同、发票、结算单等内容进行匹配审查，节省了大量重复性工作量；并定期对接外部专业机构对平台上所有客商进行风险筛查，确保所有客商无债务和法律风险；若发现风险事件，将第一时间通知风险部门进行应急处理。

在融资放款后，电建保理公司对已经出现不良情况的客商进行分析、建模，找出存续业务和客户中，是否有类似的风险点存在；并通过与外部机构的对接，定期对"企业三要素""企业征信情况""企业涉诉情况"进行检查；并定期对客户融资时所使用的发票进行抽查，严防利用发票"套贷"后冲红的恶劣行为的发生。正是各种风险管控措施和智能风控体系的建立，使电建保理公司成立至今，依旧保持 0 资产不良率。

三、经验分享

平台自上线来，认真履行国家关于金融普惠政策要求，致力于服务中国电建工程企业供应链上下游中小企业，解决融资难、融资贵问题。截至目前，电建保理数据仓库注册供应商已超两万家，电建融信开具金额超 858 亿元，电建融信融资金额超 446 亿元，获得了用户和行业的肯定。电建融信开具绿色融信金额约 50 亿元。

电建保理公司主导的多层次资产支持专项计划积极践行中央提出的"双碳"目标和监管机构提倡的绿色金融发展理念，以资产证券化方式为中国电建筹措了项目建设资金，盘活了表内存量资产，加快了项目的建设进程。电建保理公司将进一步实施绿色金融发展举措，创新金融发展方式，将金融和资产相结合，促进金融反哺实体，进而推动公司高质量发展。

电建保理公司相关资产证券化业务也得益于数据仓库的赋能，是中国电建首单"碳中和"证券化产品，也是基建行业首单"碳中和"证券化产品并获得绿评机构最高 G-1 等级的评估，为基建类央企利用资产证券化产品等绿色金融产品践行"碳达峰、碳中和"起到了示范作用；是盘活存量资产、激发社会领域投资活力的重要工作部署，是助力新能源发电企业在传统的抵质押担保融资之外开拓新型融资渠道；是多项目打包发行并使用电建股份差额支付的手段，也是分散的发电企业可以获得高级别的主体增信的方法，同时为中国电建解决了无法对底层项目公司超股比担保的难题，实现了绿色金融对新能源项目的精准扶持，为绿色基建行业注入金融"活水"，同时为投资人希望以投资方式助力绿色产业发展提供了路径；发行利率创同类型产品历史新低，有效降低了实体企业融资成本。

（中电建商业保理有限公司）

案例（47）国网上海电力：助力城市能源转型的电网碳金融创新

摘要：国网上海市电力公司牵头下属单位上海送变电工程有限公司积极会同国网英大碳资产管理（上海）有限公司（以下简称"英大碳资产公司"），发展基于链主绿色项目建设、绿色采购和运维的降碳贡献，并以此认定链上企业电网碳贡献属性的"碳评+"绿色金融服务模式；并联合属地银行创设碳评+金融服务产品，营造出"你降碳、我降息""你数智、我赋能"的绿链生态发展格局，以金融政策红利进一步助力绿色数智供应链建设，彰显电网"链主"责任与担当，支持引领和推动电力行业链上企业加快绿色低碳转型步伐。

一、企业介绍

国网上海市电力公司（以下简称"公司"）成立于 1989 年，是从事上海电力输、配、售的特大型企业，统一调度上海电网，参与制定、实施上海电力、电网发展规划和农村电气化等工作，并对全市的安全用电、节约用电进行监督和指导。公司聚焦国家战略任务、城市发展布局和"双碳"行动方案，充分发挥电网投资拉动作用和电网基础性、先导性作用，以推动环境保护和经济社会发展相辅相成作为目标，建成上海市能源大数据中心，成功摘得上海数据交易"首单"，积极服务"双碳"进程及新型电力系统建设。公司大力实施新型电力系统科技攻关行动计划，聚焦关键领域持续攻坚突破，入选国网新型电力系统科技攻关行动计划 2023 年专项示范工程 2 项；世界首条 35 千伏公里级超导电缆示范工程平稳运行一周年；牵头发布国内首个电力储能技术 IEC 国际标准，启动 IEEE 标准 4 项；牵头发布国内首个电力行业创新型企业建设标准，获国网公司科技进步一等奖 2 项；获国网公司命名实验室 2 个、攻关团队 1 支。公司积极向能源互联网平台型、枢纽型企业进行战略级转变，以投资建设运营电网为核心业务，紧紧围绕泛在电力物联网建设要求，把握构建金融业务供需对接平台和产业链共享生态圈的主线，以客户为中心，以信息技术为支撑，以金融科技为驱动，牵头组建国网电 e 金服上海中心，为供应链上下游企业提供服务，为中小企业纾困解难。

上海送变电工程有限公司作为国网上海电力旗下专业承担输变电工程建设的全资子公司，自 1987 年起就开始涉足换流站的建设工作，至今已有 30 年的建设经验。30 年来，上海送变电工程有限公司不仅完成了全国第一个 500 千伏换流站——南桥换流站的建设工作，同时也参与了第一个特高压直流输电工程奉贤±800 千伏换流站，以及世界电压等级最高±1100 千伏昌吉换流站的安装工作，建设水平在全国处于领先地位。

二、案例内容

（一）背景介绍

在传统的产业链场景合作中，参与各方普遍面临绿色产业与绿色金融难以有效协同的产融痛点，多数链主具备一定绿色供应链管理成果但缺乏金融应用场景，产生的减排贡献也难以量化和应用，同时开展绿色金融欠缺实操工具。纵观当下，链上各类小微企业仍受制于自身经营规模，提供传统商业银行认可的抵质押担保资产的能力有限，较难通过自主证明与链主的履约信用关系，小微客户的融资可得性、借贷便利性仍不够理想。核心企业链主、金融机构、小微客户的信息不对称，使金融机构在尽职调查过程中需投入大量的人力、物力、财力、精力，难以助力链主发展创新绿色供应链金融、落实国家绿色产业发展的政策要求，也更难以识别绿色产品、绿色项目、绿色企业，绿色金融常存在等绿、找绿、漂绿的现象。

为精准滴灌实体经济，在国家"双碳"目标下，服务实体经济绿色转型，同时也为进一步贯彻落实国家电网公司"一体四翼"的战略布局（国网一体四翼指的是以电网业务为主体，以金融业务、国际业务、支撑产业、战略性新兴产业为四翼），彰显央企的责任与担当。

（二）产品介绍

"碳评+绿色金融服务产品"（见图 11-1）生动体现了具有国网链主鲜明特色的绿色供应链金融，通过与属地内外部金融机构在评价机制、产品创设、协同运作等方面的全面创新，实现以碳评认定链主碳贡献，帮助链主构建碳信用体系，应用评价结果向链上企业分享碳贡献，使供应链企业获得金融机构认可的碳信用，以此隔离链主企业参与金融业务或面临的确权风险和链上企业信用风险，突破传统供应链金融发展的痛点难点，通过应用碳减排贡献创设绿色金融产品，支持国网产业链绿色数智转型发展、深化产融、融融协同，构建协同共赢的共识发展机制。

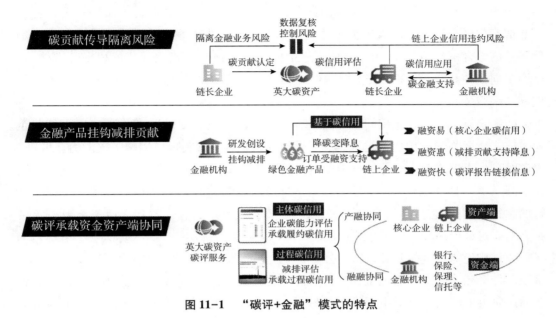

图 11-1　"碳评+金融"模式的特点

"碳评+金融"模式的核心，离不开持续挖掘并识别出上海电网投资建设过程中的降碳场景（如六氟化硫回收、预制舱使用、新型节能材料使用等）、绿色采购（如节能变压器采购）、绿色运维（如无人机巡检、变电站绿化搬迁和养护等），以碳评报告承载供应链金融发展所需的商流、物流、资金流、信息流、碳流的多元融合需求，通过创新构建基于电网投资降碳贡献传递路径与评价机制，依据《企业碳能力评估》《产品/项目减排评估》等绿色评价报告所关联的企业碳履约评价、项目碳贡献评价结果，交叉比对链上企业与链主的长期、稳定合作关系，加快碳流、订单流、物流及现金流的数据整合，积极探索历史履约能力、订单履约信息、账户监管锁定等关键信息的在线管理方式，提高"供应链管理成果—绿金白名单准入—碳评资格申请—绿金产品适配—投融资业务办理—供应链金融风险监控评估—支持绿色数智转型"的全流程在线服务能力。

工商银行上海分行等属地金融机构则不断利用自身的数字金融科技手段，借助金融科技平台，将绿色评价结果转化为金融机构认可的表结构字段，在确保数据来源真实不可篡改条件下，实现纯线上化数据交互，以此有效缓解国网链上小微企业融资难、融资贵、融资慢的痛点问题。

（三）技术和平台

为服务能源产业链上下游用户的绿色低碳转型需求，公司和英大碳资产公司针对产业链客户联合推出"国网英大碳账户"解决方案，为中小企业提供碳管理、碳金融等服务的综合解决方案，引导碳账户开立会员"客观记录碳表现、持续提升碳能力、努力走向碳中和"，并在"技术降碳"过程中获得系统性的绿色金融服务（含绿色供应链金融服务）支持。

碳账户解决方案，坚持问题导向、客户视角，聚焦"双碳"背景下我国大部分企业主体，所面临的"碳排放记录难、降碳行为认定难、碳表现应用难、碳能力获取难"等碳管理痛点、难点，充分结合国网英大碳资产管理平台所具备的"算、观、管、融、易、降"为一体的综合碳服务能力，帮助能源产业链用户更为便捷地找到一条科学可行的路径，共同回答好"找谁算、怎么算、算了之后怎么看、看到之后怎么干"等一系列双碳过程中最现实、最急迫的问题。

通过构建绿色金融基础设施，公司积极会同英大碳资产公司在上海市推广"碳评+金融"服务模式，会同属地金融机构为链上企业提供"碳评+绿色信贷服务"，链上企业通过向英大碳资产公司申请绿色低碳评价服务后，依据碳履约评价，获得金融机构的"碳评+金融"专属服务资格，应用碳贡献评估结果，供应链企业进而获得参与上海电网建设的绿色贡献分享、享受服务权益，获得对接金融机构"订单变融资"专属服务渠道、享受综合金融服务产品组合优惠。

链上企业申请碳能力评估后，可根据自身绿色表现、减碳效果，并结合历史碳履约信息，多维度展示链上企业本身绿色评价结果，依据结果相应对接金融机构可进一步享受"订单融资""授信补充""利率优惠"等专属服务内容。不仅如此，链上企业通过申请碳减排评估，并评估其参与智能电网建设的预计降碳和实际降碳效果，获得碳贡献分享，由此可持有《项目碳减排评估报告》向合作金融机构申办绿色金融产品。

目前，申请碳评+金融服务的链上企业必须满足至少一项如下要求：①参与的电网订单具备降碳属性；②企业本身已开展绿色数智转型行动，如节能改造、电能替代、数字化升级等项目。

（四）业务流程

公司会同英大碳资产公司首创首推的"碳评+金融"服务产品，其服务步骤分为：发现绿—认定绿—传递绿—扩大绿—应用绿。

1. 发现绿

通过持续挖掘上海电网投资项目的典型降碳场景，精准定位参与电网绿色建设、绿色采购运维的中小微企业。

2. 认定绿

当前条件下，可认定碳贡献方法应围绕企业级、公司级与项目级三方面开展减排算法认定。其中，公司级与项目级碳贡献认定方法包括：基础普惠测算、国家减排方法学测算、典型投资场景贡献测算、区域自主减排贡献测算。

3. 传递绿

传递降碳贡献。例如，上海电网基于非晶合变绿色采购场景下的"碳评+金融"创新服务案例中，选取置信电气作为智网节能产品代表性链主，以"非晶合变"为典型品类，结合碳足迹证明，构成碳贡献有效传递的可行路径。

4. 扩大绿

公司将持续聚焦数据、资源、场景优势，探索碳评+金融模式的双向发力，面向能源产业链供应侧，以绿色供应链金融服务支持链上企业绿色数智转型，帮助中小微降低碳足迹，助力电网服务全社会降碳，放大链上企业碳贡献，在降本和降碳中为新型电力系统建设提供坚实保障。

5. 应用绿

积极创设挂钩碳评报告的金融产品，包括绿色信贷、绿色保险、绿色投资等。例如，工行融e绿贷系列、民生碳e贷。

（五）风险管理

目前挂钩公司减排贡献的上海工商银行供应链金融专项产品系工商银行总行已完成备案的"平台型数据链场景融资业务"，旨在为国家电网有限公司产业链上游接受节能减碳评估、专为智能电网与新型电力系统建设提供节能、减排供电设备及服务的企业提供平台型数据链场景融资服务。

在公司的指导建议下，该产品协议委托国网英大碳资产公司与工商银行上海分行签署，将国网上海市电力公司与产业单位及其控股子公司作为最终付款人，上海公司协助英大碳资产公司确保供应商的回款账户变更为工商银行账户，以此保障供应链金融的资金闭环要求。

三、经验分享

当前，针对非晶合金变压器等物资的绿色采购，以及服务上海110kV电网投资项目建设和运维的链上企业绿色采购（二级供应商）产生的项目降碳贡献，国网上海电力统一指导各供电公司、专业子公司开展碳信用体系构建与碳贡献传递，基于绿色评价结果，以此支持链上企业获得金融机构认可的主体碳信用与过程履约碳信用，并享受金融机构"降息+提额"的绿色金融与普惠金融的双重优惠。

截至 2023 年 5 月底，公司已挖掘出各类丰富的碳评+绿色供应链金融应用场景，累计为 5 家链上企业传递电网减排贡献近 2 万吨 CO_2，短期内对实体经济的信贷支持规模约 2000 万元，帮助从事工程服务、运维服务、电力物资供应的 5 家链上企业同等条件下平均降息 100bp。

[上海送变电工程有限公司，国网英大碳资产管理（上海）有限公司]

案例（48）苏交控保理：首次搭建"能源经济"供应链保理新模式

摘要：为加快综合交通生态圈能源绿色低碳经济发展，苏交控保理不断探索可持续发展领域的金融创新，延伸绿色产业与供应链金融产业的双轨链条，链通集团"能源经济"供应链场景中小微能源企业。公司深化产融与绿色能源的经济融通，促进产业绿色低碳升级，拓展金融服务场景，为构建"横向成网、纵向成链"的交通能源供应网络贡献力量。

一、企业介绍

苏交控商业保理（广州）有限公司（以下简称"苏交控保理"或"公司"）成立于 2018 年 12 月，注册资本 3 亿元，是经地方金融监督管理局批准首批纳入商业保理企业"白名单"的国有控股类金融机构。集团控股公司江苏交通控股有限公司（以下简称"江苏交控"）成立于 2000 年，是江苏重点交通基础设施建设项目省级投融资平台。公司始终践行"立足主业，行稳致远"的发展理念，紧密围绕江苏交控"5824 产业链现代化提升行动计划"，依托全生态大交通产业结构，紧紧围绕江苏交控优质产业链、供应链资源，广泛覆盖综合大交通、物流 ETC 及其衍生场景、新材料及大宗物资供应链、双碳新能源产业链等重点领域，全力服务国家战略发展方向，为集团权属单位、产业链关联企业及其上下游供应商提供集资金融通与应收账款管理等于一体的商业保理金融服务。

公司供应链业务主要是通过筛选地方市政建设工程项目、大宗物资、新能源及园区建设、ETC 通行分期等优质的"专精特新"企业，根据供应链核心企业产业特点及企业特性，审查保理底层基础交易合同、发票、交易单据等应收账款相关材料的准确性、真实性和完整性，建立有针对性的业务模式及风控保障措施，强化担保措施，确保底层资产真实性及合规性，通过配比外部优质资产，优化公司资产结构，确保符合监管合规性要求。公司积极发挥金融纽带作用，依托交通路网的信息数据，结合江苏交控省内主营业务的绝对优势，持续跟进信发金运公司和央国企货运物流等反向保理业务的开展。

二、案例内容

（一）背景介绍

近年来，在习近平总书记"四个革命、一个合作"能源安全新战略的科学指引下，以水电、风电、光伏发电为代表的可再生能源实现跨越式发展。债务人江苏云杉清洁能源投资控股有限公司（以下简称"云杉清能"）在深入推进能源革命新征程中，不断聚焦国家"双碳"目标，充分统筹系统内海上风电、光伏等清能资源，在扩大总量和盘活存量等方面持续发力，推动光伏、风电与交通基础设施融合发展。

（二）产品介绍

本次保理业务以贝特瑞（江苏）新能源材料有限公司6#厂房屋顶2.72MWp分布式光伏发电EPC总承包项目合同为底层开展保理业务，拟申请授信有限期2年，放款期限2年，授信金额210万元，折扣率为不超过85%。苏交控保理作为产融经济的链群企业，精准把握江苏交控"深化产业布局"的目标任务，紧紧围绕能源经济产业中的绿色能源开发运营企业，不断探索交通领域光伏发电、风能发电等金融服务场景，通过保理优化云杉清能项目支付管理，帮助供应商完善资金流转体系，提高融资灵活度，助力光伏基地等新能源发电建设项目稳定有序推进，推动绿色低碳经济可持续发展。

（三）业务流程

（1）禾瑞建设、金智乾华与禾一新能源签订合同形成应收账款。

（2）禾瑞建设、禾一新能源与宁沪保理签订保理合同转让应收账款。

（3）禾一新能源与保理公司签署确权文件。

（4）宁沪保理发放保理融资款。

（5）禾一新能源改变支付路径，到期付款至宁沪保理，利随本清。

（四）风险管理

本次保理业务受让的应收账款是合法有效的应收账款。债权人具有民商事主体资格，而债务人也能够独立承担民事责任；债务人和债权人具有相应的经营资质；所形成的应收账款符合法律法规的规定，且不存在侵犯其他第三人合法权益的情形；也不存在其他可能导致合同无效、效力待定或可变更、可撤销等效力瑕疵的情况。同时，本次业务的开展为明保理业主单位确权模式，并通过修改支付路径的方式实现资金闭环，且由于光伏发电具备一定稳定的可期性，质保金及履约保证金部分也被列为授信额度的一部分，以积极响应供应商年关资金压力的需求，并与供应商签订回购条款来确保资金，尤其是质保金及履约保证金部分资金的回笼。在测算出总额度后进行一定比例的折扣，确保利息部分可以被覆盖，同时，根据每部分款项的结算节奏到期进行清分，协助管理应收账款，提供特色保理支持。

三、经验分享

在实地走访债务人云杉清能时，了解到其供应商禾瑞建设存在临近年关资金压力较大的问题。苏交控保理迅速响应，在与云杉清能及禾瑞建设充分了解该项目施工进度等情况后，设计出符合三方需求的保理业务架构，通过拆分解构禾瑞建设的应收板块，提供特色保理支持，仅用两周时间完成保理业务投放，解决了"燃眉之急"。

苏交控保理将坚定落实"交通强省、产业强企"的总要求，不断创新和探索"能源经济"投融资新路径，完善"交通+绿色"产业链，坚持业务创新、金融产品创新及交易模式创新。不断促进产融结合，加强绿色产业与金融之间的联系，实现资源的优化配置，坚持做将资本从高污染、高耗能产业流向绿色环保、清洁节能和污染防治等政策支持领域的引路人。这有助于优化资金配置效率，实现经济结构的转型升级，提高资本运营效率，苏交控保理将持续探索资本市场绿色融资新赛道，响应国家号召协助更快速、更大程度降低新技术商业应用门槛。同时，在绿色金融业务实践中，围绕清洁能源能效提升，污染治理等领域，结合企业和项目特点，公司将提高金融产品及服务的创新能力，匹配不同产品提供灵活高效的融资服务，定制化绿色金融产品，提高公司的绿色核心能力，并为集团链条上的绿色供应商提供更加便捷获取资金的支持，扩大绿色生产规模，提高绿色生产效率，进而增强绿色市场竞争力。

[苏交控商业保理（广州）有限公司]

案例（49）广物互联：钢铁王国绿色供应链创新服务体系

摘要：为贯彻落实广东省关于绿美广东生态建设的规划部署，广物互联以广东制造业绿色升级为契机，以粤北绿色产业园——华南装备园为试点，与勤望科技公司合作，在传统供应链的基础上打造"绿色物流+绿色货运+绿色金融"的绿色供应链创新运营模式，助力广东降低产业"含绿量"加速构建低碳供应链。

一、企业介绍

广东广物互联网科技有限公司（以下简称"广物互联"）成立于 2013 年，是国有控股企业，现为广东广物中南建材集团有限公司全资子公司，广东广物中南建材集团有限公司为广物控股、中南钢铁、欧冶云商共同出资成立的大型商贸供应链服务公司。

广物互联主要从事钢铁供应链集成服务平台的研发和运营。钢铁王国平台（以下简称"平台"）（www.gtwgi.com）是广物互联自主研发运营的，华南领先的钢铁全供应链产业互联网平台，为钢铁供应链的上下游企业提供集交易、仓储、配送、加工、金融于一体的数字化综合解决方案。广物互联以钢铁王国云仓平台为基础，物流链条为核心，以"无仓承储+无车承运+数智供应链"的智慧物流供应链服务体系为核心商业模式。可为客户提供从交易、仓储、加工、物流到数智供应链一站式数字化解决方案。与华南理工大学成立了"智慧物联与数字供应链"校企联合实验室。2023 年，钢铁王国注册会员 3.2 万家，旗下国内领先的钢铁仓储数字化服务平台采用先进的物联网、数字孪生等技术，部署无仓承储基地 30 多个，服务企业超 3000 家，年吞吐量超 2000 万吨，占广东省建筑钢材全年消费量的 25%，占华南地区仓储服务市场 70% 份额，是华南地区最大的钢材云仓品牌和钢铁仓储数字化基础设施。为钢铁王国的金融、加工、网络货运服务提供了数据基础及风控支撑。

二、案例内容

（一）背景介绍

随着全球气候变化的加剧，绿色经济发展已经成为各国政府共同关注的焦点。绿色经济发展是以生态环境保护为前提，通过提高资源利用效率、降低能耗、减少污染排放、发展循环经济等方式，实现经济增长与环境保护相协调的目标。商贸流通业作为社会经济发展的重要支撑行业，对促进消费活力具有重要的现实意义。随着供应链物流标准化体系逐步建设，商贸流通数字化标准逐步完善，流通供应链创新发展是提升传统消费升级、促进商贸流通业降本增效、支撑流通业高质量发展的有效路径。因此，如何进一步加快流通业绿色、创新、可持续发展成为当下社会普遍关注的热点。

2013 年 11 月，广东省部署珠三角 6 市与东西北地区 8 市结成帮扶关系时明确东莞对口帮扶韶关，韶关、东莞共同建设韶关市装备产业的集聚区，以装备产业园为韶关传统产业转型升级主战场，推动韶关钢铁等产业的转型升级，重塑韶关产业活力。为贯彻落实省委、省政府关于进一步促进粤东西北地区振兴发展的战略部署，东莞市政府设立相关片区企业（项目）落户扶持专项资金，致力于把韶关当作东莞产业转移外溢的"首选地"，引进了多个特色产业园项目，将建设成为集汽车零配件制造、电子设备生产、高新技术研发、居住生活于一体的特色产业园，打造成"智慧引领、节能环保、宜产宜商"的智慧园区。在省政府引导下，现代化产业向更加环保、节能的方向发展，实现产业结构的优化升级，推动广东省制造业高端化、智能化、绿色化发展。

基于以上背景，广物互联积极探索，与华南先进装备产业园（以下简称"华南装备园"）内绿色制造企业合作共同运营仓储物流项目，共同打造供应链创新服务体系。

（二）产品介绍

1. 绿色供应链创新服务模式

2022 年 5 月，广物互联与园区内绿色制造企业勤望（韶关）金属科技有限公司（以下简称"勤望科技"）合作共同运营广物勤望仓项目。合作方勤望科技原为东莞市绿色智能制造企业，借助莞韶合作园资金扶持优惠政策将厂房迁移至韶关，主营工业线材产品粗加工，为市场提供优质的金属制品，充分发挥钢铁产业聚集及延伸，符合国家、省、市及莞韶合作园及相关片区的产业发展、环境保护和节能减排政策。勤望科技充分贯彻绿色低碳发展战略，将自身的商业发展与时代课题有机统一起来，搭建绿色制造生产模式。坚持发展清洁生产，不断优化生产工艺，采用无尘化拉丝工艺；坚持智能化生产，引进自动化机械设备，组成线材自动缠绕包装线，提升生产效率；针对生产过程中的酸洗废气，厂区通过集气管道将酸洗产生的氯化氢酸雾收集后，由风管引至前处理厂房酸雾吸收塔中处理达标后排放；针对废水处理，酸洗废水经生产废水处理站处理后约 80% 回到前处理线循环使用，其余 20% 的废水（87.48m³/d）处理达标后外排。2023 年勤望仓合作业务量约为 25 万吨。

根据上游原料供应商、生产加工企业的地理位置、生产技术等条件，广物互联发挥自身现代物流服务能力，利用钢铁王国智慧物流体系中无仓承储、网络货运等数字化基础设施，为勤望科技及园区内其他绿色制造企业提供围绕钢材生产、产品粗加工到终端配送供应链条的一体化服务，打造配套全流程、全链条的绿色供应链整体解决方案，主要包括以下几点。

（1）绿色物流规划。

勤望仓为勤望科技在内的园区内生产制造企业提供绿色物流规划服务，利用技术进步的物流规划技术，对供应链路线进行合理规划，整合各方资源，实现物流资源的优化配置，减少环境污染和资源浪费。离厂距离的优势可以最大限度优化物流路径、简化操作流程，既落实绿色环保理念，又降低物流成本，提升物流运作效率。

（2）绿色货运。

依托钢铁王国物流平台整合配置运力资源实现数据智能和网络协同，勤望科技发展"互联网+"高效物流，大幅缩短了司机平均找货时间，提高了货车匹配的效率以及车辆的综合实载率。

（3）绿色金融。

整合各类金融资源，提供线上线下一体化、快速、精准、高效的供应链金融服务，降低产业链客户融资成本。此外，依托平台深挖园区产业链，找到绿色客户，并深入挖掘涉绿企业的融资需求，成为区域绿色金融发展的"引路人"。同时，基于平台的线上供应链金融能够有效地将资金流、信息流、物流整合运作，既降低中小企业的融资成本，又减小银行的融资风险。目前，使用的供应链金融产品从传统的 E 信通、云信，拓展到 E 信、中交 E 信、交航信、启信宝、简单汇、供应链 ABS 等十几种品类，形式多样，供应链上的中小企业的资金获得更加通畅，融资更加灵活。

（4）绿色加工。

围绕勤望科技绿色加工制造企业上下游产业链提供仓储、运输、供应链金融等服务。

广物互联围绕绿色加工企业上下游，在传统供应链的基础上打造"绿色物流+绿色货运+绿色金融"的绿色供应链创新运营模式，其构成要素涵盖了信息、资金、安全和物流等多个方面的流动，将绿色生产、绿色营销等理念贯穿于整个供应链的各个环节，以达到节约成本、合理配置资源、共享信息的目的，从而最大限度地减少环境污染，推进钢铁产业链的环保、低碳发展。

2. 绿色金融产品

对于供应链中游企业，贸易商或加工企业通常面临生产过程中的资金需求和产能扩张压力。针对这一环节，平台设计项目融资、设备融资等金融产品，以满足企业在生产过程中的资金需求。

对于供应链下游企业，下游终端企业通常面临较大的销售账款回收压力和市场风险。针对这一环节，平台在链条上设计应收账款融资、保理等金融产品，帮助企业加速现金流回款，降低市场风险。同时，提供市场营销咨询和贸易融资服务，帮助企业扩大销售规模，提高其市场竞争力。跨供应链环节，为了实现供应链中各企业的协同发展和优化资源配置，需要设计跨供应链环节的金融产品和服务，如供应链整体融资、贸易融资、金融衍生品等。

（三）风险管理

1. 信息不对称风险

风险点：绿色金融板块运营可能存在信息不对称导致的金融风险。

防范措施：在钢铁王国平台中提交材料，按照双方签订合同，中小企业可以在线缴纳保证金，再由核心企业在线做出承诺，对提供的大宗产品质量予以保证；当核心企业收到所有预付账款后，便可按照约定发货；物流公司需要提供全程监控服务，仓单实时上传到平台中，金融机构也需参与过程监控中，最终完成信贷流程；中小企业按照在线交易信息，将企业信息全面公开，在互联网金融平台中，可以同时对接多方参与者，有效规避信息不对称诱发的风险。

2. 货物监管风险

风险点：绿色供应链中的仓储、运输等环节出现货物毁损、灭失、质量降低等货物监管风险。

防范措施：基于广物互联的物联网监管技术，物联网监控至每件货物，以技术监管，人工监管仅为辅助，安全可靠性更高。

三、经验分享

党的二十大报告指出"中国式现代化是人与自然和谐共生的现代化"，为贯彻落实广东省关于绿美广东生态建设的规划部署，广物互联以广东制造业绿色升级为契机，以粤北绿色产业园——华南装备园为试点，与勤望科技公司合作，打造"绿色物流+绿色货运+绿色金融"的绿色供应链创新服务体系，助力广东降低产业"含绿量"加速构建低碳供应链。

未来，广物互联将以加快数字化、智能化转型为基础，纵向深入拓展绿色供应链创新服务模式在华南装备园的应用范围，同时横向复制到广东地区甚至全国的绿色产业园，为培育物流行业绿色新质生产力贡献力量。

（广东广物互联网科技有限公司）